Hegemonialstellungen im Völkerrecht: Der ständige Sitz im Sicherheitsrat der Vereinten Nationen

Res Publica

ÖFFENTLICHES UND INTERNATIONALES RECHT

Herausgegeben von Udo Fink, Dieter Dörr
und Rolf Schwartmann

Band 3

PETER LANG
Frankfurt am Main · Berlin · Bern · Bruxelles · New York · Oxford · Wien

Hortense Ute Demme

Hegemonialstellungen im Völkerrecht: Der ständige Sitz im Sicherheitsrat der Vereinten Nationen

PETER LANG
Europäischer Verlag der Wissenschaften

Bibliografische Information Der Deutschen Bibliothek
Die Deutsche Bibliothek verzeichnet diese Publikation in der Deutschen Nationalbibliografie; detaillierte bibliografische Daten sind im Internet über <http://dnb.ddb.de> abrufbar.

Zugl.: Mainz, Univ., Diss., 2005

D 77
ISSN 1614-838X
ISBN 3-631-55115-0

www.peterlang.de

Meinen Eltern

Utopien sind oft nur vorweggenommene Wahrheiten.

Alphonse de Lamartine

Vorwort

Die vorliegende Arbeit wurde im Sommersemester 2005 vom Fachbereich Rechts- und Wirtschaftswissenschaften der Johannes Gutenberg-Universität Mainz als Dissertation angenommen.

Im Rahmen meines Praktikums im Sommer 1998 bei der Ständigen Vertretung Deutschlands bei den Vereinten Nationen in New York hatte ich Gelegenheit, die Arbeitsweise dieser multilateralen Organisation kennen zu lernen. Während meiner Zeit dort tagte der Wirtschafts- und Sozialrat (ECOSOC), ein Umstand, der mir ermöglichte, an zahlreichen Sitzungen des Wirtschafts- und Sozialrates sowie diverser anderer Organisationen zu den verschiedensten Themen teilzunehmen. Ein Thema war dabei stets die Reformbedürftigkeit der Vereinten Nationen, insbesondere in Bezug auf den Sicherheitsrat. Die vorliegende Arbeit greift u. a. diesen Aspekt auf.

Mein Dank gilt insbesondere meinem Doktorvater, Herrn Professor Dr. Udo Fink, der das Fortkommen dieser Arbeit durch jederzeitige Diskussionsbereitschaft unterstütze.

Herrn Professor Dr. Dieter Dörr danke ich für die zügige Erstellung des Zweitgutachtens.

Frankfurt am Main, den 17. April 2006 Hortense Ute Demme

INHALTSVERZEICHNIS

LITERATURVERZEICHNIS

Akehurst, Michael: Notes: The Hierarchy of the Sources of International Law,The British Yearbook of International Law, Vol. 47 (1974), S. 273 ff, zitiert: *Akehurst*, BYIL 47 (1974)

Anand, R. P.: Sovereign Equality of States in the United Nations;The Eastern Journal of International Law, Vol. 2 (1970), S. 34 ff, zitiert: *Anand*, EaJIL 2 (1970)

Andreae, Lisette: Reform in der Warteschleife, Ein deutscher Sitz im UN-Sicherheitsrat?, R. Oldenbourg Verlag München 2002; zitiert: *Andreae*, Warteschleife

Andrassy, Juraj: Uniting for Peace, American Journal of International Law, Vol. 50 (1956), S. 563 ff, zitiert: *Andrassy*, AJIL 50 (1956)

Annousamy, David: Recasting the Security Council, The Indian Journal of International Law, Vol. 40 (2000), S. 538 ff, zitiert: *Annousamy*, IJIL 40 (2000)

Antonowicz, Lech: The Disintegration of the USSR from the Point of View of International Law; Polish Yearbook of International Law, Vol. 19 (1991-1992), S. 7 ff, zitiert: *Antonowicz*, PYIL 19 (1991-1992)

Aréchaga, Eduardo Jiménez de: Voting and the Handling of Disputes in the Security Council, United Nations Studies: No. 5, Carnegie Endowment for International Peace, New York, 1950; zitiert: *Aréchaga*, Voting

Aström, Sverker: Security Council Reform, in: Issues in Global Governance, Papers Written for the Commission on Global Governance, S. 161 ff; Kluwer Law International, London, The Hague, Boston, 1955, zitiert: *Aström*, Reform

Bailey, Sydney D.: Chinese Representaion in the Security Council and the General Assembly of the United Nations, ISIO Monographs Institute for the Study of International Organisations, University of Sussex, 1st Series, number one 1970, zitiert: *Bailey*, Chinese Representation

Bailey, Sydney D./Daws, Sam: The Procedure of the UN Security Council, Clarendon Press, 3rd Edition, Oxford 1998, zitiert: *Bailey/Daws*, Procedure

Bailey, Sydney D.:Voting in the Security Council, Indiana University Press, Bloomington & London, 1969, zitiert: *Bailey*, Voting

Bailey, Sydney D.: New Light on Abstentions in the UN Security Council, International Affairs, Volume 50 (1974), S. 554, zitiert: *Bailey*, Int. Aff. 50 (1974)

Bailey, Sydney D.: The Security Council, in: The United Nations and Human Rights, A Critical Appraisal, Edited by Philip Alston, 1992, 1995 Clarendon Press, Oxford, zitiert: *Bailey*, The Security Council

Balazs, Dr. André: Das Vetorecht auf der ersten Session des Sicherheitrates, Die Friedenswarte 46 (1946), S. 222, zitiert: *Balazs*, FW 46 (1946)

Barandon, Paul: Die Vereinten Nationen und der Völkerbund in ihrem rechtsgeschichtlichen Zusammenhang, Rechts- und Staatswissenschaftlicher Verlag GmbH, 1948, zitiert: *Barandon*, Vereinte Nationen

Batra, Tarlok Singh:Veto Power of the Security Council, The Indian Journal of International Law, Vol. 18 (1978), S. 76 ff, zitiert: *Batra*, IJIL 18 (1978)

Beemelmans, Hubert: Staatennachfolge in Verträge, OsteuropaRecht, Vol. 40 (1994), S. 339 ff, zitiert: *Beemelmanns*, OsteuropaRecht 40 (1994)

Berber, Friedrich: Lehrbuch des Völkerrechts, Dritter Band, Streiterledigung, Kriegsverhütung, Integration, 2. neubearbeitete Auflage, C. H. Beck'sche Verlagsbuchhandlung, München 1977, zitiert: *Berber*, Völkerrecht III

Beyerlin, Ulrich: Regional Arrangements, in: United Nations: Law, Politics and Practice, S. 1040 ff, Rüdiger Wolfrum/Christiane Philipp, 1995, Verlag C. H. Beck, München, Martinus Nijhoff Publishers, Dordrecht/London/Boston, zitiert: *Beyerlin*, Regional Arrangements

Bilfinger, Carl: Souveräne Gleichheit und internationale Ordnung, Süddeutsche Juristenzeitung, 4. Jg. (1949), S. 30 ff, zitiert: *Bilfinger*, Süddt. JZ 4 (1949)

Blum, Yehuda Z.:Russia Takes Over the Soviet Union's Seat at the United Nations, in: European Journal of International Law, Vol. 3 (1992), S. 354 ff, zitiert: *Blum*, EJIL 3 (1992)

Bothe, Michael/ Schmidt, Christian: Sur quelques Questions de Succession posées par la Dissolution de l'URSS et celle de la Yougoslavie, in : Revue Générale de Droit International Public, Vol. 96 (1992), S. 811 ff, zitiert : Bothe/Schmidt, *RGDIP* 96 (1992)

Boutros-Ghali, B.: Le principe d'égalité des etats et les organisations internationales, in : Receuil des Cours, 100 (1960), S. 9 ff, zitiert: *Boutros-Ghali*, RdC 100 (1960)

Bowett, D. W.: United Nations Forces, A Legal Study of United Nations Practice, Stevens & Sons, London, 1964, zitiert: *Bowett*, United Nations Forces

Boyd, Andrew: Fifteen Men on a Powder Keg, A history of the UN Security Council, Methuen & Co. Ltd., London 1971, zitiert: *Boyd*, Powder Keg

Brammer, Silke: Conflicts, Korea, in: United Nations: Law, Politics and Practice, S. 278 ff, Rüdiger Wolfrum/Christiane Philipp, 1995,Verlag C. H. Beck, München, Martinus Nijhoff Publishers, Dordrecht/London/ Boston, zitiert: *Brammer*, Conficts, Korea

Brierly, J. L.:The Law of Nations, An Introduction to the international Law of Peace, 6th Edition, Oxford At the Clarendon Press, 1963, zitiert: *Brierly*, Law

Briggs, Herbert W.: Power Politics and International Organization,in: American Journal of International Law, Vol. 39 (1945), S. 664 ff; zitiert: *Briggs*, AJIL 39 (1945)

Brilmayer, Lea: American Hegemony: Political Morality in a One-Superpower World, 1994, Yale University Press, New Haven & London zitiert: *Brilmayer*, Hegemony

Brownlie, Ian: Principles of Public International Law, 5th Edition 1998, Oxford University Press, zitiert: *Brownlie*, Principles

Brugière, Pierre-F. : La Règle de L'Unanimité des Membres Permanents au Conseil de Sécurité, „Droit de Veto", Éditions A. Pedome, Paris, 1952, zitiert: *Brugière*, Droit de Veto

Bruha, Thomas: Security Council, in: United Nations: Law, Politics and Practice, S. 1147 ff, Rüdiger Wolfrum/Christiane Philipp, 1995,Verlag C. H. Beck, München, Martinus Nijhoff Publishers, Dordrecht/London/ Boston, zitiert: *Bruha*, Security Council

Brunner, Stefan: Militärische Maßnahmen nach Kapitel VII UN-Charta, Neue Zeitschrift für Wehrrecht 1992, S. 1 ff, zitiert: *Brunner*, NZWehrr 1992

Bülck, Hartwig: Der Strukturwandel der internationalen Verwaltung Recht und Staat in Geschichte und Gegenwart, Heft 247,1962, J. C. B Mohr (Paul Siebeck), Tübingen, zitiert: *Bülck*, Strukturwandel

Caron, David D.: The Legitimacy of the Collective Authority of the Security Council, American Journal of International Law, Vol. 87 (1993), S. 552, zitiert: *Caron*, AJIL 87 (1993)

Ciechansky, Jerzy: Restructuring of the UN Security Council, in: International Peacekeeping, Vol. 1 (1994), S. 413 ff, zitiert*: Ciechansky*, International Peacekeeping 1

Conforti, Benedetto: The Law and Practice of the United Nations, 2. Auflage, Kluwer Law International, The Hague, London, Boston, 2000, zitiert: *Conforti*, Law and Practice

Cot, Jean-Pierre/Pellet, Alain (Hrsg.): La Charte des Nations Unis, Commentaire article par article, 2e Édition, Economica, Paris 1991, zitiert: *CP/Bearbeiter*

Creifelds, Carl/Weber, Klaus: Rechtswörterbuch,16. Auflage, Verlag C. H. Beck, München, 2000, zitiert: *Creifelds*, Rechtswörterbuch

Czempiel, Ernst-Otto: Der Sicherheitsrat – Ruine einer vergangenen Welt, Vereinten Nationen 1992, S. 5 ff, zitiert: *Czempiel*, VN 1992

Czempiel, Ernst-Otto: Die Reform der UNO, Möglichkeiten und Mißverständnisse,1994, C. H. Beck Verlag, München, zitiert: *Czempiel*, Reform

Day, Georges: Le Droit de Veto dans l'Organisation des Nations Unies, 1952, Editions A Pedone, Paris, zitiert: *Day*, Veto

Darrow, Mac: Directions in Security Council Reform, Australian Yearbook of International Law, Vol. 16 (1995), S. 285 ff, zitiert: *Darrow*, Aust. YBIL 16 (1995)

Dean, Vera Micheles: The San Francisco Conference, in: Foreign Policy Reports, Vol. 21, Nr. 9, July 15, 1945, S. 110 ff, zitiert: *Dean*, Foreign Policy Reports XXI

Delbrück, Jost/Wolfrum, Rüdiger: Völkerrecht Band I/1 Die Grundlagen. Die Völkerrechtssubjekte, 2., völlig neu bearbeitete Auflage 1989, Walter de Gruyter Berlin, New York, zitiert: *Delbrück/Wolfrum*, Völkerrecht, Band I/1

Dickinson, Edwin DeWitt: The Equality of States in International Law, 1920, Cambridge, Harvard University Press, zitiert: *Dickinson*, Equality

Dinstein, Yoram: The Legal Lessons of the Gulf War, in: Austrian Journal of Public and International Law, Volume 48 (1995), S. 1 ff, zitiert: *Dinstein*, AJPIL 48 (1995)

Doe, John: Case and Comment, The Canadian Bar Review, Vol. 28 (1950), S. 902, zitiert: *Doe*, CanBarRev 28 (1950)

Eagleton, Clyde: International Government, 3rd Edition, 1957, The Ronald Press Company, New York, zitiert: *Eagleton*, International Government

Eitel, Tono: Bewährungsproben für den Sicherheitsrat der Vereinten Nationen, Die Friedenswarte 74 (1999) S. 126 ff, zitiert: *Eitel*, FW 74 (1999)

Engelhardt, Hanns: Das Vetorecht im Sicherheitsrat der Vereinten Nationen, Archiv des Völkerrechts 10 (1962/63), S. 377 ff, zitiert: *Engelhardt*, AVR 10 (1962/63)

Fahl, Gundolf: Der UNO-Sicherheitsrat, Analyse und Dokumentation nach dreißigjährigem Bestehen, Berlin Verlag 1978, zitiert: *Fahl*, UNO-Sicherheitsrat

Fassbender, Bardo: UN Security Council Reform and the Right of Veto – A Constitutional Perspective, 1998 Kluwer Law International, zitiert: *Fassbender*, Reform

Fiedler, Wilfried: State Succession, in: Encyclopedia of Public International Law, Vol. 10, S. 446, 1987, North Holland, Amsterdam, New York, Oxford, Tokyo, zitiert: *Fiedler*, EPIL X

Fink, Udo: Kollektive Friedenssicherung, Kapitel VII UN-Charta in der Praxis des Sicherheitsrates der Vereinten Nationen,1999, Peter Lang Verlag, Frankfurt am Main, zitiert: *Fink*, Kollektive Friedenssicherung

Fitzmaurice, G. G.: The Law and Procedure of the International Court of Justice: Treaty Interpretation and Certain other Treaty Points, The British Yearbook of International Law, Vol. 28 (1951), S. 1 ff, zitiert: *Fitzmaurice*, BYIL 28 (1951)

Fischer, Joseph: Das Vetorecht in seiner jetzigen Form erscheint nicht mehr angemessen, Vereinte Nationen 1999, S. 169 ff, zitiert: *Fischer*, VN 1999

Fox, William T. R.: The Super-Powers at San Francisco, in: The Review of Politics, Volume VIII (1946), S. 115 ff, zitiert: *Fox*, Review of Politics 8 (1946)

Franck, Thomas M./Patel, Faiza: Agora: The Gulf Crisis in International Law, UN Police Action in Lieu of War:„The Old Order Changeth“, American Journal of International Law, Vol. 85 (1991), S. 63 ff, zitiert: *Franck/Patel*, AJIL 85 (1991)

Franke, Dietrich: Streitkräfte der Vereinten Nationen, in: Archiv des Völkerrechts, Vol. 18 (1979/1980), S. 149 ff , zitiert: *Franke*, AVR 18 (1979/80)

Freudenschuß, Helmut: Article 39 of the UN Charter Revisited: Threats to the Peace and the Recent Practice of the UN Security Council, in: Austrian Journal of Public and International Law, Vol. 46 (1993), S. 1 ff, zitiert: *Freudenschuß*, AJPIL 46 (1993)

Ginther, Konrad: Hegemony, in: Encyclopedia of Public International Law, Volume II, Ed. Rudolf Bernhardt, Elsevier Science Publishers B. V. 1995, North-Holland, Amsterdam, New York, Oxford, zitiert: *Ginther*, EPIL II

Goodrich, Leland M.: Korea, A Study of U. S. Policy in the United Nations,Council on Foreign Relations, New York, 1956, zitiert: *Goodrich*, Korea

Goodrich, Leland M./Hambro, Edvard/Simons, Anne Patricia: Charter of the United Nations, Commentary and Documents, 3rd, revised Edition 1969, Columbia University Press, New York, London, zitiert: *GHS*, Charter

Grewe, Wilhelm G.: Spiel der Kräfte in der Weltpolitik: Theorie und Praxis der internationalen Beziehungen, 1. Auflage 1970, Econ Verlag, Düsseldorf, Wien, zitiert: *Grewe*, Spiel der Kräfte

Gross, Leo: Voting in the Security Council: Abstention in the post 1965 Amendment Phase and ist Impact on Article 25 of the Charter, American Journal of International Law, Vol. 62 (1968), S. 315 ff, zitiert: *Gross*, AJIL 62 (1968)

Gross, Leo: Voting in the Security Council: Abstention from Voting and absence from Meetings, The Yale Law Journal, Vol. 60 (1951). S. 209 ff, zitiert: *Gross*, YLJ 60 (1951)

Gross, Leo: The Double Veto and the Four Power-Statement on Voting in the Security Council, Harvard Law Review, Vol. 67 (1953-1954), S. 251, zitiert: *Gross*, HLR 67 (1953-1954)

Hammarskjöld, Dag: The Servant of Peace, A Selection of the Speeches and Statements of Dag Hammarskjöld, Secretary General of the United Nations, 1953- 1961, 1962, The Boley Head, London, zitiert: *Hammarskjöld*, Servant of Peace

Harris, D. J.: Cases and Materials on International Law, 4th Edition, Sweet & Maxwell, London, zitiert: *Harris*, Cases and Materials

Heberlein, Horst: Rechtliche Aspekt einer ständigen Mitgliedschaft Deutschlands im UN-Sicherheitsrat, Zeitschrift für Rechtspoitik 1994, S. 358, zitiert: *Heberlein*, ZRP 1994

Heinz, Ursula/ Philipp, Christiane/ Wolfrum, Rüdiger: Zweiter Golfkrieg: Anwendungsfall von Kapitel VII der UN-Charta, Vereinte Nationen 1991, S. 121 ff, zitiert: *Heinz/Philipp/Wolfrum*, VN 1991

Herndl, Kurt: Reflections on the Role, Functions and Procedures of the Security Council of the Security Council of the United Nations, in: Receuil des Cours 206 (1987), S. 293 ff, zitiert: *Herndl*, RdC 206 (1987)

Higgins, Rosalyn : United Nations Peacekeeping 1946 – 1967, Documents and Commentary, Vol. II, Asia, 1970, Oxford University Press, London, Bombay, Karachi, Kuala Lumpur, zitiert : *Higgins*, Peacekeeping, Vol. II

Hiscocks, Richard: Der Sicherheitsrat der Vereinten NationenWachstum und Wirkung, K. F. Koehler Verlag, Stuttgart 1973, zitiert: *Hiscocks*, Sicherheitsrat

Homann, Dietrich: Völkerrechtliche Konsequenzen des Zerfalls der Sowjetunion, Die Friedenswarte 69 (1993), S. 98 ff, zitiert: *Homann*, FW 69 (1993)

Honsowitz, Herbert: „OSZE zuerst", in: Vereinte Nationen 1995, S. 49 ff, zitiert: *Honsowitz*, VN 1995

Hopkins, E. Russel: Case and Comment, The Canadian Bar Review, Vol. 28 (1950), S. 908 ff, zitiert: *Hopkins*, CanBarRev 28 (1950)

Ipsen, Knut: Völkerrecht, 5. Auflage, Verlag C. H. Beck, München, 2004, zitiert: *Ipsen*, Völkerrecht

Jessup, Philip C.: The United Nations and Korea, The Department of State Bulletin, Vol. 23, vom 17. Juli 1950, S. 84 ff, zitiert: *Jessup*, Korea, The Department of State Bulletin, Vol. 23 (1950)

Jessup, Philip C.: The Equality of States as a Dogma and Reality, Political Science Quarterly, 60 (1945), S. 527 ff, zitiert: *Jessup*, PSQ 60 (1945)

Kahn, Paul W.: American Hegemony and International Law , Chicago Journal of International Law, Vol. 1 (2000), S. 1 ff, zitiert: *Kahn*, CJIL 1 (2000)

Kaiser, Karl: Die ständige Mitgliedschaft im Sicherheitsrat, Ein berechtigtes Ziel der neuen deutschen Außenpolitik, in: Europa-Archiv, Folge 19 (1993), S. 541 ff, zitiert: *Kaiser*, EA 1993

Kaul, Hans-Peter: Arbeitsweise und informelle Verfahren des Sicherheitsrats, in: Vereinte Nationen, 1998, S. 6 ff, zitiert: *Kaul*, VN 1998

Kellogg, Marion K.: The Laos Question: Double What Veto?, Virginia Law Review, Vol. 45 (1959), S. 1352 ff, zitiert: *Kellogg*, VLR 45 (1959)

Kelly, Michael J.: UN Security Council permanent membership: a new proposal for a twenty-first century Council, Seton Hall Law Review, Vol. 31 (2000), S. 319 ff, zitiert: *Kelly*, SHLR 31 (2000)

Kelsen, Hans: Organization and Procedure of the Security Council of the United Nations, Harvard Law Review, Vol. 59 (1945/46), S.1087 ff, zitiert: *Kelsen*, HLR 59 (1945/46)

Kelsen, Hans: The Law of the United Nations, London Stevens & Sons Limited 1950, zitiert: *Kelsen*, United Nations

Kirgis, Frederic L. Jr.: The Security Council's First Fifty Years, American Journal of International Law, Vol. 89 (1995), S. 506 ff, zitiert: *Kirgis*, AJIL 89 (1995)

Klein, Eckart: Völkerrechtliche Aspekte des Golfkonfliktes 1990/91, Archiv des Völkerrechts, Vol. 29 (1991), S. 421 ff, zitiert: *Klein*, AVR 29 (1991)

Klein, Friedrich: Das Vetorecht der Großmächte im Weltsicherheitsrat, Archiv des öffentlichen Rechts, Vol. 74 (1948), S. 3 ff, zitiert: *Klein*, AÖR 74 (1948)

Knapp, Manfred: Die gewachsene Rolle Deutschlands und Japans in den Vereinten Nationen, Die Friedenswarte 73 (1998) S. 465 ff, zitiert: *Knapp*, FW 73 (1998)

Köchler, Hans: Das Abstimmungsverfahren im Sicherheitsrat der Vereinten Nationen Veröffentlichungen der Arbeitsgemeinschaft für Wissenschaft und Politik an der Universität Innsbruck, Innsbruck 1991, zitiert: *Köchler*, Abstimmungsverfahren

Koo, Wellington Jr.: Voting Procedures in International Organizations 1947, Columbia University Press, New York, zitiert: *Koo*, Procedures

Korte, Heinrich: Grundrechte der Staaten im Völkerrecht der Gegenwart in: Mensch und Staat in Recht und Geschichte, Festschrift für Herbert Kraus, 1954, Holzner-Verlag, Kitzingen/Main, S. 244 ff, zitiert : *Korte,* Grundrechte

Koskenniemi, Marti/Lehto, Maria: La Succession d'Etats dans l'Ex-URSS, en ce qui concerne particulièrement les Relations avec la Finlande, Annuaire Français de Droit International XXXVIII (1992), S. 179 ff, zitiert: *Koskenniemi/Lehto*, AFDI 38 (1992)

Kourula, Erkki/Kanninen, Taipo: Reforming the Security Council: The International Negotiation Process Withhin the Context of Calls to Amend the UN Charter to the New Realities of the Post-Cold War Era in: Leiden Journal of International Law, Vol. 8 (1995), S. 337 ff, zitiert: *Kourula/Kanninen*, LJIL 8 (1995)

Krüger, Herbert: Geschäftsführung ohne Auftrag für die Völkergemeinschaft, Festschrift für Carl Bilfinger, 1954, Carl Heymanns Verlag KG, Köln, Berlin, zitiert: *Krüger*, FS für Bilfinger

Kühne, Winrich: Erweiterung und Reform des UN-Sicherheitsrates: keine weltpolitische Nebensache, Europa-Archiv, Folge 24 (1994), S. 685 ff, zitiert: *Kühne*, EA 1994

Kunz, Josef L.: Editorial Comment, The „Uniting For Peace" Resolution of the United Nations, American Journal of International Law, Vol. 45 (1951), S. 129 ff, zitiert: *Kunz*, AJIL 45 (1951)

Lee, Dwight E.: The Genesis of the Veto, International Organizations, Vol. 1 (1947), S. 33 ff, zitiert: *Lee*, Int. Org. 1 (1947)

Leibholz, Gerhard: Die Gleichheit der Staaten, Archiv des Völkerrechts 10, 1962/63, S. 69 ff, zitiert: *Leibholz*, AVR 10 (1962/63)

Leibholz, Gerhard: Die Gleichheit der Staaten, Wörterbuch des Völkerrechts, Band 1, Hrsg. Schlochauer, Hans- Jürgen, 1960, Verlag Walter de Gruyter & Co. Berlin, zitiert: *Leibholz*, WbVR I

Levi, Werner: Contemporary International Law: A Concise Introduction 1979, Westview Press Inc., Boulder, Colorado, zitiert: *Levi*, Contemporary International Law

Liang, Yuen-Li: The Settlement of Disputes in the Security Council: The Yalta Voting Formula, British Yearbook of International Law, 24 (1947) S. 330, zitiert: *Liang*, BYIL 24 (1947)

Liang, Yuen-Li: Notes on legal Questions concerning the United Nations – The so-called „Double Veto" American Journal of International Law, Volume 43 (1949), S. 134, zitiert: *Liang*, AJIL 43 (1949)

Liang, Yuen-Li: Notes on legal questions concerning the United Nations: Abstention and Absence of a Permanent Member in Relation to the Voting Procedure in the Security Council, American Journal of International Law, Volume 44 (1950), S. 694, zitiert: *Liang*, AJIL 44 (1950)

Lie, Trygve: In the Cause of Peace, Seven Years with the United Nations, 1954, The Macmillan Company, New York, zitiert: *Lie*, Cause of Peace

Luard, Evan: A History of the United Nations, Volume 1: The Years of Western Domination, 1945-1955, 1982, St. Martins's Press, New York, zitiert: *Luard*, History Vol. I

von Mangoldt, Hermann: Die Kriegsziele der Vereinten Nationen und das Völkerrecht der Nachkriegszeit im Spiegel amtlicher und offiziöser Äusserungen aus der Kriegszeit, Veröffentlichungen des Instituts für internationales Recht an der Universität Kiel, Heft 4, 1948, Rechts- und Staatswissenschaftlicher Verlag, GmbH, Hamburg, zitiert: *von Mangoldt*, Kriegsziele

von Mangoldt, Hermann/Rittberger, Volker (Hrsg.): Das System der Vereinten Nationen und seine Vorläufer, Band I: Das System der Vereinten Nationen, I/1 Vereinte Nationen, Verlag Stämpfli + Cie AG, Bern, C. H. Beck'sche Verlagsbuchhandlung, München 1995, zitiert: *von Mangoldt/Rittberger*, Vereinte Nationen Bd.1 I/1

Maull, Hanns W.: Japan und Deutschland: Die neuen Großmächte?, Europa-Archiv, Folge 21 (1994) S. 603 ff, zitiert: *Maull*, EA 1994

McDougal, Myres S./Gardner, Richard N.: The Veto and the Charter: an interpretation for survival, The Yale Law Journal, Vol. 60 – 1951, S. 258 ff, zitiert: *McDougal/Gardner*, YLJ 60 (1951)

Mosler, Hermann: Die Großmachtstellung im Völkerrecht, Schriften der Süddeutschen Juristen-Zeitung, Heft 8, Verlag Lambert Schneider, Heidelberg 1949, zitiert: *Mosler*, Großmachtstellung

Mullerson, Rein: New Developments in the Former USSR and Yougoslavia, Virginia Journal of International Law, Vol. 33 (1993), S. 299 ff, zitiert: *Mullerson*, VJIL 33 (1993)

Mullerson, Rein: The Continuity and Succession of States by Reference to the Former USSR and Yougoslavia, International and Comparative Law Quarterly, Vol. 42 (1993), S. 473, zitiert: *Mullerson*, ICLQ 42 (1993)

Münzing, Ekkehard: Die UNO–Instrument amerikanischer Außenpolitik?, Die UNO-Politik der Bush-Administration 1988-1992, 1995, Lit Verlag, Münster, Hamburg, zitiert: *Münzing*, UNO

Nolte, Barbara: Uniting for Peace, in: United Nations: Law, Politics and Practice, S. 1147 ff, Rüdiger Wolfrum/Christiane Philipp, 1995, Verlag C. H. Beck, München, Martinus Nijhoff Publishers, Dordrecht/London /Boston, zitiert: *Nolte*, Uniting for Peace

Oppenheim, L.: International Law, A Treatise, Vol. II, Disputes, War and Neutrality, 7th Edition, Edited by H. Lauterpacht, Longmans, Green & Co., London, New York, Toronto, 1952, zitiert: *Oppenheim*, International Law, Vol. II

Patil, Anjali V.: The UN Veto in World Affairs 1946 – 1990, A Complete Record and Case Histories of the Security Council's Veto, 1992, UNIFO Publishers, Sarasota, Florida, zitiert: *Patil*, UN Veto

Paul, James A.: Security Council Reform: Arguments about the Future of the United Nations System, http://www.globalpolicy.org/security/pubs/secref.htm, zitiert: *Paul*, Security Council Reform

Proidl, Karin: Die Reform des Sicherheitsrates, in: Cede, Franz/Sucharipa-Behrmann, Lilly, Die Vereinten Nationen, Recht und Praxis, S. 281 ff, Manzsche Verlags- und Universitätsbuchhandlung, Wien, C. H. Beck'sche Verlagsbuchhandlung, München, 1999, zitiert: *Proidl*, Reform

Prößdorf, Klaus: Die „Uniting for Peace" Resolution, 1960, Köln-Riehl, zitiert: *Prößdorf*, Uniting for Peace

Przetacznik, Franciszek: The Double Veto of the Security Council of the United Nations: A new Appraisal, Revue de Droit International de Sciences Diplomatiques et Politiques, Vol. 58 (1980), S. 153 ff, zitiert: *Przetacznik*, RDI 58 (1980)

Puchala, Donald: American Interest and the United Nations, Political Science Quarterly, Vol. 97 (1982-1983), S. 571, zitiert: *Puchala*, PSQ 97 (1982-1983)

Ross, Alf: The United Nations: Peace and Progress, 1966, The Bedminster Press, Totowa, New Jersey, zitiert: *Ross*, United Nations

Rudzinski, Alexander W.: The so-called Double Veto, Some Changes in the Voting Practice of the Security Council, American Journal of International Law, Vol. 45 (1951), S. 443, zitiert: *Rudzinski*, AJIL 45 (1951)

Russel, Ruth B./Muther, Jeanne E.: A history of the United Nations Charter: a role of the United States 1940 – 1945, zitiert: *Russel/Muther*, History

Russet, Bruce/ O'Neill, Barry/ Sutterlin, James S.: Breaking the Restructuring Logjam, in: Bruce Russet (Hrsg.), The Once and Future Security Council, 1997, Macmillan Press Ltd., Houndmills, Basingstoke, Hampshire, London, zitiert: *Russet/O'Neill/Sutterlin*, Logjam

Schaefer, Michael: Gedanken zur Effektivierung des Sicherheitsrates, Vereinte Nationen 29 (1981), S. 199 ff, zitiert: *Schaefer*, VN 1981

Scharf, Michael P.: Musical Chairs: The Dissolution of States and Membership in the United Nations, Cornell International Law Journal, Vol. 28 (1995), S. 29 ff, zitiert: *Scharf*, CILJ 28 (1995)

Schaumann, Wilfried: Die Gleichheit der Staaten, Ein Beitrag zu den Grundprinzipien des Völkerrechts, Springer-Verlag, Wien, 1957, zitiert: *Schaumann*, Gleichheit

Scheltema, Hugo: Transformations withhin the United Nations, in: Harrod, Jeffrey/Schriver, Nico, The UN Under Attack, Gower, Aldershot, Brookfield USA, Hong Kong, Singapore, Sydney, 1988, zitiert: *Scheltema*, Transformations

Schermes, Henry G.: International Organisations, Membership, in: Encyclopedia of Public International Law, Ed. Rudolf Bernhardt, Elsevier Science Publishers, B.V.,1983, North Holland, Amsterdam, New York, Oxford, zitiert: *Schermes*, EPIL V

Schick, F. B.: Videant Consules, The Western Political Quarterly, Vol. 3 (1950), S. 311 ff, zitiert: *Schick*, WPQ 3 (1950)

Schild, Georg: Bretton Woods and Dumbarton Oaks, American Economic and Political Postwar Planning in the Summer of 1944, 1. Auflage 1995, Macmillan Press, Houndmills, Basingstoke, Hampshire, London, zitiert: *Schild*, Bretton Woods

Schindlmayr, Thomas: Obstructing the Security Council, Journal of the History of international Law, Vol. 3 (2001), S. 218 ff, zitiert: *Schindlmayr*, JHIL 3 (2001)

Schlüter, Hilmar Werner: Die Politische Funktion des Sicherheitsrates der Vereinten Nationen von 1945 – 1950, H. Bouvier u. Co. Verlag, Bonn, 1970, zitiert: *Schlüter*, Funktion

Schmid, Karin: Gedanken zu Untergang und Entstehung von Staaten in Mittel- und Osteuropa, Die Friedenswarte, Vol. 69 (1993), S. 72 ff, zitiert: *Schmid*, FW 69 (1993)

Schwelb, Egon: The Amending Procedure of Constitutions of International Organizations, The British Yearbook of International Law, Vol. 31 (1954), S. 49 ff, *Schwelb*, BYIL 31 (1954)

Schweisfurth, Theodor: Vom Einheitsstaat (UdSSR) zum Staatenbund (GUS), Zeitschrift für ausländisches öffentliches Recht, Vol. 52 (1992), S. 541 ff, zitiert: *Schweisfurth*, ZAÖRV 52 (1992)

Schweisfurth, Theodor: Das Recht der Staatensukzession: Die Staatenpraxis der Nachfolge in völkerrechtliche Verträge, Staatsvermögen, Staatsschulden und Archive in den Teilungsfällen Sowjetunion, Tschechoslowakei und Jugoslawien, in: Fastenrath, Ulrich/Schweisfurth, Theodor/Ebenroth, Carsten Thomas, Das Recht der Staatensukzession, Berichte der Deutschen Gesellschaft für Völkerrecht, Bd. 35, 24. Tagung in Leipzig, April 1995, C. F. Müller Verlag, Heidelberg, 1996, S. 49 ff, zitiert: *Schweisfurth*, Staatensukzession

Seidel, Gerd: Ist die UN-Charta noch zeitgemäß?, Archiv des Völkerrechts, Vol. 33 (1995), S. 21 ff, zitiert: *Seidel*, AVR 33 (1995)

Seidl-Hohenveldern, Ignaz/Loibl, Gerhard: Das Recht der Internationalen Organisationen einschließlich der Supranationalen Gemeinschaften, 7. Auflage, 2000, Carl Heymanns Verlag KG, Köln, Berlin, Bonn, München, zitiert: *Seidl-Hohenveldern/Loibl*, Internationale Organisationen

Seiffert, Wolfgang : Von der Sowjetunion (UdSSR) zur Gemeinschaft Unabhängiger Staaten (GUS) in: OsteuropaRecht, Vol. 38 (1992), S. 79 ff, zitiert: *Seiffert*, OsteuropaRecht 38 (1992)

Simma, Bruno (Hrsg.) unter Mitarbeit von Mosler, Hermann/Randelzhofer, Albrecht/Tomuschat, Christian/ Wolfrum, Rüdiger: The Charter of the United Nations, A Commentary, Volume I & II, Verlag C. H. Beck, München 2002, zitiert: *Simma/Bearbeiter*

Smouts, Marie-Claude: France and the United Nations System in: Alger, Chadwick F./Lyons, Gene M./Trent, John E., The United Nations system: The policies of member states, 1995, United Nations University Press, Tokyo, New York, Paris, S. 186, zitiert: *Smouts*, France

Sohn, Louis Bruno: Cases on United Nations Law, 2nd Edition, The Foundation Press, Inc., Brooklyn, 1967, zitiert: *Sohn*, Cases

Spiropoulos, J.: L'abus du droit de vote par un Membre du Conseil de Sécurité, Revue Hellénique de Droit International, Vol. 1 (1948), S. 3 ff, zitiert: *Spiropoulos*, Rev. Hell. 1 (1948)

Stavropoulos, Constantin A.: The Practice of voluntary Abstentions by Permanent Members of the Security Council under Article 27, Paragraph 3, of the Charter of the United Nations, American Journal of International Law, Vol. 61 (1967), S. 737 ff, zitiert: *Stavropoulos*, AJIL 61 (1967)

Sucharipa-Behrmann, Lilly: The Enlargement of the UN Security Council, The Question of Equitable Representation of and Increase in the Membership of the Security Council, in: Austrian Journal of Public and International Law, Vol. 47 (1994), S. 1 ff, zitiert: *Sucharipa-Behrmann*, AJPIL 47 (1994)

Thalakada, Nigel: China's Voting Pattern in the Security Council, 1990 – 1995, in: Russet, Bruce (Hrsg.), The Once and Future Security Council, S. 83, zitiert: *Thalakada*, China's Voting Pattern

Tichy, Helmut: Two Recent Cases of State Succession – An Austrian Perspective, in: Austrian Journal of Public and International Law,Vol. 44 (1992), S. 117 ff, zitiert: *Tichy*, AJPIL

Trauttmansdorff, Ferdinand: Die Organe der Vereinten Nationen, in: Cede, Dr. Franz/Sucharipa-Behrmann, Dr. Lilly, Die Vereinten Nationen, Recht und Praxis, Manzsche Verlags- und Universitätsbuchhandlung, Wien, C. H. Beck'sche Verlagsbuchhandlung, München, 1999, zitiert: *Trauttmansdorff*, Organe

Triepel, Heinrich: Die Hegemonie, Verlag von W. Kohlhammer, Stuttgart, 1938, zitiert: *Triepel*, Hegemonie

Tunkin, Grigorij I.: Droit International Public, Problèmes Théoriques, Èditions A. Pédone, Paris, 1965, zitiert: *Tunkin*, Droit International Public

Unser, Günther: Die UNO – Aufgaben und Strukturen der Vereinten Nationen, C. H. Beck im dtv, München, 7. Auflage 2003, zitiert: *Unser*, UNO

Uschakow, Nikolaj A.: Das Prinzip der Einstimmigkeit der Großmächte in der Organisation der Vereinten Nationen, VEB Deutscher Zentralverlag , Berlin 1958, zitiert: *Uschakow*, Einstimmigkeit

Verdross, Alfred/Simma, Bruno: Universelles Völkerrecht, Theorie und Praxis, 3. Auflage 1984, Duncker & Humblot, Berlin, zitiert: *Verdross/Simma*, Völkerrecht

Virally, Michel: L'Organisation Mondial,1972, Librairie Armand Colin, Paris, zitiert: Virally, L'Organisation

Volger, Dr. Helmut: Geschichte der Vereinten Nationen, R. Oldenbourg Verlag München Wien, 1995, zitiert: *Volger*, Geschichte

Wagner, Wolfgang: Der ständige Sitz im Sicherheitsrat, Wer braucht wen: Die Deutschen diesen Sitz? Der Sicherheitsrat die Deutschen? Europa-Archiv, Folge 19, 1993, S. 533 ff, zitiert: *Wagner*, EA 1993

Wallensteen, Peter: Representing the World: A Security Council for the 21st Century, Security Dialogue, Vol. 25 (1994), S. 63 ff, zitiert: *Wallensteen*, SD 25 (1994)

Weber, Hermann: History of the United Nations, in: United Nations: Law Politics and Practice, S. 572 ff, Rüdiger Wolfrum/Christiane Philipp, 1995, Verlag C. H. Beck, München, Martinus Nijhoff Publishers, Dordrecht/London/Boston, zitiert: *Weber*, History

Weinschel, Herbert: The Doctrine of the Equality of States and ist recent Modifications, American Journal of International Law, Vol. 45 – 1951, S. 417 ff, zitiert: *Weinschel*, AJIL 45 (1951)

Weyer, Markus: Die Mitgliedschaft der ehemaligen Sowjetunion in den Vereinten Nationen, Recht in Ost und West, Vol. 36 (1992), S. 166, zitiert: *Weyer*, ROW 36 (1992)

Williamson, Edwin D.: Remarks by Edwin D. Williamson, State Succession and Relations with Federal States, Proceedings of the 86th Annual Meeting of the American Society of International Law, Washington, D.C. April 1-4, 1992, S. 10 ff, zitiert: *Williamson*, ASIL Proceedings (1992)

Winkelmann, Ingo: Bringing the Security Council into a New Era –Recent Developments in the Discussion on the Reform of the Security Council, Max Planck Yearbook of United Nations Law, Vol. 1 (1997), S. 35, zitiert: *Winkelmann*, MPYB 1997

Winkelmann, Ingo: Reformstau bei der UNO?, in: Häberle, Peter/Schwarze, Jürgen/Graf Vitzthum, Wolfgang (Hrsg.), Der Staat als Teil und als Ganzes, Seminar zum Gedenken an Professor Werner von Simson am 21. Februar 1998 in Freiburg,1998, Nomos Verlagsgesellschaft, Baden-Baden, zitiert: *Winkelmann*, Reformstau

Wood, Michael C.: Security Council Working Methods and Procedure: Recent Developments, in: International and Comparative Law Quarterly, Vol. 45 (1966), S. 150 ff, zitiert: *Wood*, ICLQ 45 (1996)

Woolsey, L. H.: Editorial Comment, The „Uniting for Peace“ Resolution of the United Nations, American Journal of International Law, Vol. 45 (1951), S. 129 ff, zitiert: *Woolsey*, AJIL 45 (1951)

Wortley, B. A.: The Veto and the Security Provisions of the Charter, The British Yearbook of International Law, Vol. 23 (1946), S. 95 ff, zitiert: *Wortley*, BYIL 23 (1946)

Wrengler, Wilhelm: Völkerrecht, Band II, Dritter Teil, 1964, Springer Verlag, Berlin, Göttingen Heidelberg, zitiert: *Wrengler*, Völkerrecht II

Wright, Quincy: The Chinese Recognition Problem, American Journal of International Law, Vol. 49 (1955), S. 320 ff, zitiert: *Wright*, AJIL 49 (1955)

Yoder, Amos: The Evolution of the United Nations System, 3rd Edition 1997, Taylor & Francis, Washington, zitiert: *Yoder*, Evolution

Zimmern, Alfred: The League of Nations and the Rule of Law 1918 – 1935, 1939, Macmillan and Co., Ltd., London, zitiert: *Zimmern*, League

ABKÜRZUNGSVERZEICHNIS

a.A.	andere Ansicht
Abs.	Absatz
AJIL	American Journal of International Law
AJPIL	Austrian Journal of Public and International Law
AFDI	Annuaire Français de Droit International
AÖR	Archiv des öffentlichen Rechts
Art.	Artikel
ASIL	American Society of International Law
Aust. YBIL	Australian Yearbook of International Law
AVR	Archiv des Völkerrechts
BYIL	The British Yearbook of International Law
CanBarRev	The Canadian Bar Review
CILJ	Cornell International Law Journal
CJIL	Chicago Journal of International Law
d.h.	das heißt
EA	Europa-Archiv
EaJIL	The Eastern Journal of International Law
EJIL	European Journal of International Law
EPIL	Encyclopedia of Public International Law
f./ff.	folgende/fortfolgende
FAZ	Frankfurter Allgemeine Zeitung
Fn	Fußnote
FS	Festschrift
FW	Die Friedenswarte
GA	General Assembly
GAOR	General Assembly Official Record
HLR	Harvard Law Review
ICLQ	International and Comparative Law Quarterly
i.E.	im Ergebnis

IJIL	The Indian Journal of International Law
ILM	International Law Materials
Int. Aff.	International Affairs
Int. Org.	International Organizations
i.S.d.	im Sinne des/der
i.S.v.	im Sinne von
i.V.m	in Verbindung mit
JHIL	Journal of the History of International Law
LJIL	Leiden Journal of International Law
MPYB	Max Planck Yearbook of United Nations Law
No.	Number
Nr.	Nummer
NZWehrr	Neue Zeitschrift für Wehrrecht
PYIL	Polish Yearbook of International Law
PSQ	Political Science Quarterly
RdC	Receuil des Cours
RDI	Revue de Droit International de Sciences Diplomatiques et Politiques
Res.	Resolution
Rev. Hell.	Revue Hellénique de Droit International
RGDIP	Revue Générale de Droit International Public
Rn	Randnummer
ROW	Recht in Ost und West
S.	Seite
SC	Security Council
SCOR	Security Council Official Record
SD	Security Dialogue
SHLR	Seton Hall Law Review
sog.	sogenannt/sogenannte/sogenannter
Süddt. JZ	Süddeutsche Juristenzeitung
u.a.	unter anderem
UNYB	United Nations Year Book
u.U.	unter Umständen

v.	vor/vom
vgl.	vergleiche
VJIL	Virginia Journal of International Law
VLR	Virginia Law Review
VN	Vereinte Nationen
Vol.	Volume
WbVR	Wörterbuch des Völkerrechts
WPQ	The Western Political Quarterly
YLJ	The Yale Law Journal
ZAÖRV	Zeitschrift für ausländisches öffentliches Recht
z.B.	zum Beispiel
ZRP	Zeitschrift für Rechtspolitik
z.T.	zum Teil

I. Einleitung

„The veto right of the five permanent members of the Security Council places them above the law of the United Nations, establishes their legal hegemony over all the other Members, and thus stamps the Organization with the mark of an autocratic regime.[1]"

Die Organisation der Vereinten Nationen beruht nach Art. 2 I UN-Charta auf dem Prinzip der souveränen Gleichheit aller ihrer Mitglieder. Betrachtet man in diesem Zusammenhang den Sicherheitsrat, der gemäß Art. 24 I UN-Charta die „primary responsibility for the maintenance of international peace and security" innehat, wird schnell deutlich, dass in diesem Organ die souveräne Gleichheit nicht vorherrscht. Vielmehr erfährt gerade hier die faktische Ungleichheit der Staaten ihre Berücksichtigung. So ist zum einen die Mitgliederanzahl im Sicherheitsrat begrenzt, darüber hinaus zeichnet er sich bzgl. der fünf ständigen Mitglieder durch eine ständige Präsenz und das in Art. 27 III UN-Charta normierte Erfordernis der Zustimmung aller fünf ständiger Mitglieder bei solchen Fragen, die keine Verfahrensfragen sind. Dieses Einstimmigkeitserfordernis wird als „Vetorecht" der fünf Ständigen bezeichnet.[2] Problematisch ist, ob diese Bezeichnung zutreffend ist, da es sich nach Art. 27 III UN-Charta nicht um ein Einspruchsrecht gegen das Inkraftsetzen, sondern vielmehr um die Verhinderung des Zustandekommens eines Beschlusses handelt.[3]

Der Sicherheitsrat setzt sich nach der ersten Erweiterung im Jahre 1963 gemäß Art. 23 UN-Charta aus 15 Mitgliedern zusammen, aus fünf ständigen und zehn nichtständigen. Da die fünf Ständigen, im Gegensatz zu den Nichtständigen, nicht gewählt werden, sondern in Art. 23 I UN-Charta ausdrücklich benannt sind, wird ihnen stets eine mangelnde demokratische Legitimation vorgeworfen.[4]

Die Differenzierung zwischen den ständigen und nichtständigen Mitgliedern ist von zentraler Bedeutung: durch ihre ständige und nicht zeitlich begrenzt Anwesenheit sowie durch das Veto bei Abstimmungen im Sicherheitsrat. Gemäß Art. 27 I und II UN-Charta steht jedem Staat eine

[1] *Kelsen*, HLR 59 (1946), S. 1087 (1121).
[2] *Proidl*, Reform, S. 281
[3] *Balazs*, FW 46 (1946), S. 222 (223); *Barandon*, Vereinte Nationen, S. 19 f
[4] *Eitel*, FW 74 (1999), S. 126 (128)

Stimme zu, Entscheidungen des Sicherheitsrates über Verfahrensfragen können mit einer Mehrheit von neun Stimmen getroffen werden. Handelt es sich um materielle Angelegenheiten, so können die fünf ständigen Mitglieder durch das ihnen nach Art. 27 III UN-Charta zustehende Vetorecht das Zustandekommen von Entscheidungen verhindern.

Aufgrund dieser Tatsachen war der ständige Sitz im Sicherheitsrat stets Thema heftiger Kontroversen - seit der Gründung der Vereinten Nationen. Daran hat sich im Laufe der Zeit wenig geändert - „Der Sicherheitsrat - Ruine einer vergangenen Welt?"[5], „ Das Vetorecht in seiner jetzigen Form erscheint nicht mehr angemessen"[6] sind keine Einzelfälle der neueren Kritik an der Zusammensetzung des Sicherheitsrates und insbesondere dem Institut des ständigen Sitzes. So wird dieser schon seit geraumer Zeit als undemokratisch und als die Gleichheit der Staaten verletzend bezeichnet. Gleichermaßen wird eine Reformdebatte geführt, die bisher aber weit davon entfernt ist, in die Realität umgesetzt zu werden.

Trotz der heftigen Kritik an dem Institut des ständigen Sitzes zielen aber die Reformbestrebungen keineswegs in erster Linie darauf ab, die ständigen Sitze komplett zu eliminieren - wohl auch in dem Bewusstsein, dass die fünf Ständigen dem niemals zustimmen würden, was gemäß Art. 108 UN-Charta erforderlich wäre. Vielmehr richten sich die Bestrebungen darauf, den Sicherheitsrat zu erweitern, sogar auch die Zahl der ständigen Mitglieder zu erhöhen. Nicht zuletzt Deutschland strebt eine solche privilegierte Position im Sicherheitsrat an - „ ‚Finster entschlossen' - Berlin will ständigen Sicherheitsratssitz"[7], „Schröder macht Druck"[8], „Germany to fight for seat on Security Council"[9] sind nur einige aktuellere Zeitungsartikel zu diesem Thema.

Was aber genau macht diesen ständigen Sitz im Sicherheitsrat, der seit dem Beginn seiner Existenz stets für Kontroversen gesorgt hat, aus? Welches sind die Hintergründe für sein Entstehen? Welche Probleme traten im Zusammenhang mit der privilegierten Position auf und wie sind der Sicherheitsrat und andere Organe der Vereinten Nationen damit umgegangen? Welche Reformbestrebungen existieren im Zusammen-

---

[5] *Czempiel*, VN 1992, S. 5 f.

[6] *Fischer*, VN 1999, S. 169 f.

[7] FAZ v. 12. Mai 2004, S. 1.

[8] FAZ Sonntagszeitung v. 23. Mai 2004, Politik S. 7.

[9] Financial Times Europe v. 9. November 2004, S. 2.

hang mit dem ständigen Sitz? Inwiefern etabliert er tatsächlich, wie Kelsen sagt, eine rechtliche Hegemonie und ist diese mit dem in der Charta in Art. 2 Nr. 1 UN-Charta niedergelegten Grundsatz der Gleichheit der Mitglieder tatsächlich unvereinbar?

Die vorliegende Arbeit untersucht und beurteilt die Position der fünf ständigen Mitglieder unter Berücksichtigung der Reformbestrebungen und der Gleichheit der Staaten. Kapitel II beschäftigt sich mit der Hegemonie und der Stellung als Großmacht. Kapitel III erläutert die Stellung des Sicherheitsrates in der Charta, Kapitel IV die Mitgliedschaft im Sicherheitsrat. Kapitel V untersucht die Bedeutung des ständigen Sitzes und die mit ihm verbundenen Privilegien. Kapitel VI befasst sich mit dem Sonderproblem der Enthaltung, Kapitel VII mit der Nicht-Teilnahme an einer Abstimmung und Kapitel VIII mit der Abwesenheit eines ständigen Mitgliedes. Kapitel IX beleuchtet den Missbrauch des Vetorechts. Kapitel X untersucht eine weitere Vorschrift in der Charta, die den ständigen Mitgliedern eine besondere Position einräumt, Art. 106 UN-Charta. Kapitel XI stellt die Vorschläge für eine Reform des Sicherheitsrates dar. Kapitel XII prüft die Vereinbarkeit der Hegemonialstellung mit dem Völkerrecht. Eine abschließende Bewertung sowie ein Ausblick erfolgen in Kapitel XIII.

II. Hegemonie

1) Definition und Kennzeichen einer Hegemonie

Hegemonie (griech. eigentl. „das Anführen“) bezeichnet die Vorherrschaft eines Staates über andere, die als faktische Hegemonie in den tatsächlichen Machtverhältnissen, aber auch rechtlich begründet sein kann. Bei dem Begriff „Hegemonie“ handelt es sich nicht um einen technischen Begriff des Völkerrechts - aus diesem Grunde beschreibt er unterschiedliche rechtliche Verhältnisse auch im nichtpolitischen Bereich.[10] In der internationalen Politik beruht diese auf der Anerkennung der politischen (ideologischen), militärischen, wirtschaftlichen, technologischen und/oder kulturellen Überlegenheit eines Staates seitens anderer.[11] Verkürzt gesagt bezieht sich Hegemonie auf die Beziehung zwischen einem herrschenden Staat und den Rangniedrigeren.[12]

Anders als ein mit Gewalt erzwungenes Über- und Unterordnungsverhältnis beruht die Hegemonie idealerweise auf der Freiwilligkeit und Gleichberechtigung der Partner innerhalb dieses Hegemoniesystems. Es soll nur das Führungsverhältnis zwischen Staaten gleicher Art, also deren Beziehungen von dem Prinzip der Gleichheit und Gegenseitigkeit geprägt sind, so bezeichnet werden.[13] Dabei bedeutet Führung die Leitung eines anderen nach einem bestimmten Ziel. Jede staatliche Hegemonie ist abhängig von den außen- und innenpolitischen Zielen, nach denen sie strebt; per se strebt sie danach, ihre Gefolgschaft gegenüber den Einflüssen Dritter zu isolieren, während sie gleichzeitig diese Kräfte zu bündeln versucht, um diese der restlichen Staatenwelt gegenüberzustellen.[14]

Bei der Hegemonie handelt es sich nicht um ein selbständiges Verhältnis, sondern vielmehr um die Ausgestaltung eines zugrunde liegenden Verhältnisses. Der Ursprung für ein solches kann verschiedener Natur sein - ein Vertrag, aber auch bloße Freundschaften angefangen bis hin zu starker Einflussnahme.[15]

---

[10] *Creifeld*, Rechtswörterbuch, S. 648.
[11] *Ginther*, EPIL II, S. 685 (685).
[12] *Brilmayer*, Hegemony, S. 16.
[13] *Ginther*, EPIL II, S. 685 (685).
[14] *Triepel*, Hegemonie, S. 136 f.
[15] *Triepel*, Hegemonie, S. 129.

Hegemonie wird oft mit „Vormacht" übersetzt, wobei dieser Ausdruck dem Wesen der Hegemonie nicht gerecht wird. „Vormacht" ist ein relativer Begriff und bedeutet zunächst, dass sich eine Macht vor allen anderen, aber zumindest vor denen in einem bestimmten Kreis, durch irgendeinen Faktor, insbesondere durch ihre Stärke, eventuell sogar durch ihre „Übermacht", auszeichnet. Dadurch wird aber noch kein Schluss auf die Beschaffenheit der Willensbeziehung, insbesondere des Führungsverhältnisses, ermöglicht.[16] „Macht" wird durch mehrere Komponenten konkretisiert, durch die Stärke der Fähigkeit, auf einen anderen Willen einzuwirken und die Intensität hierbei zu wählen, sowie durch den Grund, auf dem diese Fähigkeit beruht und den Gegenstand dieser Machtbeziehung.

Insbesondere im zwischenstaatlichen Bereich sind diese Faktoren zu berücksichtigen, denn dort existieren zahlreiche Nuancen der Abhängigkeit - von einfacher Einflussnahme bis zur Herrschaft.[17] In eben diesem Spannungsfeld bewegt sich die Hegemonie - sie ist mehr als bloße Einflussnahme, aber weniger als unmittelbare Herrschaftsausübung. Jeder Staat ist permanent fremden Einflüssen von allen Seiten ausgesetzt.[18]

Herrschaft bedeutet, die Fähigkeit zu haben, auf den Willen anderer durch die Aussicht auf äußeren Zwang einzuwirken. Die Herrschaft wird mit der permanenten Drohung durch Zwang ausgeübt, wobei der Beherrschte teilweise gar nicht mehr anerkannt wird. Es macht aber gerade die Hegemonie aus, den geführten Staat anzuerkennen.[19]

Der unter der Hegemonie stehende Staat behält idealerweise seine Souveränität und einen realen politischen Handlungsspielraum. Mit dem Verständnis der Souveränität als „Unabhängigkeit von äußerer Herrschaft" bedeutet Hegemonie also weder einen Verlust noch eine Minderung der Souveränität des Gefolgsstaates. Souveränität ist dann gegeben, wenn die das Staatsgebiet und das Staatsvolk beherrschende Staatsgewalt keinen höheren Gewalthaber mehr über sich hat - im Rahmen hegemonialer Verhältnisse ist der Souveränitätsbegriff bedeutungslos. Auch unter einer Gruppe nichtsouveräner Staaten ist es möglich, dass

---

[16] *Triepel*, Hegemonie, S. 138.
[17] *Triepel*, Hegemonie, S. 139.
[18] *Triepel*, Hegemonie, S. 140.
[19] *Triepel*, Hegemonie, S. 141.

ein nicht souveräner Staat eine führende Position innehat.[20] De facto überschreitet die Hegemonie eines Staates oft die Schwelle zur Herrschaft im Sinne einer Über- und Unterordnung.[21] So ist es manchmal nicht möglich, eine klare Grenze zwischen Hegemonie und Herrschaft zu ziehen; der Hegemon kann also durchaus der Versuchung unterliegen, seine Grenzen zu überschreiten. Letztendlich entscheidet damit zu einem großen Teil der führende Staat über die Beschaffenheit der Machtbeziehung zwischen ihm und dem weniger mächtigen. Wenn sich also der führende Staat gegen eine Herrschaft entscheidet, obwohl er die Möglichkeit dazu hätte, dann liegt eine echte Hegemonie vor.[22]

2) Die Großmacht

Die europäische Staatenordnung ist seit Jahrhunderten, ebenso wie die heutige weltweite Staatenordnung, von hegemonialer Beschaffenheit. Innerhalb dieser üben die Großmächte einen nicht zu übertreffenden Einfluss aus.[23] Damit ein Staat als Großmacht bezeichnet werden kann, müssen bei ihm besondere Eigenschaften gegeben sein, die eine solche Bezeichnung rechtfertigen.

Nach der Abkehr von mittelalterlichen Reichsidee und dem Auseinanderfallen der christlich-universalen Einheit der Welt entstanden in Europa eine Reihe von souveränen Staaten, an deren Spitze Großmächte standen.[24]

Bereits die zu Beginn der Neuzeit in Europa entstehenden Staatengebilde waren in ihrer politischen Bedeutung verschieden - es entstanden einige Machtzentren. Die Ausgewogenheit und der Ausgleich in Europa erlangte zwischen den Mächten Bedeutung, die in der Lage dazu waren, auch außerhalb ihrer Grenzen die Politik zu beeinflussen.[25]

Obwohl der Führungsanspruch der Großmächte als einer Gesamtheit erstmals zur Zeit Napoleons zutage trat, ist die Bezeichnung Großmacht - oder auch puissance principale, grande puissance, puissance de premier

[20] *Triepel*, Hegemonie, S. 143.
[21] Brockhaus, 9. Band S. 607 f.
[22] *Triepel*, Hegemonie S. 149.
[23] *Delbrück/Wolfrum*, Völkerrecht, Band I/1, § 26 II, S. 237.
[24] *Delbrück/Wolfrum*, Völkerrecht, Band I/1, § 26 II, S. 237.
[25] *Mosler*, Großmachtstellung, S. 13.

ordre, puissance de premier rang - schon früher verwendet worden, und aufgrund der Machtunterschiede zwischen den Staaten schon längst üblich.[26] Nach den Kriegen Napoleons traten am Anfang des 19. Jahrhunderts Österreich, Preußen, Russland, das Vereinigte Königreich und Frankreich als leitende Mächte hervor. Eben diese Mächte als „das Europäische Konzert“ oder die „Pentarchie der Großmächte“ schufen aufgrund gemeinsamer Interessen und Ansichten hinsichtlich zwischenstaatlichem Recht und Moral eine Verbindung, die für ungefähr 50 Jahre in der Lage war, Frieden und einen geregelten Zustand zu erhalten. Dabei trafen die Großmächte Europas, zu denen in der zweiten Hälfte nach der Einigung Deutschlands und Italiens diese Staaten hinzutraten, die politischen Entscheidungen von Bedeutung dieser Zeit gemeinsam, so auf dem Wiener Kongress von 1815, den Pariser Frieden von 1856 oder auf dem Berliner Kongress 1878, der die Neuordnung des Balkans betraf.[27]

Ungefähr von der Zeit des Wiener Kongresses ausgehend entwickelte es sich, dass mit der Position, eine Großmacht zu sein, bestimmte Befugnisse innerhalb der Gemeinschaft der europäischen Staaten verbunden sind. Wurde zuvor noch jede Großmacht einzeln betrachtet, entwickelte sich nun der Gedanke, die Gesamtheit der Großmächte Aufgaben wahrnehmen zu lassen, die ihnen als Gesamtheit, nicht aber als einzelner Staat, zustehen sollten.[28] Neu war in diesem Zusammenhang, dass die europäischen Großmächte eine gemeinsame Führung ihrer Angelegenheiten anstrebten und beanspruchten. Dabei konnte bei der Konstruktion einer auf Dauer angelegten Staatengemeinschaft keine Großmacht dauerhaft außen vor gelassen werden.[29]

Zu den europäischen Großmächten traten nach dem Ende des Sezessionskrieges im 19. Jahrhundert die Vereinigten Staaten hinzu, nach der Jahrhundertwende Japan. Durch den ersten Weltkrieg verloren Deutschland, Österreich-Ungarn und Russland ihre Großmachtstellung. Die übrigen siegreichen Großmächte - die Vereinigten Staaten, das Vereinigte Königreich, Frankreich, Italien und Japan - etablierten auf den Friedenskonferenzen des Jahres 1919 eine neue Ordnung unter ihrer Leitung. Dabei nahmen die fünf Großmächte (Principal Allied und As-

---

[26] *Mosler*, Großmachtstellung, S. 14.
[27] *Delbrück/Wolfrum*, Völkerrecht, Band I/1, § 26 II, S. 237.
[28] *Mosler*, Großmachtstellung, S. 13 f.
[29] *Mosler*, Großmachtstellung, S. 15.

sociated Powers bzw. Principales Puissances alliées et associées) ihren Vorrang sowohl gegenüber den Verlierern als auch gegenüber ihren Verbündeten in Anspruch. Sie leiteten die Friedenskonferenz und trafen alle Entscheidungen von Bedeutung. Die Verträge garantierten ihnen selbst eine herausragende Rechtsposition eigener Art.[30]

Auf diese Weise wurden auf der Pariser Friedenskonferenz von 1919 die Mächte nach der Möglichkeit ihrer Einflussnahme auf die Welt eingeteilt. Diese Idee setzte sich weiter fort im Völkerbund mit dem vordringlichsten Ziel und der Aufgabe der Wahrung des Weltfriedens. Allein unter Berücksichtigung dieses Zieles war der Bund für alle bedeutenden politischen Aufgaben und Streitigkeiten zuständig.[31]

Im ostasiatischen Raum schufen die Vereinigten Staaten, das Vereinigte Königreich und Japan im Westpazifik als Seemächte bis zum Beginn der dreißiger Jahre eine gewisse Ordnung.[32] Nachdem am Ende der 20er Jahre Deutschland und Russland wieder zu den Großmächten gehörten, veränderten sich Anfang der 30er Jahre die Konstellationen der Großmächte, deren Gegensätze den Zweiten Weltkrieg ausgelöst haben. Mit seinem Ende entstand eine neue Rangordnung, geprägt durch die hervortretende Machtposition der USA und UdSSR, die nicht zuletzt durch die atomaren Waffen noch verstärkt wird. Im Vergleich haben die früher als Großmächte angesehenen Staaten Vereinigtes Königreich und Frankreich, obwohl auch sie im Besitz atomarer Waffen sind, an Bedeutung verloren.[33]

Dieselben Ziele verfolgt auch die Charta der Vereinten Nationen in Art. 1 UN-Charta. In der Satzung der Vereinten Nationen findet sich das Prinzip wieder, dass die Hauptsiegermächte des zweiten Weltkrieges die Führung für sich in Anspruch nehmen. In ihr ist deutlich der Wille der Großmächte, die Verantwortung für den Frieden zu tragen, erkennbar - eine Tatsache, die seitens der Gründer des Völkerbundes noch beschönigt wurde.[34] Daraus resultiert das Streben nach einer Art Weltregierung, in der die Großmächte die maßgebenden Kräfte sind; es entsteht aber der Eindruck eines oligarchisch geleiteten Instituts der Streitverhütung und -

---

[30] *Delbrück/Wolfrum*, Völkerrecht, Band I/1, § 26 II, S. 237.
[31] *Mosler*, Großmachtstellung, S. 27.
[32] *Delbrück/Wolfrum*, Völkerrecht, Band I/1, § 26 II, S. 237.
[33] *Delbrück/Wolfrum*, Völkerrecht, Band I/1, § 26 II, S. 238.
[34] *Mosler*, Großmachtstellung, S. 19 f.

schlichtung, dessen Funktions- und Arbeitsweise von einer Ausgeglichenheit und einem Gleichgewicht der Interessen der Großmächte abhängig ist.[35] Bis zum Ende des Ost-West-Konfliktes dominierte die Bipolarität zwischen den USA und der UdSSR das internationale Staatensystem. Zunehmend gewinnen neben der Volksrepublik China als fünfte Kernwaffenmacht auch Länder der Dritten Welt, die an der Schwelle zur Hochindustrialisierung stehenden und/oder eine sehr große Bevölkerung haben, Einfluss auf die Völkerrechtsordnung.[36]

Großmacht zu sein heißt also, die Fähigkeit zu haben, die politische Welt mit zu gestalten. Dabei setzt dies nicht eine förmliche Anerkennung oder dergleichen voraus - selten wird die Eigenschaft, Großmacht zu sein, bestritten. Die Großmacht bringt sich mit ihrer eigenen Kraft politisch zu Geltung - ihre Geltung ist ein Faktor, der in der internationalen Politik nicht übergangen und unbeachtet bleiben kann.[37]

Eine verbindliche Anerkennung als Großmacht in dem Sinne wie auch neue Staaten oder Regierungen anerkannt werden, existiert nicht. Rechtlich gesehen bedeutet die Anerkennung eine Erklärung dahingehend, dass der andere Staat als gleichwertiges Rechtssubjekt anerkannt wird und so mit ihm umgegangen wird.[38] Als Rechtspersönlichkeit des Völkerrechtes sind alle Staaten unabhängig von ihrer Macht gleich. Bisher bewirkte lediglich die Tatsache der realen Macht des Staates, dass andere Länder, die über ebenfalls große Machtmittel gleichen Umfanges verfügten, diesen als gleichrangigen Partner anerkannten, so dass dieser bei Angelegenheiten, die die Staatengemeinschaft im ganzen berührten, nicht umgangen werden konnte. Eine Begründung der Großmachteigenschaft durch eine förmliche Zulassung in den Kreis der führenden Staaten fand nicht statt. Es war in der Geschichte vielmehr üblich, Staaten, die ein tatsächliches Gewicht entsprechend dem der Großmächte erlangt hatten, hinzuzuziehen. Auch weniger formelle Akte bringen zum Ausdruck, dass die Großmächte mit einem mächtiger gewordenen Staat auf gleicher Ranghöhe verkehren und ihm dadurch eine bevorzugende Stellung in der Gemeinschaft der Staaten zugestehen. Problematisch ist es, diesen Akt der Zulassung oder Zustimmung dahingehend, dass die Mitwirkung des Staates bei Fragen zentraler politischer übergreifender Be-

---

[35] *Mosler*, Großmachtstellung, S. 20.
[36] *Delbrück/Wolfrum*, Völkerrecht, Band I/1, § 26 II, S. 238.
[37] *Mosler*, Großmachtstellung, S. 21.
[38] *Mosler*, Großmachtstellung, S. 23.

deutung notwendig geworden sei, in das völkerrechtliche System einzuordnen.[39] Dennoch ist die Billigung oder Erklärung, in Zukunft einen bestimmten Staat in die Gemeinschaft der Großmächte aufzunehmen und als Partner zu behandeln, nicht ohne Bedeutung. Die bisherigen Mächte lassen also einen neuen Staat in den bisherigen Kreis hinzu. Dies hat jedoch keinerlei konstitutiven Charakter, sondern nur das tatsächliche Gewicht und die tatsächliche Bedeutung als Großmacht ermöglicht diese Beteiligung an der Politik. Eine Weigerung zur Zusammenarbeit oder ein Einladen zur Zusammenarbeit steht den bisherigen Großmächten nicht zu.[40]

Großmächte sind durchaus in der Lage, selbständig Politik zu machen - der einzige Faktor, durch den sie veranlasst werden, Rücksicht zu nehmen und durch den ihre Unabhängigkeit eine Einschränkung erfährt, sind die Interessen der anderen Großmächte, die so in Einklang gebracht werden müssen.[41] Regelmäßig sind die Großmächte von allen Fragen, die eine Staatengemeinschaft als solche betreffen, tangiert. In diesem Zusammenhang spricht man von den intérêts généraux. Den korrespondieren die intérêts particuliers oder limités der Staaten, die keine Großmächte darstellen und deren Mitwirkung nur dann anerkannt wird, wenn ihre unmittelbaren Eigeninteressen berührt sind.

Unter Fragen von zentraler Bedeutung für die Allgemeinheit versteht man solche, die für die Gesamtheit des Staatengefüges von Bedeutung sind. Existiert eine Anzahl von Großmächten, bei der keiner eine Vormachtstellung einnimmt, ist es für die Funktion der zwischenstaatlichen Gemeinschaft unerlässlich, ein Gleichgewicht zwischen ihnen herzustellen und dauerhaft zu erhalten. Von allgemeinem Interesse sind also die Angelegenheiten, die, sei es zum Positiven, sei es zum Negativen, etwas am Ausgleichszustand verändern.[42]

Grundsätzlich muss die Wahrnehmung von Aufgaben von allgemeiner Bedeutung durch die Großmächte mit der Zuständigkeit der kleineren Staaten in ihren eigenen Angelegenheiten in Ausgleich gebracht werden. Der Gleichheitsgrundsatz erfordert aber hier, dass über diejenigen, die tangiert sind, nicht ohne ihr Einverständnis eine Entscheidung getroffen

---

[39] *Mosler*, Großmachtstellung, S. 24.
[40] *Mosler*, Großmachtstellung, S. 25.
[41] *Mosler*, Großmachtstellung, S. 21.
[42] *Mosler*, Großmachtstellung, S. 25.

wird.[43] Setzt sich ein Staatenbündnis aus mehreren Großmächten zusammen, so können Fragen zentralen Interesses nicht von einer einzelnen oder mehreren Mächten, sondern nur von allen gemeinsam eine Regelung erfahren. Dies spiegelt sich auch in den Satzungen des Völkerbundrates und der Vereinten Nationen wieder - die Großmächte sind die einflussreichen, dauerhaften Ratsmitglieder per se - die kleineren Mächte haben aufgrund ihrer fehlenden Stärke nur eine eingeschränkte Machtposition inne.[44]

3) Das Entstehen einer Hegemonie

Eine Hegemonie entsteht aufgrund der Überlegenheit des führenden Staates, da gerade diese Überlegenheit in einem politisch bedeutenden Wert - also in militärischer, in wirtschaftlicher und in allgemein kultureller Beziehung - besteht. Hegemonie ist also nur unter der Voraussetzung möglich, dass eine bestimmte Überlegenheit bei einem aus einem abgegrenzten Kreise gegeben ist. Solange diese Überlegenheit anhält, ist eine Hegemonie gegeben und besteht. Nähern sich die Unterlegenen aber - vielleicht gerade bedingt durch den Einfluss des Hegemons - dem Überlegenen an, bringt dies die Hegemonie ins Wanken und beendet sie vielleicht völlig.[45]

Hegemonien entstehen aus einer Vielzahl von Ursachen; die Ursprünge einer solchen beruht auf mehreren geschichtlichen Faktoren und ihrem Zusammenwirken. Aus Sicht des führenden Staates ist die Überlegenheit, verbunden mit dem Willen, diese Position auszunutzen, von zentraler Bedeutung - dem gegenüber muss auf Seiten des unterlegenen Staates auch ein Wille vorhanden sein, die Führung des anderen anzuerkennen.[46]

Für einen Staat ist die Hegemonie das vornehmste Mittel der Machterweiterung, die sich nur auf einen oder einige wenige oder aber auch auf viele erstrecken kann.[47]

---

[43] *Mosler*, Großmachtstellung, S. 27.
[44] *Mosler*, Großmachtstellung, S. 29.
[45] *Triepel*, Hegemonie, S. 155.
[46] *Triepel*, Hegemonie, S. 176.
[47] *Triepel*, Hegemonie, S. 185.

Die Hegemonie stellt einen Faktor des Aufstiegs im Leben eines Volkes oder einer Völkergruppe. Mit ihrer Hilfe kann bei einer in partikularen Staatsgewalten bestehenden Nation eine Vereinheitlichung erzielt werden.

Hegemonie ist ein Begriff politischer Macht. Er adressiert eine globale Ordnung, die durch die Asymmetrien der Macht strukturiert ist. Dabei ist zu berücksichtigen, dass das moderne Recht im Gegensatz dazu durch die Idee der Gleichheit unter den Untertanen im internationalen Recht die Gleichheit unter den Staaten propagiert.[48]

Fraglich ist, wie ein Staat, der eine führende Position innerhalb einer Gruppe erlangt hat, diese bewahren und zu seinem Vorteile nutzen kann. Die bevorzugte Position, die der Hegemon einnimmt, äußert sich in der Regel in organisierten Verbänden dergestalt, dass dem Hegemon besondere Rechte zustehen, bei Akten der Willensbildung oder leitende Positionen in beschlussfassenden Verbandsorganen, die sich durch eine stärkere Gewichtung ihrer Stimme oder durch Sonderrechte, die i. R. von Pattsituationen bei der Entscheidung gegeben sind. Doch auch hier ist es möglich, dass in einer zwischenstaatlichen Organisation einem legalen Hegemon durch einen de facto führenden Staat der Rang streitig gemacht wird oder sogar abgelaufen wird. Im Lauf der Geschichte ist immer wieder ein ständiges Streben und damit ein ständiges Wetteifern um die Führung in zwischenstaatlichen Verbänden entstanden.[49]

Bei Hegemonien innerhalb von Staatenverbänden besteht diese in erster Linie in der Möglichkeit, Einfluss auf die Willensbildung des Verbandes zu nehmen. Wenn sich der führende Staat einzelne Hoheitssphären selbst und ausschließlich vorbehält, kann auch hier von einer dauernden ungezwungenen Hegemonie gesprochen werden. Eine temporäre Intervention kann in diesem Zusammenhang dann vorliegen, wenn die Vornahme von Verbandsexekutionen in den Bereich hegemonialer Zuständigkeit fällt.[50]

---

[48] *Kahn*, CJIL 1 (2000), S. 1.
[49] *Triepel*, Hegemonie, S. 218 f.
[50] *Triepel*, Hegemonie, S. 240.

4) Arten von Hegemonien

Es gibt verschiedene Arten der Hegemonie. Sie kann innerhalb von Zweiergruppen als auch von Verbänden auftreten.

Als Mittelding zwischen einer Hegemonie in der Zweiergruppe und der Verbandshegemonie steht die sogenannte Pluralhegemonie. Ihr Charakter ist dergestalt, dass ein Staat die Führungsrolle über mehrere, eventuell sogar eine Vielzahl verschiedener Staaten besitzt, ohne dass diese miteinander einen Verband bilden.[51] Es handelt sich also bei einer Pluralhegemonie um Folgestaaten, bei denen untereinander keine Verknüpfung besteht. Ihre Einheitlichkeit wird lediglich durch die Tatsache hergestellt, dass die Staaten, die einer Pluralhegemonie unterworfen sind, alle demselben führenden Staat untergeordnet sind. Diese Identität desselben Hegemon schafft also die Verbindung untereinander obwohl es sich aufgrund ihrer Unabhängigkeit oder mangelnden Verzahnung untereinander um eine Vielheit von Gefolgen handelt. Das anschaulichste Beispiel hierfür ist das Britische Empire.[52]

Der führende Staat wird in der Regel versuchen, zwischen den Folgestaaten untereinander und ihm ein Verbandssystem zu schaffen, aus der Erkenntnis heraus, und aufgrund der Tatsache dass eine Pluralhegemonie in der Regel nicht dieselbe Stabilität wie die einer gemeinsam organisierten Gruppe aufweist.[53] Unter Verband im folgenden soll zunächst eine Gruppe zu verstehen sein, bei der zwischen den Staaten untereinander eine gewisse Verbindung politischer Erfahrung eine andauernde Verbindung geschaffen hat. Die Verbandsführung kann sich zum einen als Führung des Verbandes und als Führung im Verbande darstellen.[54] Die regelmäßige Situation ist die, dass einer der Partizipanten des Staatenverbandes eine leitende Position innerhalb dieser Gruppe besitzt. Es kann sich aber trotzdem die Situation ergeben, dass ein außerhalb dieser Gruppe bestehender Staat die Hegemonie über diesen gewinnt. Dann liegt eine Hegemonie von außen vor. In der Regel wird der hegemoniale Staat eine Sonderstellung im Staatenverband einnehmen. Nicht selten wird er zum Organ des Staatenverbandes gemacht, dergestalt, dass er die Aufgabe erhält, den Willen des Verbandes sowohl innerhalb als auch

[51] *Triepel*, Hegemonie, S. 244.
[52] *Triepel*, Hegemonie, S. 246.
[53] *Triepel*, Hegemonie, S. 247.
[54] *Triepel*, Hegemonie, S. 248.

nach außen zu repräsentieren. In der Regel nimmt diese Stellung der führende Staat ein, weshalb es praktisch innerhalb eines Staatenverbandes selten zu einer Doppel- oder Kollektivhegemonie kommen kann, da i. d. R. nur ein Staat für eine Gesamtheit nach außen repräsentativ sein kann.[55] Doppelhegemonie i. d. Sinne, dass sich mehrere räumlich oder sachlich eine Hegemonie teilen, erscheint kaum vorstellbar. Eine Doppelhegemonie wird in der Regel nur den unrealistischen Versuch darstellen, den Ansprüchen mehrerer um die Rolle des Hegemon zu beenden, jedoch gelingt dies nicht dauerhaft und führt im Extremfalle zum Bruch zwischen den Partnern, oder die Problematik löst sich dergestalt, dass einer der beiden die Stellung beanspruchenden Staaten sogar die Führung über den Konkurrenten und damit letztendlich die tatsächliche Führung gewinnt.[56]

Das identische Problem stellt sich verschärft bei der Kollektivhegemonie. Ist es schon schwierig in einer Doppelhegemonie eine Einigung zu erzielen, bzw. Einigkeit aufrecht zu erhalten, wird dies, je höher die Teilnehmerzahl ist, umso utopischer. Darüber hinaus wird eine Kollektivhegemonie von den kleineren Staaten weniger leicht akzeptiert, da hier der Gleichheitsanspruch, den insbesondere die kleinen Staaten stets anführen, stärker beeinträchtigt zu sein scheint, als das bei einem einzelnen führenden Staat sein mag. Daher erweisen sich Kollektivhegemonien als nicht sehr stabil.[57]

Der führende Staat hat stets eine Doppelstellung inne, und zwar ist er in seinem Verband sowohl Mitglied als auch Führender und steht sowohl in Beziehung zu den Folgestaaten wie auch letztlich zu dem ganzen Verband und trägt Verantwortung gegenüber den einzelnen und den Folgestaaten.

Die Einteilung der Hegemonie kann stets erfolgen nach dem Anlass, nach ihrer Richtung, dem Umfang der Folgschaft, nach ihrem Entstehen und nach der Motivation.

Zum einen kann es sich bei einer Hegemonie um eine gelegentliche oder um eine dauerhafte Hegemonie handeln. Die okkasionelle Hegemonie

---

[55] Eine Ausnahme stellte der Deutsche Bund dar, in dem es zu einer Doppelhegemonie von Preußen und Österreich kam.
[56] *Triepel*, Hegemonie, S. 220.
[57] *Triepel*, Hegemonie, S. 221.

entsteht in der Regel aus einem gemeinsamen bestimmten Interesse heraus und lässt in der Regel denjenigen Staat an die Spitze treten, der das meiste Interesse an dieser Aktion hat. Auch gemeinsame Bedrohung lässt mehrere Staaten sich verbinden, wobei der stärkste oder mächtigste die Führung übernimmt. Ferner kann sich eine Hegemonie nach dem jeweiligen Zweck richten. Hegemonien sind nach der Zweckrichtung, in denen sie sich bewegen, zu unterteilen. Dabei ist zu beachten, dass sich dieser Zweck nur auf einen bestimmten Aspekt bezieht oder nur ein bestimmter Zweck verfolgt wird. Es kann sich dabei um außenpolitische, innenpolitische oder andere handeln. Diese Hegemonie kann partielle oder fragmentarische Hegemonie genannt werden. Sie ist in der Regel eine politische Hegemonie, weil sie sich auf diese Ebene bezieht, kann sich aber unter Umstände zur vollen Hegemonien ausdehnen. Versucht ein Staat, seine ganze Kultur auf ein anderes Volk zu übertragen, spricht man von einer sogenannten Kulturhegemonie. Auch ergeben sich Unterschiede hinsichtlich des Umfanges der Gefolgschaft, die zur Einstufung als partielle oder totale Hegemonie führen. Eine Hegemonie ist partiell, wenn sie nur einen Teil, und total, wenn sie alle Mitglieder eines zwischenstaatlichen Verbandes umfasst. Darüber hinaus existieren egoistische und altruistische Hegemonien. In der Regel ist die Führung eine egoistische, wenn dieses Motiv auch verschleiert wird. Liegt eine föderative Hegemonie vor, dann halten sich die eigen- und fremdnützigen Motive die Waage, denn aufgrund der herausragenden Bedeutung der Gemeinschaft wird der Hegemon auch für diese arbeiten.[58]

[58] *Triepel*, Hegemonie, S. 255.

III. Der Sicherheitsrat in der Charta und seine Stellung im System der Vereinten Nationen

Vier Kapitel der UN-Charta weisen einen starken Bezug zum Sicherheitsrat auf. Der Sicherheitsrat ist als eines der sechs Hauptorgane der Vereinten Nationen von zentraler politischer Bedeutung, da ihm die meisten Befugnisse zustehen.[59] Grundsätzlich kann der Sicherheitsrat nur tätig werden, wenn ein Thema keine innere Angelegenheit ist oder - entsprechend Art. 2 VII UN-Charta - keine Angelegenheit, die ihrem Wesen nach zur inneren Zuständigkeit eines Staates gehört. Ob dies der Fall ist, entscheidet der Sicherheitsrat selbst.[60]

1) Kapitel V UN-Charta

Kapitel V der Charta beschäftigt sich mit der Zusammensetzung, den Aufgaben und Befugnissen des Sicherheitsrates, sowie mit Verfahrensfragen.

Gemäß Art. 24 I UN-Charta trägt der Sicherheitsrat die Hauptverantwortung für die Wahrung des Weltfriedens und der internationalen Sicherheit. Er handelt dabei als Organ im Namen der Organisation und nicht im Namen der einzelnen Mitgliedsstaaten.[61] Befugnisse zu der Durchführung dieser Aufgaben ergeben sich aus den Kapiteln VI - VIII und XII[62] der Charta sowie aus weiteren einzelnen Befugnisnormen. Nach Art. 24 I UN-Charta handelt er im Namen der Mitgliedsstaaten und kann Resolutionen annehmen, die für die Mitglieder bindend nach Art. 25 UN-Charta sind.

Eine Zuständigkeit des Sicherheitsrates liegt gemäß Art. 26 UN-Charta auf dem Gebiet der Abrüstung vor. Der Sicherheitsrat soll mit Unterstützung durch das Military Staff Committee i. S. des Art. 47 UN-Charta

---

[59] *Bruha*, Security Council, Rn 1.

[60] *Freudenschuß*, AJPIL 46 (1993), S. 1 (3).

[61] *Unser*, Uno, S. 113.

[62] Dabei haben die Artikel des Kapitel XII über den Treuhandrat keine praktische Bedeutung mehr, da das letzte verbliebene Treuhandgebiet, die Inselrepublik Palau am 1. 10. 1994 unabhängig wurde und folglich die in der Charter dem Treuhandrat übertragenen Aufgaben beendet waren. *Unser*, UNO, S. 150; *Bruha*, Security Council, Rn 6.

Pläne zum Einsatz eines Systems zur Rüstungsregelung ausarbeiten. Eine von der Generalversammlung 1952 eingesetzte Abrüstungskommission, die bis 1977/78 dem Sicherheitsrat unterstellt war, untersteht mittlerweile der Generalversammlung. Die Zusammensetzung und der Aufgabenbereich wurden mehrfach geändert. Bei Abrüstungsfragen soll der Sicherheitsrat durch eines seiner Hilfsorgane, den Generalstabsausschuss, beraten werden. Seit der Gründung der Vereinten Nationen hat der Sicherheitsrat sich zu keiner Zeit selbst mit der Abrüstungsproblematik systematisch beschäftigt - vielmehr entwickelte sich mit der Zeit die Generalversammlung als für diesen Themen- und Problemkreis zuständiges Organ.[63]

2) Kapitel VI

Kapitel VI regelt die friedliche Beilegung von Streitigkeiten. In diesem Kapitel finden sich die meisten Präventivmaßnahmen, abgesehen von den Spezialregelungen bzgl. des internationalen Treuhandsystems in Kapitel XII und Art. 26 UN-Charta, denen heute keine praktische Bedeutung mehr zukommt.

Gemäß Kapitel VI ist der Sicherheitsrat bereits verantwortlich, bevor die Situation eine wirkliche Bedrohung für den Frieden darstellt. Dementsprechend hat der Sicherheitsrat nach Art. 34 UN-Charta das Recht, jede Situation oder Auseinandersetzung zu untersuchen, die zu einer internationalen Kontroverse führen oder Unstimmigkeiten verursachen kann. Im Anschluss daran kann er feststellen, ob diese Situation oder Auseinandersetzung die Aufrechterhaltung des internationalen Friedens und der Sicherheit gefährden. Sollte dies der Fall sein, hat der Sicherheitsrat die Möglichkeit als Vermittler oder Schlichter einzugreifen. Einzelheiten hierzu finden sich in Art. 33 II, Art. 34 und Art. 37 UN-Charta.

Art. 33 UN-Charta verlangt von den Konfliktparteien, sich zunächst um eine Beilegung durch eine Vielzahl friedlicher Mittel zu bemühen, da die friedliche Beilegung internationaler Streitigkeiten nach der UN-Satzung die Aufgabe der Staaten selbst ist. Zu dieser Maßnahme haben sich die Mitgliedsstaaten bei ihrem UN-Beitritt verpflichtet.[64] Gemäß Art. 33 II UN-Charta hat der Sicherheitsrat das Recht, die Parteien an diese Ver-

---

[63] *Unser*, UNO, S. 115.
[64] *Unser*, UNO, S. 102.

pflichtungen zu erinnern. In dem Falle, dass keine einvernehmliche Regelung gelingt, müssen nach Art. 37 Nr. 1 UN-Charta die Konfliktparteien den Sicherheitsrat anrufen und ihm die Streitigkeit vorlegen. Dem Sicherheitsrat obliegt dann die Aufgabe, satzungsmäßig zu prüfen, ob der betreffende Konfliktfall tatsächlich eine Bedrohung für den internationalen Frieden und die Sicherheit darstellt. Die Mitgliedsstaaten haben jedoch das Recht, jederzeit den Sicherheitsrat anzurufen, ohne einen vorherigen Lösungsversuch unternommen zu haben - insoweit liegt ein Gegensatz zum Völkerbund vor, dessen Satzung in Art. 16 einen eben solchen vorschreibt.[65]

Für den Fall von Auseinandersetzungen ist der Sicherheitsrat nur kompetent, wenn die Parteien des Konfliktes selbst (Art. 33 I UN-Charta) oder eine zuständige Regionalorganisation (Art. 52 I UN-Charta) nicht in der Lage sind, den Konflikt selbst beizulegen. Sogar in Fällen von Streitigkeiten, die keine Friedensbedrohung darstellen, kann der Sicherheitsrat gemäß Art. 38 UN-Charta gebeten werden, einzuschreiten. Die Grenze im internationalen Recht ist das in Art. 2 VII UN-Charta niedergelegte Interventionsverbot. Andererseits haben Staaten und UN-Organe das Recht, die Aufmerksamkeit des Sicherheitsrates auf Entwicklungen in internationalen Beziehungen zu lenken, die eine Bedrohung des Friedens darstellen (Art. 11 III, 35 I und II, Art. 99 UN-Charta).

Der Sicherheitsrat hat also neben der Untersuchungsfunktion eine Vermittlungs- und auch Vergleichsfunktion - er kann in einem Konfliktfall gemäß Art. 36 I UN-Charta in einem Konfliktfall jederzeit geeignete Verfahren oder Methoden zur Beilegung der Streitigkeit empfehlen. Dem Sicherheitsrat stehen viele Möglichkeiten zu, bereits präventiv tätig zu werden er kann also im Zeitpunkt der Entstehung des Konfliktes sowie nach dessen Ausbruch zur Erzielung einer Einigung tätig werden. Seine Aufgabe ist in erster Linie die Wahrung des Weltfriedens - nicht jedoch eine Ahndung von Rechtsbrüchen. Der Sicherheitsrat wird also stets präventiv tätig, nicht repressiv.[66]

Innerhalb des Kapitel VI steht ihm keine Entscheidungsgewalt zu, abgesehen von der Anordnung von Untersuchungen - er kann nach allgemeiner Einschätzung trotz des Art. 25 UN-Charta lediglich rechtlich unver-

---

[65] *Fahl*, UNO-Sicherheitsrat, S. 51.
[66] *Fahl*, UNO-Sicherheitsrat, S. 52.

bindliche Empfehlungen abgeben, eine friedliche Streitbeilegung aber nicht zwangsweise durchsetzen.[67]

Im Zentrum der Funktionen der friedlichen Streitbeilegung nach Kapitel VI stehen folglich Angelegenheiten, die nur möglicherweise eine Störung des Friedens darstellen könnten. Die Handlungen hiernach werden - entsprechend Art. 33, 36 und 37 UN-Charter - ausgeführt im Hinblick auf eine Situation, deren Andauern geeignet ist, die Aufrechterhaltung des internationalen Friedens und der Sicherheit zu beeinträchtigen.[68] Darüber hinaus sind im Kapitel VI in erster Linie als Hauptakteure die Konfliktparteien angesprochenen oder zumindest die Staaten, die in eine Lage, die möglicherweise dem Friedenserhalt abträglich wäre, involviert sind. Der Rolle des Sicherheitsrates entsprechend als Friedensstifter, hat der Rat nur die Aufgabe - und damit auch das wichtigste Ziel seines Handelns-, die beteiligten Parteien dahingehend anzuhalten, die Auseinandersetzungen beizulegen. Zunächst ist es an den beteiligten Parteien, den Konflikt zu lösen - der Sicherheitsrat will nur eine Verschärfung des Konfliktes verhindern. Jegliches Handeln und Tätigwerden hat als objektives Ziel die Friedenswahrung, insbesondere ist der Sicherheitsrat kein Organ der Streitbeilegung oder Streitentscheidung. So steht eine konkrete Lösung des Falles stets im Hintergrund - und muss hinter dem Interesse der Allgemeinheit an der Friedenserhaltung zurücktreten.[69] Eine solche Beilegung ist jedoch stets vollständig vom Parteiwillen und daher von der Übereinkunft und dem Einvernehmen der direkt betroffenen Staaten abhängig.[70]

3) Kapitel VII

Die Maßnahmen bei Bedrohung oder Bruch des Friedens und bei Angriffshandlungen sind in Kapitel VII geregelt.

Die hauptsächlich repressiven Maßnahmen, die auf Kapitel VII und Art. 53 UN-Charta basieren, setzen die Existenz einer Friedensbedrohung, einen Friedensbruch oder einen Akt der Aggression voraus (Art. 39, 41

---

[67] *Unser*, UNO, S. 103; *Conforti*, Law and Practice, S. 152; Fahl, UNO-Sicherheitsrat, S. 51.
[68] *Conforti*, Law and Practice, S. 151 f.
[69] *Fahl*, UNO-Sicherheitsrat, S. 53.
[70] *Conforti*, Law and Practice, S. 152.

UN-Charta). Diese Feststellung muss der Sicherheitsrat gemäß Art. 39 UN-Charta treffen, um beschließen zu können, welche Maßnahmen aufgrund der Art. 41 und 42 UN-Charta zu treffen sind, um den Weltfrieden und die internationale Sicherheit zu wahren oder wiederherzustellen. Maßnahmen nach Art. 41 und 42 UN-Charta setzen also die förmliche Feststellung nach Art. 39 UN-Charta voraus, wobei dem Sicherheitsrat ein breiter Beurteilungsspielraum zusteht.[71] Da diese Begriffe nicht in der Charta definiert und besonders die ersten beiden Begriffe ziemlich vage sind, ist es nicht möglich, scharf umrissene Unterschiede zwischen diesen und den in Kapitel VI erwähnten friedensbedrohenden Situationen und Auseinandersetzungen festzulegen.

Selbst die „Definition der Aggression", die als Leitfaden seitens der Generalversammlung in GA Res. 3312 (XXIX) vom 14. Dezember 1974 vorgeschlagen wurde, konnte diesen Zustand nicht sonderlich verbessern. Die Definition erfasste die „Anwendung von Waffengewalt durch einen Staat gegen einen anderen". Eine rechtliche Bindung des Sicherheitsrates an diese Definition besteht aber nicht.[72] Die Ursache liegt zum einen daran, dass die Definition selbst sehr vage ist, zum anderen, dass sie nicht in der Lage ist, problematische Fälle zu erfassen, die in einer Grauzone zwischen die Kapitel VI und VII fallen. Der Sicherheitsrat genießt aus diesem Grunde bei allen Tatbeständen einen weiten politischen Beurteilungsspielraum, welcher rechtlich kaum überprüfbar ist, wenn er sichergestellt hat, dass die juristischen Voraussetzungen von Art. 39 UN-Charta eingehalten werden. Dieses Ermessen kann nur teilweise limitiert werden durch das in Art. 2 VII UN-Charta normierte Interventionsverbot. Ein Teil der Literatur vertritt die Ansicht, dass die limitierte Anwendung von Art. 2 VII UN-Charta seine Ursache in dem zweiten Satz findet, der ausdrücklich die Maßnahmen, die auf Kapitel VII der Charta beruhen, vom Interventionsverbot ausnimmt.[73] Konsequenterweise hat der Sicherheitsrat in seiner Praxis den Begriff „Bedrohung des Friedens" weit interpretiert.[74] Diese Phase setzte insbesondere nach 1991 ein. Aus diesem Grund wurde neben dem internationalen Terrorismus auch humanitäre Notlagen und interne Konflikte, insbesondere Verlet-

---

[71] *Conforti*, Law and Practice, S. 174.
[72] *Unser*, UNO, S. 104.
[73] vgl. Hinweis bei *Bruha*, Security Council, Rn 7.
[74] *Bruha*, Security Council, Rn 7.

zungen der Menschenrechte, als Bedrohung oder Bruch des Friedens angesehen.[75]

Als rechtliche Konsequenz von Kapitel VII steht dem Sicherheitsrat ein weites, abgestuftes System von Instrumenten und Handlungsmöglichkeiten zur Verfügung, die sich in vier Gebiete unterteilen lassen. So kann der Sicherheitsrat, um seine Aufgaben effektiv zu erfüllen beispielsweise die Hilfe existierender regionaler Arrangements (Art. 53 I, 54 UN-Charta) verlangen. Unter den Möglichkeiten der Handlungsweisen ist zu unterscheiden - einerseits zwischen Empfehlungen und verbindlichen Beschlüssen (Art. 39 UN-Charta), vorläufigen Maßnahmen (Art. 40 UN-Charta) und zwischen friedlichen (Art. 41 UN-Charta) und militärischen Sanktionen (Art. 42 UN-Charta).

a) Art. 40 UN-Charta

Bereits vor der Feststellung nach Art. 39 UN-Charta können ohne rechtliche Bindungswirkung seitens des Sicherheitsrates die Konfliktparteien zur Einhaltung von vorläufigen Maßnahmen (Art. 40 UN-Charta) angehalten werden, die der Sicherheitsrat für notwendig hält, um ein Zuspitzen der Situation zu verhindern. Hierunter fallen z. B. Feuereinstellung, Truppenabzug oder auch der Abschluss eines Waffenstillstandes.[76]

b) Art. 39 UN-Charta

In dem Falle, dass der Sicherheitsrat vorläufige Maßnahmen für nicht ausreichend hält oder diese keinen Erfolg oder Wirkung zeigen, hat er nach Art. 39 UN-Charta die Möglichkeit, Empfehlungen abzugeben. Die Empfehlungen können mit denen nach Kapitel VI identisch sein.[77] Sie entfalten keine Rechtsbindung, aus ihrem Nichteinhalten können sich jedoch Konsequenzen ergeben. Anstatt eine mandatory sanction aufzuerlegen kann der Sicherheitsrat sich auf die Empfehlung dieser oder anderer Maßnahmen beschränken, mit umstrittenen rechtliche Auswirkungen. Oft werden solche Empfehlungen in Verbindung mit den provisorischen Maßnahmen nach Art. 40 UN-Charta, z. B. in Verbindung mit

---

[75] *Unser*, UNO, S. 105.
[76] *Unser*, UNO, S. 106.
[77] *Conforti*, Law and Practice, S. 179.

dem Feuereinstellen verbunden. In der Praxis haben diese Maßnahmen größere Bedeutung als Empfehlungen, weil der Sicherheitsrat Maßnahmen außerhalb des Rahmenwerks des Art. 39 UN-Charta ergreift.[78]

c) Art. 41 UN-Charta

Nach Art. 41 UN-Charta kann der Rat, „to give effect to ist decisions", Maßnahmen nichtmilitärischer Art anordnen. Gemäß Art. 25 UN-Charta sind solche Entscheidungen verbindlich, die Mitgliedsstaaten sind verpflichtet, diese Maßnahmen durchzuführen. Dadurch, dass die Staaten gemeinsam und einheitlich dem Friedensbrecher entgegentreten, werden sie dem Prinzip der kollektiven Sicherheit gerecht.[79]

Auf der Grundlage von Art. 41 UN-Charta entscheidet der Sicherheitsrat, mit welchen Sanktionsmitteln die Entscheidung durchgesetzt werden soll - nach der beispielhaften Aufzählung kann es sich um „complete or partial interruption of economic relations and of rail, sea, air, postal, telegraphic, radio, and other means of communication, and the severance of diplomatic relations" handeln.

d) Art. 42 UN-Charta

Wenn der Sicherheitsrat nach Art. 42 UN-Charta zu dem Ergebnis kommen sollte, dass in Art. 41 UN-Charta niedergelegte Maßnahmen unzulänglich sein würden oder sich als solche erwiesen haben, kann der Sicherheitsrat „take such action by air, sea, or land forces as may be necessary to maintain or restore international peace and security." Liegt nach Ansicht des Sicherheitsrates eine Situation i. S. des Art. 39 UN-Charta vor, so kann er militärische Zwangsmaßnahmen verbindlich anordnen.

Um entsprechende militärische Maßnahmen durch den Sicherheitsrat selbst nach Art. 42 I UN-Charta durchzuführen, ist eine Voraussetzung, dass ihm seitens der UN-Mitglieder aufgrund von Sonderabkommen, die Art und Umfang der Beteiligung regeln, Streitkräfte zur Verfügung gestellt werden. Die „strategische Leitung" der Streitkräfte obliegt einem

[78] *Bruha*, Security Council, Rn 8.
[79] *Unser*, UNO, S. 106.

Generalstabsausschuss, dem der Sicherheitsrat diese nach Art. 47 III UN-Charta überträgt oder eines authorisierten Mitgliedsstaates.[80]

Art. 43 UN-Charta stellt klar, dass zu der Teilnahme an militärischen Sanktionen nur die Mitglieder verpflichtet sind, die Sonderabkommen geschlossen und ratifiziert haben. Die Satzung trifft keine klare Aussage darüber, ob die Vereinten Nationen über eine eigene, ständig einsatzbereite internationale Streitmacht verfügen sollen. Diese Sonderabkommen wurden bisher nicht abgeschlossen, da es nicht möglich war, sich über bedeutende inhaltliche Fragen zu einigen.[81] Solange die Sonderabkommen nach Art. 43 UN-Charta, die für die Unterordnung der nationalen Truppen unter UN-Kommando notwendig sind, nicht vervollständigt sind, kann der Sicherheitsrat nur den Einsatz von nationalen Truppen empfehlen (Art. 39 UN-Charta) oder zu einem solchen Einsatz ermächtigen.[82]

Der Hauptakteur im Rahmen des Kapitel VII ist der Sicherheitsrat. Die meisten seiner Maßnahmen, die in keinster Weise die Zustimmung der Staaten, die Urheber dieser Krise sind, erfordern, richten sich genau gegen diese. Von größerer Bedeutung ist dagegen die Verpflichtung der anderen Staaten zur Kooperation, um die Maßnahmen, die zur Aufrechterhaltung des Friedens angeordnet wurden, effektiv zu gestalten bzw. durchzusetzen.[83]

Kapitel VII, das die Möglichkeit von Empfehlungen in Betracht zieht, zeichnet sich durch die Macht des Rates aus, sowohl Beschlüsse zu fassen, d. h. Erlasse, die die adressierten Staaten binden, als auch Resolutionen mit Einsatzcharakter (Art. 42 UN-Charta) anzunehmen, die nicht an Staaten gerichtet sind, aber in denen der Rat entscheidet, bestimmte Handlungen selbst durchzuführen.[84]

---

[80] *Bruha*, Security Council, Rn 8.
[81] *Ipsen*, Völkerrecht, § 60 Rn 18.
[82] *Bruha*, Security Council, Rn 8.
[83] *Conforti*, Law and Practice, S. 152.
[84] *Conforti*, Law and Practice, S. 152.

4) Die Bedeutung von Kapitel VI und VII

Die wichtigsten Aufgaben sind in Kapitel VI und VII geregelt. Diese beiden Kapitel haben grundlegende Bedeutung bei der Aufrechterhaltung des Weltfriedens und der internationalen Sicherheit. Kapitel VI beinhaltet die friedliche Beilegung von Streitigkeiten, VII dagegen normiert Maßnahmen bei Bedrohung oder Bruch des Friedens und bei Angriffshandlungen. In aller Regel wird diese Unterscheidung mit der Abgrenzung zwischen präventiven und repressiven Maßnahmen in Einklang stehen. Nur dem Sicherheitsrat steht die Befugnis zu, repressive Maßnahmen zu verhängen. Nach Art. 10, 11, und 14 UN-Charta hat die Generalversammlung nur das Recht, Empfehlungen auszusprechen; darüber hinaus kann sie in dieser Hinsicht lediglich tätig werden, wenn der Sicherheitsrat sich nicht mit der entsprechenden Angelegenheit beschäftigt und seine ihm in der Charta übertragenen Aufgaben nicht wahrnimmt.

In der Praxis ist die Unterscheidung zwischen den verschiedenen Strukturen an der Basis von Kapitel VI und VII ziemlich fein. Eine klare Trennlinie zwischen zwei Gruppen der Bestimmungen kann nicht gezogen werden. Dies liegt auch nicht zuletzt daran, dass Kapitel VI und VII miteinander verknüpft sind.[85] Es gibt Fälle, in denen die Interventionen des Rates nach Kapitel VI mit den in Kapitel VII vorgesehenen Maßnahmen kombiniert werden.[86] Die Ursachen hierfür liegen mehr an der Tatsache, dass aus politischen Gründen der Sicherheitsrat sich nur selten auf das Anordnen von Sanktionen gemäß Kapitel VII einigen konnte und weniger an Schwierigkeiten einer Differenzierung zwischen den unterschiedlichen Grundvoraussetzungen der rechtlichen Handlungen, die in Kapitel VII vorgesehen sind.

Der Sicherheitsrat tendiert dazu, in den meisten Fällen keine förmliche Feststellung in Übereinstimmung mit Artikel 39 UN-Charta zu treffen - in der Regel lässt er nicht erkennen, auf welcher Norm die jeweilige Maßnahme basiert. Auf diese Art soll Raum für die hauptsächlich politisch inspirierten und abweichenden rechtlichen Interpretationen gelassen werden.[87]

---

[85] *Herndl*, RdC 206 (1987), S. 322.
[86] *Conforti*, Law and Practice, S. 152 f.
[87] *Bruha*, Security Council, Rn 9.

5) Kapitel VIII

Kapitel VIII sieht Abmachungen mit regionalen Einrichtungen und Organisationen vor. Auch diese sollen als durchführende Organe im Auftrage des Sicherheitsrates im System der Friedenssicherung der Vereinten Nationen eingefügt werden.[88] Die Charta definiert an keiner Stelle, was unter regionalen Einrichtungen und Organisationen zu verstehen ist; als solche sind aber mittlerweile die OAS (Organisation Amerikanischer Staaten), die AU (Afrikanische Union), die Arabische Liga, die OSZE (Organisation für Sicherheit und Zusammenarbeit in Europa) anerkannt, sogar die NATO wird mittlerweile hierunter gefasst, obwohl sie ursprünglich als kollektives Selbstverteidigungssystem nach Art. 51 UN-Charta konzipiert wurde.[89]

6) Sonstige Vorschriften

Neben diesen zentralen Aufgaben nimmt der Sicherheitsrat - z. T. auch gemeinsam mit der Generalversammlung - Aufgaben organisatorischer Art wahr.

So enthält die Charta in Art. 4, 5 und 6 Vorschriften, die dem Sicherheitsrat eine bedeutende Rolle hinsichtlich des Erwerbes, des zeitlichen Entziehens und des Ausschlusses von der Mitgliedschaft, in Art. 97 UN-Charta bzgl. der Wahl des Generalsekretärs, in Art. 108 und 109 UN-Charta bzgl. der Überarbeitung der Charta sowie bzgl. des Durchsetzens der Urteile des Internationalen Gerichtshofes in Art. 94 II UN-Charta einräumen.

---

[88] *Unser*, UNO, S. 113; *Beyerlin*, Regional Arrangements, Rn 14; *Honsowitz*, VN 1995, S. 49 (50).
[89] *Unser*, UNO, S. 113 f.

IV. Mitgliedschaft im Sicherheitsrat

Der Sicherheitsrat setzt sich gemäß Art. 23 UN-Charta aus 15 Mitgliedern zusammen, von denen fünf ausdrücklich benannte Mitglieder sog. ständige Mitglieder sind; die übrigen zehn - bis zur Erweiterung des Sicherheitsrates 1965 nur sechs[90] - sind nichtständige Mitglieder.

1) Ständige Mitglieder

Von zentraler Bedeutung ist zunächst, wer diese fünf ständigen Mitglieder sind. Die fünf ständigen Mitglieder sind in Art. 23 I UN-Charta enumeriert: bei ihnen handelt es sich um die Republik China, Frankreich, die Union der Sozialistischen Sowjetrepubliken, das Vereinigte Königreich und die USA. Dabei ist festzustellen, dass der Wortlaut der Charta in Bezug auf zwei Mitgliedsstaaten nicht mit der Realität übereinstimmt. Eine formale Ergänzung zum Wortlaut der Charta fand nie statt,[91] obwohl in Bezug auf die Besetzung des ständigen Sitzes bei zwei Staaten gravierende Änderungen stattfanden: bei China und der Sowjetunion.

a) Der Sitz Chinas

aa) Hintergrund

Zunächst nahm den chinesichen Sitz die Republik China ein. Die Vertretung der Republik China im Sicherheitsrat durch nationalchinesische Diplomaten wurde durch die Gründung der Volksrepublik China am 1. Oktober 1949 problematisch.[92]

Die Frage, welche Regierung nun der rechtmäßige Vertreter Chinas war, zeichnete sich bereits in einem Schreiben von Chou En-lai am 18. November 1949 ab, in dem er sich an den damaligen Generalsekretär Trygve Lie und den Präsidenten der bereits tagenden Generalversammlung wandte. Darin kündete dieser die Bildung einer neuen chinesischen Regierung an und wies darauf hin, dass die nationalchinesische Regierung

---

[90] *Fahl*, UNO-Sicherheitsrat, S. 19; *Trauttmansdorff*, Organe, S. 34.
[91] *Bailey/Daws*, Procedure, S. 135.
[92] *Fahl*, UNO-Sicherheitsrat, S. 20.

keinerlei Befugnis habe, für das chinesische Volk zu sprechen.[93] Da zu diesem Zeitpunkt aber die Generalversammlung bereits tagte und die Beglaubigungsschreiben der Nationalchinesischen Vertreter bereits anerkannt waren, geschah nichts weiter.[94]

Der Vertreter der Sowjetunion Malik brachte am 29. Dezember 1949 das Problem im Rahmen einer Sitzung des Sicherheitsrates zur Sprache. Er äußerte sich dahingehend, dass die sowjetische Regierung die Forderung Chou En-lais, die Vertreter Nationalchinas - oder auch Kuomintangs - nicht anzuerkennen, unterstütze; einen formellen Vorschlag brachte er jedoch nicht ein. Der Vertreter Nationalchinas berief sich darauf, dass er die legitime Regierung Chinas vertrete. Der Präsident des Sicherheitsrates, zu dieser Zeit der Vertreter Kanadas, schlug vor, dass, nachdem die Erklärung zur Kenntnis genommen worden war, zur Tagesordnung übergegangen werden sollte, wogegen der sowjetische Vertreter keinen Einspruch erhob.[95]

Am 8. Januar 1950 sandte Chou En-lai dem Generalsekretär Lie und den Mitgliedern des Sicherheitsrates einen Protest bzgl. des Versagens „to expel the illegitimate representative of the Chinese Kuomintang reactionary clique."[96] Anlässlich der nächsten Sitzung des Rates am 10. Januar 1950 mit der Besetzung des chinesischen Sitzes durch den nationalchinesischen Vertreter, wiederholte der sowjetische Vertreter seine Opposition und beantragte, die Beglaubigungsschreiben des nationalchinesischen Vertreters nicht anzuerkennen und ihn aus dem Sicherheitsrat auszuschließen.[97] Der nationalchinesische Vertreter, der zu dieser Zeit Präsident des Sicherheitsrates war, trug vor, der sowjetische Vorschlag solle gedruckt und verteilt werden und eine Sondersitzung des Rates solle einberufen werden, um diesen zu überdenken. Der sowjetische Vertreter protestierte gegen eine Entscheidung einer „person who does not represent anyone".[98] Der Präsident stellte seine Entscheidung zur Abstimmung; sie wurde bei acht Stimmen gegen zwei (UdSSR und Jugoslawien) aufrechterhalten unter Enthaltung Indiens. Daraufhin erklärte der sowjetische Vertreter, er könne nicht an der Arbeit des Sicherheitsrates teilnehmen „or take part in this meeting...until the Kuomintang repre-

[93] UN Doc. A/1123, 21 November 1949, S. 3.
[94] GAOR, 4th session, 227th Plenary Meeting (24 September 1949) S. 48.
[95] SCOR 4th Year, No. 54, 458th Meeting (29 December 1949), S. 1-3.
[96] UN Doc. S/1462, 24. Februar 1950, S. 2.
[97] SCOR, 5th Year, No. 1, 459th Meeting (10 January 1950), S. 1.
[98] SCOR, 5th Year, No. 1, 459th Meeting (10 January 1950), S. 3.

sentative has been excluded". Daraufhin verließ er den Sitzungssaal.[99] Als der Rat sich zwei Tage später traf, war der sowjetische Delegierte anwesend. Der erste Punkt auf der Tagesordnung war der Vorschlag der Sowjetunion der vorhergehenden Sitzung. Aus diesem Grund übertrug Nationalchina die Präsidentschaft auf Kuba.[100] Nach einer Debatte, die sich über zwei Sitzungen hin erstreckte, wurde der sowjetische Resolutionsentwurf mit sechs zu drei Stimmen abgelehnt, bei zwei Enthaltungen. Der sowjetische Vertreter erklärte daraufhin, dass er seinen Platz im Sicherheitsrat nicht einnehmen könne „as long as the representative of the Kuomintang group has not been excluded from the Security Council."[101] Darüber hinaus würde die UdSSR „not recognize as legal any decision of the Security Council adopted with the participation of the representative of the Kuomintang group."[102] Daraufhin verließ er den Sitzungssaal und kehrte bis zum folgenden August, bis seine Präsidentschaft begann, nicht zurück.[103]

Es war in dieser Abwesenheit, dass der Sicherheitsrat militärische Aktionen zur Unterstützung Südkoreas autorisierte mit den Resolutionen 82 vom 25. Juni 1950, 83 vom 27. Juni 1950, 84 vom 7. Juli 1950 und 85 vom 31. Juli 1950.

Am 19./20. Januar 1950 sandte Chou En-lai eine weitere Mitteilung an den Generalsekretär Lie und die Mitglieder des Sicherheitsrates und kündigte an, dass Chang Wen-tien das Amt „Chairman of the delegation of the People's Republic of China to attend the meetings and to participate in the work of the United Nations..." übernehme.[104]

Der Generalsekretär Lie nahm daraufhin informelle Gespräche mit Mitgliedern des Sicherheitsrates auf und verteilte einigen Mitgliedern Kopien eines vertraulichen Memorandums über rechtliche Probleme im Rahmen von UN-Repräsentation, die seitens des Sekretariates vorbereitet worden waren. Zum Teil erfuhr die Presse davon, so dass am 8. März

[99] SCOR, 5th Year, No. 1, 459th Meeting (10 January 1950), S. 4.
[100] SCOR, 5th Year, No. 2, 460th Meeting (12 January 1950).
[101] SCOR, 5th Year, No. 3, 461th Meeting (13 January 1950), S. 10.
[102] SCOR, 5th Year, No. 3, 461st Meeting (13 January 1950), S. 10.
[103] *Bailey*, Chinese Representation, S. 3.
[104] UN Doc. S/1462, 24 Februar 1950, S. 2 f.

1950 Lie dem Präsidenten des Sicherheitsrates eine Kopie zur Veröffentlichung übersandte.[105]

Bis zu dem Zeitpunkt, in dem die Frage bzgl. China entstand, war es ständige Praxis in den Vereinten Nationen, zwischen Vertretung und Anerkennung zu trennen. Dieses Memorandum traf eine Unterscheidung zwischen diplomatischer Anerkennung „which each state decides in accordance with its own free appreciation of the situation“[106] und der UN Vertretung, welche „an inquiry as to whether the new government exercises effective authority within the territory of the State and is habitually obeyed by the bulk of population.“[107]

Nach diesem Memorandum war also die Hauptschwierigkeit die Frage, dass die Repräsentation mit der Frage der Anerkennung durch die Mitgliedsstaaten verbunden wurde. Diese Verbindung war vom praktischen Standpunkt her unglücklich, da sie die Vertretung vollständig abhängig machte von einer numerischen Zählung der Anzahl von Mitgliedern eines besonderen Organs, welches eine der beiden Regierungen anerkannte. Auf Grundlage aller Fakten, juristischer Präzedenzfälle und der Praxis sowohl im Völkerbund als auch in den Vereinten Nationen, kam das Memorandum zu dem Schluss, dass die Mitgliedschaft eines Staates in den Vereinten Nationen und die Vertretung eines Staates in seinen Organen eindeutig durch kollektive Handlungen bestimmt würden: die Mitgliedschaft durch die Abstimmung in der Generalversammlung auf Empfehlung des Sicherheitsrates; Vertretung, durch die Abstimmung des jeweiligen kompetenten Organs über die Beglaubigungsschreiben der angeblichen Vertreter. Da die Anerkennung entweder eines Staates oder einer Regierung ein individueller Akt sei und sowohl die Zulassung zur Mitgliedschaft und die Akzeptanz der Vertretung in der Organisation kollektive Handlungen seien, wäre es rechtlich unzulässig, die späteren Handlungen durch das Erfordernis zu bedingen, dass ihnen eine individuelle Anerkennung vorausgehe.[108]

---

[105] UN Doc. S/1466 (9 March 1950), SCOR 5th Year, Supplement for 1 January trough 31 May 1950, S. 18-23.

[106] UN Doc. S/1466 (9 March 1950), SCOR 5th Year, Supplement for 1 January through 31 May 1950, S. 19.

[107] UN Doc. S/1466 (9 March 1950), SCOR 5th Year, Supplement for 1 January through 31 May 1950, S. 32.

[108] *Lie*, Cause of Peace, S. 256.

„The United Nations is not an association limited to like-minded States and governments of similar ideological persuasion ...It must of necessity include States of varying and even conflicting ideologies.“[109]

Der Fall Chinas war insofern einzigartig, nicht weil in diesem ein durch Revolution begründeter Wechsel in einer Regierung vorlag, sondern, weil es der erste war, bei dem zwei rivalisierende Regierungen existierten. In dem Falle, dass eine revolutionäre Regierung sich als Vertreter eines Staates vorstellte und dabei gleichzeitig als Rivale einer anderen Regierung auftrat, sollte die Frage sein, welche der beiden in der Lage sei, Ressourcen zu verwenden und das Staatsvolk in Erfüllung der Verpflichtungen der Mitgliedschaft zu lenken. Dies bedeutete ein Einziehen von Erkundigungen, hinsichtlich der Frage, ob die neue Regierung wirksame Autorität innerhalb des Staatsgebietes ausübte und dieser ständig zumindest vom größten Teil der Bevölkerung Folge geleistet wurde.[110]

Der Vertreter Nationalchinas protestierte sofort gegen die Handlungsweise des Generalsekretärs und äußerten sich folgendermaßen:

„Your memorandum is... an attack on the cause of freedom[111]...If it is too much to expect you to use your influence against Communism, it is certainly not too much to except you to remain at least neutral.[112]...In the present instance you have supplied argument against my delegation. You have destroyed public confidence in the impartiality of the Secretariat.“[113]

Im Laufe der Sitzungen des Sicherheitsrates im Januar 1950 äußerte sich Indien dahingehend, dass die Verfahrensregeln des Sicherheitsrates fehlerhaft in Bezug auf die Frage seien, dass sie nichts darüber aussagten, wer Beglaubigungsschreiben ausstellen dürfe. Indien schlug vor, dass diese entweder vom Staatsoberhaupt oder der betroffenen Regierung o-

[109] UN Doc. S/1466 (9 March 1950), SCOR 5th Year, Supplement for 1 January through 31 May 1950, S. 22.
[110] UN Doc. S/1466 (9 March 1950), SCOR 5th Year, Supplement for 1 January through 31 May 1950, S. 22.
[111] UN Doc. S/1470 (15 March 1950),SCOR 5th Year, Supplement for 1 January through 31 May 1950, S. 23.
[112] UN Doc. S/1470 (15 March 1950), SCOR 5th Year, Supplement for 1 January through 31 May 1950, S. 24.
[113] UN Doc. S/1470 (15 March 1950), SCOR, 5th Year, Supplement for 1 January through 31 May 1950 S. 25.

der durch den jeweiligen Außenminister ausgestellt werden sollten und dass eine Entscheidung, die Vertretung eines Staates im Sicherheitsrat zu ändern, nicht vorgenommen werden sollte, bis alle Mitgliedsstaaten die Gelegenheit gehabt hätten, ihre Sichtweisen der Angelegenheit darzustellen. Diese Vorschläge wurden an das Expertenkomitee übergeben. Dieses stimmte dem ersten Punkt zu. Bezüglich des zweiten gab es eine generelle Übereinstimmung in dem Komitee, es sei wünschenswert, ein einheitliches Verfahren einzuführen, welches von allen anderen Organen der Vereinten Nationen übernommen werden könnte, wobei die Mehrheit der Ansicht war, dies sei keine Angelegenheit des Sicherheitsrates, sondern eine der Generalversammlung. Das Komitee vertrat die Ansicht, der Sicherheitsrat solle im Augenblick keine Entscheidung über den zweiten Vorschlag fällen. Diesen Empfehlungen des Komitees stimmte der Sicherheitsrat zu.[114]

Im August 1950 oblag die Präsidentschaft im Sicherheitsrat der UdSSR. In der Sitzung am 1. August 1950 entschied der Vertreter der UdSSR sofort, dass „the representative of the Kuomintang group“ nicht China vertrat und demzufolge nicht an den Sitzungen des Councils teilnehmen konnte. Diese Entscheidung wurde zur Abstimmung gestellt und abgelehnt.[115] Der Sicherheitsrat griff anschließend einen sowjetischen Vorschlag auf, in die Tagesordnung den Punkt „Recognition of the representative of the Central People's Government of the People's Republic of China as the representative of China“ aufzunehmen und entschied mit fünf Stimmen zu fünf Stimmen bei einer Enthaltung, den Vorschlag der UdSSR zurückzuweisen.[116]

---

[114] SCOR 5th Year, No. 1, 459th Meeting (10 January 1950), S. 8 f; SCOR 5th Year, No. 2, 460th Meeting (12 January 1950), S. 6 f; SCOR 5th Year, No. 4, 462nd Meeting (17 January 1950), S. 10 f; UN Doc. S/1447 (13 January 1950), SCOR Supplement for 1 January through 31 May 1950, S. 2 f; UN Doc. S/1457, S. 16- 18 and Corr. I paras 4-12 (14 Feb 1950), SCOR Supplement for 1 January through 31 May; SCOR 5th Year, No. 10, 468th Meeting (28 Feb 1950), S. 9-11.

[115] SCOR 5th Year, No. 22, 480th Meeting (1 August 1950), S. 1- 12.

[116] SCOR 5th Year, No. 22, 480th Meeting (1 August 1950), S. 1- 12; SCOR 5th Year, No. 23, 481th Meeting (2 August 1950), S. 1- 19; SCOR 5th Year, No. 24, 482nd Meeting (3 August 1950) S. 1- 22

Die Frage der Vertretung Chinas wurde von der Sowjetunion im Sicherheitsrat noch viermal aufgeworfen in den Jahren 1951, zweimal im Jahre 1955 und im Jahre 1967.[117]

Am 31. Januar 1955 nahm der Sicherheitsrat einen Vorschlag der USA an „not to consider any proposals to exclude the representative of the Central People's Government of the Republic of China."[118] Somalia griff die Angelegenheit 1971 erneut auf, aber der Rat unternahm keine Schritte.[119]

Auch in der Generalversammlung war die Vertretung Chinas immer wieder ein Thema. Zwischen 1951 und 1971 entschied die Generalversammlung entweder, die Überlegungen zu vertagen oder sich nicht damit zu beschäftigen. Schließlich wurde über diese Angelegenheit abgestimmt, sie erhielt aber keine Zwei-Drittelmehrheit. Am 25. Oktober 1971 schließlich, nach einem endlosen Treffen, das von 17 Uhr bis 23.25 Uhr dauerte, stimmte die Generalversammlung schließlich mit 76 Stimmen zu 35 Stimmen, bei 20 Staaten, die sich enthielten oder nicht anwesend waren „to restore all ist rights to the People's Republic of China...and to expel forthwith the representatives of Chiang Kai-shek from the place which they unlawfully occupy."[120]

Fast 21 Jahre waren vergangen, seitdem ein Vertreter der Volksrepublik China Wu Hsiu-ch'uan, an den Verfahren des Sicherheitsrates - während Erörterungen von Beschwerden über Angriffe auf die Republik Korea und über eine bewaffnete Invasion in Taiwan - teilgenommen hatte.[121]

---

[117] so im SCOR 6th Year 566th Meeting (10 November 1951) S. 1; SCOR 10th year 689th Meeting (31 January 1955), paras 1-27; SCOR 10th Year, 700th Meeting (8 September 1955), paraS. 1-5; SCOR 22nd Year 1341st Meeting (24 May 1967), paras 8-59.

[118] SCOR 10th Year, 689th Meeting (31 January 1955), para 24 – 27.

[119] SCOR, 26th year, 1565th Meeting (9 February 1971), paras 51-101; UN Doc. S/10378 (26 October 1971), UN Doc. S/10382, (2 November 1971).

[120] GA Res. 2758 (XXVI) vom 25. Oktober 1971, UN GAOR 26th Session, Supplement No. 29 (A/8429), S. 2.

[121] SCOR 5th Year, No. 67, 525th Meeting (27 November 1950) S. 20; SCOR 5th Year, No. 68, 526th Meeting (28 November 1950), S. 2; SCOR 5th Year, No. 69, 527th Meeting (28 November 1950), S. 1-26; SCOR 5th Year, No. 70, 528th Meeting (29 November 1950), S. 8 und 11; SCOR 5th year, No. 71, 529th Meeting (30 November 1950), S. 1; SCOR 5th Year, No. 72, 530th Meeting (30 November 1950), S. 1 und 19-20.

Nicht zu vergessen ist aber die Tatsache, dass auf Drängen der USA hin die chinesische Vertretung in San Francisco nicht lediglich die Kuomintang waren, sondern auch die Kommunisten und andere chinesische politische Kräfte. Unter denjenigen, die die UN-Charter unterzeichneten war auch Tung Pi-wu, der schließlich Präsident der Volksrepublik China wurde. Am 2. November 1971 informierte U Thant den Sicherheitsrat, die Volksrepublik China habe Huang Hua und Chen Chu als Vertreter und als Stellvertreter für den Sicherheitsrat bestellt und die Beglaubigungsschreiben seien in Ordnung.[122] Am 23. November 1971 nahm Huang Hua an der ersten Sitzung des Sicherheitsrates als ständiges Mitglied teil.[123]

bb) Bewertung

Über zwanzig Jahre lang hatte die Generalversammlungen von den USA unterstützte Resolutionsentwürfe angenommen, mit dem Inhalt, Erwägungen bzgl. der Vorlage der Vertretung Chinas (1951 - 1953), oder solche Vorschläge nicht zu bedenken (1954 - 1960) oder dass Vorschläge in dieser Hinsicht „wichtig" im Sinne des Art. 18 UN-Charta seien und daher einer Zweidrittelmehrheit bedürften (1961 - 1970). Auf diese Weise sollte eine direkte Abstimmung über die Frage, ob die Bejing Regierung oder das Kuomintang-Regime aus Taiwan den stärkeren Anspruch auf die Repräsentation Chinas hätte, verhindert werden.[124]

Während der Zeit, in der Vertreter des Kuomintang Regimes, das Zuflucht in Taiwan genommen hatte, den Sitz Chinas einnahm, wurde die Situation zunehmend ungewöhnlicher. Die Diplomatie des Sicherheitsrates bzgl. Themen im Zusammenhang mit China wurde immer unwirklicher. Als China die Präsidentschaft im Sicherheitsrat innehatte, konnte man sich nicht auf die normalen Vereinbarungen für informelle Konsultationen unter der Schirmherrschaft des Präsidenten verlassen; China rief auch in dieser Zeit keine Sitzungen ein.[125]

In Bezug auf China konnten die Vereinten Nationen diese Auseinandersetzung als eine bloße Frage der „Repräsentation" einordnen, da beide

---

[122] UN Doc. S/10382 (2 November 1971) und Doc. S/10391 (19 November 1971).
[123] SCOR, 26th year, 1599th Meeting (23 November 1971), paras 1-94.
[124] *Bailey/Daws*, Procedure, S. 185.
[125] *Bailey/Daws*, Procedure, S. 185.

Regierungen die Politik verfolgten, an der Einheit des chinesischen Staates festzuhalten. Jede Regierung sah sich als den rechtmäßigen Vertreter an, so dass lediglich die Frage umstritten war, welche der beiden konkurrierenden Regierungen in der UN berechtigt war, die „Republik China" zu vertreten. (Art. 23 I UN-Charter).[126]

Im Rahmen der Frage nach der Repräsentation stehen sich zwei Ansichten gegenüber. Nach einer Ansicht habe nur der Sicherheitsrat die Kompetenz, innerhalb des ihm zustehenden Ermessens zu entscheiden, wer der Vertreter Chinas im Sicherheitsrat sei.[127] Insbesondere die USA, die in den Vereinten Nationen kein weiteres kommunistisches Regime platziert haben wollten,[128] beharrten auf dieser Position:

„As to the Soviet claim concerning the Chinese vote, the Rules of Procedure of the Security Council provide the Machinery for the seating of an accredited representative of the Security Council. No affirmative action has been taken which, by any representative of the Peiping regime should be regarded as the representative of China on the Security Council. The credentials of the representative of the National Government of China were approved by the Council and the Soviet attempt at a later date to withdraw this approval was defeated. Therefore, the vote of the Nationalist representative on June 25 and 27 was the official vote of China."[129]

Die andere Ansicht betont, die „Republik China", der die ständige Mitgliedschaft ursprünglich gewährt wurde, sei keine Regierung gewesen, sondern eine Nation. Mitglied der Vereinten Nationen sei China, nicht Chiang Kai-shek. Diese Regierung sei vom Festland verjagt worden und kontrolliere nur noch Formosa, eine Insel, die ein halbes Jahrhundert lang zu Japan gehört habe und noch nicht vollständig und endgültig an China durch den Friedensvertrag übergeben worden war.[130]

Diese Ansicht ist vorzuziehen. Bei der Frage, wer der Vertreter der „Republik China" ist, geht es nicht um die Bewertung einer Regierung und

[126] *Fassbender*, Reform, S. 183.
[127] *Schick*, WPQ 3 (1950), S. 311 (323).
[128] *Lie*, Cause of Peace, S. 255.
[129] United States Policy in the Korean Crisis, United States Departement of State, Government Printing Office, Far Eastern Series 34, Publication No. 3922 (Washington, D. C. 1950), Document 93, S. 62.
[130] *Lie*, Cause of Peace, S. 254, 263.

ihrer Ideologie, vielmehr um die Anerkennung von Tatsachen des internationalen Lebens.[131] Nur eine Regierung, die eine effektive Kontrolle über das Territorium von der „Republik China“ hat, kann diese auch in den Vereinten Nationen vertreten.[132] De facto war die kommunistische Regierung die Regierung des größeren Teiles von China und die nationalistische Regierung die de facto Regierung des früheren japanischen Gebietes Formosa.[133] Insbesondere erstreckte sich die Einflusssphäre von Chiang Kai-sheks Regime nicht über das Territorium der „Republik China“, so dass dieses Regime nicht für die „Republik China“ in den Vereinten Nationen sprechen und handeln konnte.

b) Der Sitz der UdSSR

Auch im Hinblick auf die **Sowjetunion** wurde Art. 23 I UN - Charta nicht geändert, wobei es sich hier nicht nur um eine Frage der rechtmäßigen Repräsentation handelte.

aa) Hintergrund

Die drei baltischen Staaten erklärten von Februar bis Mai 1990 ihre Unabhängigkeit[134], die die Sowjetunion nach dem Putsch in Moskau vom 19. bis 21. August 1991 am 6. September 1991 anerkannte.[135] Die drei baltischen Staaten wurden am 17. September 1991 von den Vereinten Nationen aufgenommen[136].

Auch weitere Unionsrepubliken - nicht aber Russlands - erklärten bis zum Dezember 1991 ihre Unabhängigkeit - die meisten in den Tagen nach dem Augustputsch.[137]

Der erste Schritt zur Gründung der Gemeinschaft unabhängiger Staaten erfolgte mit der Deklaration und Unterzeichnung des „Abkommens über

---

[131] *Lie*, Cause of Peace, S. 254.
[132] *Schick*, WPQ 3 (1950), S. 311 (323).
[133] *Wright*, AJIL 49 (1955), S. 320 (323).
[134] *Schweisfurth*, Staatensukzession, S. 56.
[135] *Blum*, EJIL 3 (1992), S. 354 (355).
[136] *Blum*, EJIL 3 (1992), S. 354 (355); *Homann*, FW 69 (1993), S. 98 (99).
[137] *Blum*, EJIL 3 (1992), S. 354 (355); *Schmid*, FW 69 (1993), S. 72 (78); *Homann*, FW 69 (1993), S. 98 (99); *Schweisfurth*, ZAÖRV 52 (1992), S. 541 (S. 626 ff).

die Gründung der Gemeinschaft unabhängiger Staaten“ am 8. Dezember 1991 in der Nähe von Minsk durch die drei Parteien Russland, die Ukraine und Weißrussland.[138]

Auf diesem Treffen wurde ebenfalls eine Erklärung abgegeben „We,[...] hereby declare that the Union of Soviet Socialist Republics as a subject of international law and a geopolitical reality no longer exists...“[139]

Am 21. Dezember 1991 wurde durch die Deklaration von Alma-Ata mit acht weitere Unionsrepubliken - Aserbaidschan, Armenien, Kasachstan, Kirgistan, Tadschikistan, Turkmenistan, Usbekistan und Moldau - die Anzahl der Gründerstaaten auf elf erweitert.[140]

Darüber hinaus erklärten die Regierungen von elf Republiken an diesem Treffen, an dem Georgien als Beobachter teilnahm:

„With the establishment of the Commonwealth of Independent States, the Union of Soviet Socialist Republics ceases to exist.“[141]

Sie kamen in der „Decision by the Council of Heads of State of the Commonwealth of Independent States“ folgendermaßen überein:

„The States participating in the Commonwealth [...]
Proceeding from the intention of each State to discharge the obligations under the Charter of the United Nations and to participate in the work of that Organization as full Members, [...]

Have decided that:

1. The States of the Commonwealth support Russia's continuance of the membership of the Union of Soviet Socialist Republics in the United Nations, including permanent membership of the Security Council, and other international organizations....[...]“.[142]

---

[138] *Schweisfurth*, Staatensukzession, S. 58.
[139] ILM 31 (1992), S. 143, Agreement Preamble.
[140] *Schweisfurth*, Staatensukzession, S. 50.
[141] ILM 31 (1992), S. 148 (149), Alma-Ata Declaration, Dec. 21, 1991, op. para. 5.
[142] ILM 31 (1992), S. 151, Decision by the Council of Heads of State of the Commonwealth of Independent States, Dec. 21, 1991.

Am 12. Dezember 1991, beendete der Oberste Sowjet der Russischen Föderation, indem er die Übereinkünfte von Minsk vom 8. Dezember 1991 ratifizierte und den Unionsgründungsvertrag vom 30. Dezember 1922 kündigte, Russlands Mitgliedschaft in der UdSSR.[143] In einem Brief des Präsidenten der Russischen Föderation Boris Jelzin schrieb dieser am 20. Dezember 1991 an Präsident Bush „ the end of existence of the USSR as a subject of international law require that ...the question of the Security Council permanent member's seat be urgently addressed...Russia would be a State-successor to the USSR with respect to its seat in the UN and the Security Council [sic]."[144]

Am 25. Dezember 1991 trat der Präsident der Sowjetunion, Michael Gorbatschow, zurück[145]; der Oberste Sowjet löste sich am 26. 12. 1991 selbst auf. In dem Gesetzblatt der UdSSR, in dem stets Kurzberichte über die Sitzungen des Unionsparlamentes abgedruckt waren, endete der Kurzbericht vom 26. 12. 1991 mit dem Hinweis, dass der Oberste Sowjet seine Tätigkeit einstelle.[146]

Am 24. Dezember 1991 hatte der Ständige Vertreter der UdSSR bei den Vereinten Nationen dem UN- Generalsekretär einen Brief von Präsident Jelzin übermittelte, der unter anderem folgenden Inhalt enthielt:

„...the membership of the Union if Soviet Socialist Republics in the United Nations, including the Security Council and all other organs and organizations of the United Nations system, is being continued by the Russian Federation (RSFSR) with the support of the countries of the Commonwealth of Independent States. In this connection, I request that the name „Russian Federation" should be used in the United Nations in place of the name „the Union of Soviet Socialist Republics". The Russian Federation maintains full responsibility for all the rights and obligations of the USSR under the Charter of the United Nations, including the financial obligations. I request that you consider this letter as confirmation of the credentials to represent the Russian Federation in United Nations organs for all the persons currently holding the credentials of representatives of the USSR to the United Nations."[147]

---

[143] *Schweisfurth*, Staatensukzession, S. 59 f; *Homann*, FW 69 (1993) S. 98 (100).
[144] zitiert nach: *Scharf*, CILJ 28 (1995), S. 49.
[145] *Blum*, EJIL 3 (1992), S. 354 (356).
[146] *Schweisfurth*, Staatensukzession, S. 61; *Schweisfurth*, ZAÖRV 52, S. 541 (641).
[147] zitiert nach: *Scharf*, CILJ 28, S. 29 (46 Fn 92)

Der Generalsekretär brachte den Brief unter den UN Mitgliedern in Umlauf unter Hinzufügen, dass er „informed the President of the General Assembly and of the Security Council of these letters, as they relate to matters of interest to all organs and organizations of the United Nations systems...“[148]

In Abwesenheit jeglicher Einwände übernahm die Russische Föderation den sowjetischen Sitz in der UN Generalversammlung, im Sicherheitsrat und in anderen Organen der Vereinten Nationen mit den entsprechenden Änderungen hinsichtlich der Namensschilder und der Flagge, die durch das Sekretariat ausgewechselt worden waren. Seitens des Vertreters Vorontsov wurden keine neue Beglaubigungsschreiben in seiner neuen Funktion als ständiger Repräsentant der Russischen Föderation präsentiert.[149] Die Ukraine und Weißrussland - Russland dagegen nicht - gehören zu den Gründungsmitgliedern der Vereinten Nationen, so dass sich bei diesen beiden Staaten keine Besonderheit ergab; darüber hinaus wurden die acht früheren Sowjetrepubliken Aserbaidschan, Armenien, Kasachstan, Kirgisien, Moldawien, Tadschikistan, Turkmenistan und Usbekistan Mitglieder der Vereinten Nationen am 2. März 1992, Georgien schließlich am 31. Juli 1992.[150]

bb) Folgen für den ständigen Sitz der UdSSR

aaa) Staatensukzession im Völkerrecht

Für die Frage nach den Konsequenzen, die sich aus den Ereignissen für die Mitgliedschaft in den Vereinten Nationen und das Besetzen des sowjetischen Sitzes durch Russland ergibt, ist die Frage nach der Regelung der Staatensukzession im Völkerrecht bedeutend. Die Legaldefinition in Art. 2 I b der Wiener Konvention über Staatennachfolge in Verträge definiert Staatensukzession als „Ersetzung eines Staates durch einen anderen in der Verantwortlichkeit für die internationalen Beziehungen eines Territoriums“, so dass Entstehen, Untergang und territoriale Veränderungen stets im Zusammenhang mit der Staatensukzession stehen.

---

[148] zitiert nach: *Scharf*, CILJ 28, S. 29 (46 Fn 92)
[149] *Blum*, EJIL 3 (1992), S. 356.
[150] UNYB, Vol. 46 (1992), S. 133-138; *Beemelmans*, OsteuropaRecht 40 (1994), S. 339 (359); *Fassbender*, Reform, S. 185; *Homann*, FW 40 (1992), S. 98 (103).

Nach welchen Regeln die Staatensukzession in Mitgliedschaftsrechte internationaler Organisationen erfolgt, ist umstritten, nicht zuletzt, da „the regulation of succession in general international law [...] inadequate“[151] ist. Für eine Lösung dieser Frage ergeben sich verschiedene Ansatzpunkte.

aaaa) Die Praxis der Vereinten Nationen

In der Vergangenheit der Vereinten Nation existieren einige Beispielsfälle, bei denen die Frage nach der Mitgliedschaft relevant wurde.

Anlässlich der Spaltung des Gründungsmitgliedes Kronkolonie Indien, durch das Indien aufgrund des „India Independence Act“ in Indien und Pakistan aufgeteilt wurde, erarbeitete die Rechtskommission der Vereinten Nationen einige unverbindliche Richtlinien zur Klärung der Frage nach der Mitgliedschaft der neu entstandenen Staaten.[152] Ein Verlust der Mitgliedschaft in den Vereinten Nationen tritt nur durch den Untergang der Rechtspersönlichkeit des betroffenen Mitgliedstaates ein; Änderungen der Verfassung oder Grenzen haben keinerlei Auswirkungen. Entsteht ein neuer Staat, so muss dieser gemäß Art. 4 UN-Charta aufgenommen werden. Dabei spielt es keine Rolle, ob er vorher Teil eines Mitgliedsstaates waren. Grundsätzlich ist hier aber auch auf die Umstände des Einzelfalles abzustellen.[153]

bbbb) Wiener Konvention über Staatennachfolge in Verträge

Als weiterer Lösungsweg kommt die Wiener Konvention über Staatennachfolge in Verträge in Betracht. Dabei ist aber zunächst fraglich, ob diese in dem Zusammenhang Anwendung erfahren kann.

Nach Art. 4 der Konvention kann diese auch auf Gründungsverträge internationaler Organisationen angewendet werden. Die UdSSR ist Gründungsmitglied der Vereinten Nationen, denn sie hat auf der Konferenz

---

[151] *Levi*, Contemporary International Law, S. 126.
[152] UN Doc. A/C.6/146, 27 September 1947, GAOR 2nd Session, 6th Committee, Annex 6a, S. 305 f
[153] *Brownlie*, Principles, S. 667; *Schermes*, EPIL V, S. 147 (148); *Weyer*, ROW 36 (1992), S. 166 (167).

von San Francisco die Charta unterzeichnet und gemäß Art. 110 UN-Charta auch ratifiziert.[154] Folglich ist die Konvention auf die UdSSR als Gründungsmitglied der Vereinten Nationen anwendbar.[155] Auch die in Art. 6 der Konvention niedergelegte Voraussetzung der gewaltfreien Sukzession ist gegeben. Dem steht auch nicht entgegen, dass die Konvention zwar 1978 vereinbart wurde, aber zu diesem Zeitpunkt noch nicht in Kraft getreten ist war.[156] Die Konvention trat am 6. November 1996 in Kraft. Nach Art. 7 Abs. 1 der Konvention ist die Konvention auf auf eine Staatensukzession anwendbar, die nach ihrem In-Kraft-Treten erfolgt ist, es sei denn, eine anderweitige Vereinbarung wird getroffen („...the Convention apllies only in respect of a succession of States which has occurred after the entry into force of the Convention except as may be otherwise agreed."). Eine Anwendung der Konvention ist also nicht ausgeschlossen.[157]

Gemäß Art. 4 a der Wiener Konvention sind bei der Sukzession in Gründungsverträge internationaler Organisationen spezielle Bestimmungen über den Erwerb der Mitgliedschaft sowie die einschlägigen Vorschriften der Organisation vorrangig.[158] Daher könnten die Regelungen der UN-Charta vorrangig sein. Die Mitgliedschaft in den Vereinten Nationen ist in Kapitel II - Art. 3 bis 6 - in der UN-Charta geregelt. Dabei wird in Art. 3 UN-Charta zwischen den ursprünglichen Mitgliedern und in Art. 4 der Aufnahme neuer Mitglieder unterschieden. Spezielle Regelungen, die die Mitgliedschaft bei einer Staatensukzession eines Gründungsmitgliedes, insbesondere eines privilegierten ständigen Mitgliedes betreffen, enthält die Charta nicht. Zum Zeitpunkt der Gründung der Vereinten Nationen erschien die Möglichkeit des Unterganges eines ständigen Mitgliedes des Sicherheitsrates als so unrealistisch, dass eine diesbezügliche Nachfolgefrage ungeregelt blieb.[159] Aufgrund dieser Lücke sind in diesem Fall die Vorschriften der Wiener Konvention anwendbar.[160]

Relevant sind dabei Art. 34 und 35 der Wiener Konvention. Art. 34 sieht die Anwendung des Kontinuitätsprinzips bei der Entstehung von Staaten

[154] *Simma/Fastenrath*, Art. 3 Rn 5; *Simma/Vedder*, Art. 110 Rn 8.
[155] *Weyer*, ROW 36 (1992), S. 166 (167).
[156] *Schweisfurth*, ZAÖRV 52, S. 541(679); *Fiedler*, EPIL X, S. 446 (454).
[157] *Verdross/Simma*, Völkerrecht, § 975.
[158] *Verdross/Simma*, Völkerrecht, § 994.
[159] Schweisfurth, ZAÖRV 52 (1992), S. 541(680).
[160] *Weyer*, ROW 36 (1992), S. 166 (167).

durch Dismembration oder Sezession, also im Falle der Staatensukzession vor. In Ergänzung normiert Art. 35 die grundsätzliche weitere Geltung von Verträgen für die weiterhin bestehenden Rumpfstaaten.

cccc) Allgemeine Grundsätze des Völkerrechts

Ergänzend kann noch auf die allgemeinen Lehren des Völkerrechtes Bezug genommen werden. Die Staatensukzession ist ein sehr umstrittenes Thema.

Obwohl grundsätzlich ein Streben nach Kontinuität zu erkennen ist, erfährt dieses Prinzip eine Durchbrechung im Hinblick auf Mitgliedschaftsrechte in internationalen Organisationen. Diese Mitgliedschaften werden nämlich als höchstpersönlich angesehen und gehen dementsprechend nicht automatisch auf Nachfolgestaaten über.[161] Darüber hinaus begründen internationale Verträge eine objektive Ordnung an deren Kontinuität ein grundsätzliches Interesse der Allgemeinheit besteht.[162]

bbb) Die Auswirkungen des Zerfalls der UdSSR auf deren ständigen Sitz im Sicherheitsrat

Problematisch ist, wie sich die Ereignisse auf die Völkerrechtssubjektivität der UdSSR auswirken. Hierzu werden verschiedene Ansichten vertreten.

aaaa) Untergang

Nach einer Ansicht endete die Existenz der Sowjetunion. Der Untergang der UdSSR habe in Form einer Zersplitterung, einer Dismembration, ihrer selbst als Völkerrechtssubjekt stattgefunden.[163] Die Sowjetunion sei vollständig untergegangen. Sie bestehe nicht in Russland quasi als Rest-

---

[161] *Delbrück/Wolfrum*, Völkerrecht, Bd 1/1, § 16 III 5, S. 168.
[162] *Delbrück/Wolfrum*, Völkerrecht, Bd 1/1, § 4 I 3, S. 53.
[163] *Homann*, FW 69 (1993), S. 101; *Seiffert*, OsteuropaRecht 38 (1992), S. 79 (88).

staat fort, sondern es handele sich bei Russland um einen völlig neuen Staat und damit auch ein neues Völkerrechtssubjekt.[164]

Z. T. wurde das Ende der UdSSR bereits als am 8. Dezember 1991 anlässlich der Konferenz von Minsk eingetreten gesehen, auf der die drei Republiken Russland, Ukraine und Weißrussland die „Gemeinschaft Unabhängiger Staaten" gründeten und in der Präambel des Gründungsvertrages erklärten „as founder of the Union of Soviet Socialist Republics and signatories of the Union Treaty of 1922; [...] that the Union of Soviet Socialist Republics as a subject of international law and a geopolitical reality no longer exists."[165]

Dabei ergeben sich bzgl. der Erklärung der Unabhängigkeit der drei Staaten gegenüber der Sowjetunion sowie der Gründung einer „Gemeinschaft" keine verfassungsrechtlichen oder völkerrechtlichen Bedenken. Mit der zu dem gleichen Zeitpunkt erklärten Beendigung der Existenz der Sowjetunion überschritten die drei Republikführer aber ihre Kompetenzen, da es eben diesen dreien nicht zustand, Entscheidungen zu treffen, die Konsequenzen für einen multinationalen Staat haben und zumindest die neun Republiken, die nicht an diesem Treffen teilgenommen hatten, immer noch die UdSSR verkörperten.[166]

Die Existenz der UdSSR wurde vielmehr am 21. Dezember 1991 und nicht am 8. Dezember 1991, an dem noch keine Zersplitterung eingetreten war, beendet. Die Erklärung von Alma-Ata ist als ein actus contrarius anzusehen, durch die die Erklärung von 1922 und der Vertrag über die Gründung der UdSSR entkräftet wurden.[167] Infolge dieser Erklärung beendete die UdSSR aufgrund des Auseinanderfallens der bis zu diesem Zeitpunkt noch existierenden Teilrepubliken ihre Existenz - die Teilrepubliken selbst wurden an diesem Zeitpunkt zu eigenen Staaten i. S. des Völkerrechtes.[168]

---

164 *Tichy*, AJPIL 44 (1992), S. 117 (130); *Homann*, FW 69 (1993), S. 98 (102); *Schmid*, FW 69 (1993), S. 72 (94); *Beemelmans*, OsteuropaRecht 40 (1994), S. 339 (362); *Seiffert*, OsteuropaRecht 38 (1992), S. 79 (91).

165 ILM 31 (1992), Nr. 1 S. 143.

166 *Seiffert*, OsteuropaRecht 38 (1992), S. 79 (87); *Blum*, EJIL 3 (1992), 354 (359).

167 *Schweisfurth*, ZAÖRV 52, S. 541(638); *Schweisfurth*, Staatensukzession, S. 49 (173).

168 *Schweisfurth*, ZAÖRV 52, S. 541 (639).

Der hieraus zu ziehende logische Schluss wäre, dass mit dem Ende der UdSSR selbst auch deren UN-Mitgliedschaft spätestens am 21. Dezember 1991 erloschen wäre und Russland genauso wie die neuen unabhängigen Republiken - mit Ausnahme der Weißrusslands und der Ukraine - als Mitglied aufzunehmen gewesen wäre. Zu den Gründungsmitgliedern der Vereinten Nationen und einiger ihrer Sonderorganisationen gehörten die Sowjetunion, die Ukraine und Weißrussland - nicht aber Russland.[169]

bbbb) Identität

Zum Teil wird aber auch die Ansicht vertreten, dass Russland die internationale rechtliche Persönlichkeit der ehemaligen UdSSR „mit einem neuen Namen" weiterführe.[170] Zum einen werden Faktoren herangezogen wie z. B. das umfangreiche Staatsgebiet, der Großteil des Staatsvolkes, Ressourcen, Streitkräfte und auch den Regierungssitz.[171] Darüber hinaus wird aber ebenfalls auf den Willen der Beteiligten abgestellt.[172] In diesem Rahmen seien die Erklärungen von Minsk und Alma-Ata zu betrachten. Vergleiche man den Wortlaut des Absatz 1 des Minsker Abkommens und dem des Absatzes 9 der Deklaration von Alma-Ata, so falle auf, dass die letztere Formulierung schwächer sei und somit nicht unmissverständlich feststehe, dass die UdSSR untergehen sollte.[173]

In dem Minsker Abkommen finde sich in Absatz 1 die Formulierung „...hereby declare that the Union of Soviet Socialist Republics as a subject of international law and a geopolitical reality no longer exists."[174] Die Formulierung in der Deklaration von Alma-Ata laute „...the Union of Soviet Socialist Republics ceases to exist."[175] Fraglich sei vor diesem Hintergrund, welcher Wortlaut vorrangig sein solle.

---

[169] *Beemelmans*, OsteuropaRecht 40 (1994), S. 339 (359).
[170] *Antonowicz*, PYIL 19 (1991-1992), S. 7 (8); *Bothe/Schmidt*, RGDIP 96 (1992), S. 811 (824); *Koskenniemi/Lehto*, AFDI 38 (1992), S.179 (185-189, 213); *Weyer*, ROW 36 (1992), S. 166 (171 f); *Mullerson*, VJIL 33 (1993), S. 299 (303); *Mullerson*, ICLQ 42 (1993), S. 473 (476).
[171] *Fassbender*, Reform, S. 188; *Koskenniemi/Lehto*, AFDI 38 (1992), S. 179 (189); *Scharf*, CILJ 28 (1995), S. 29 (50); *Williamson*, ASIL Proceedings 1992, S. 10 (14).
[172] *Weyer*, ROW 36 (1992), S. 166 (170); *Mullerson*, ICLQ 42 (1993), S. 473 (477); *Mullerson*, VJIL 33 (1993), S. 299 (303).
[173] *Weyer*, ROW 36 (1992), S. 166 (170).
[174] ILM 31 (1992), S. 143.
[175] ILM 31 (1992), S. 148.

Dadurch dass das Beitrittsprotokoll das Minsker Gründungsabkommen erweitere, sei dieses bei der Gründung des Freundschaftsbundes das vorrangige Dokument. Die früheren Unionsrepubliken hätten aber in der Deklaration von Alma-Ata, die gemäß ihres Abs. 2 die souveräne Gleichheit der Staaten grundlegend berücksichtige, ihren gemeinsamen Willen durch einen actus contrarius formuliert.[176] Vor diesem Hintergrund sei fraglich, ob die Republiken einen Untergang wollten. Des Weiteren laute Punkt 1 der Entscheidung des Rates der Regierungschefs „The States of the Commonwealth support Russia's continuance of the membership of the Union of Soviet Socialist Republics in the United Nations, including permanent membership of the Security Council, and other international organizations."[177] Diese Formulierung sei auszulegen. Im russischen Originaltext werde das Wort „prodolschjitz" verwendet, dessen deutsche Übersetzung „verlängern, fortsetzen" bedeute; es würden nicht „samenitz", welches „ersetzen" oder „vstupatz", welches „übernehmen" bedeute, verwendet.[178] Durch Wahl dieser Formulierung brächten die Regierungschef ihren Willen zum Ausdruck nach einer Kontinuität der Russischen Föderation in den Mitgliedschaftsrechten der UdSSR in den Vereinten Nationen durch Identität Russlands mit dem Völkerrechtssubjekt UdSSR.[179]

Eine andere Beurteilung ergebe sich auch nicht durch die teleologische Betrachtungsweise.[180] Im Rahmen der systematischen Betrachtung werde deutlich, dass Punkt 1 eine Entscheidung der Regierungschefs, die eine Vereinbarung über die Mitgliedschaftsrechte der UdSSR getroffen haben, darstelle und eine von ihnen erstrebte Regelung normiere. Es sei in Absatz 1 von der Mitgliedschaft und Mitarbeit in den Vereinten Nationen seitens der Staaten ausgegangen und in Absatz 2 noch einmal die UdSSR als Gründungsmitglied der Vereinten Nationen hervorgehoben worden; diese beiden Faktoren besäßen also bei der unter Punkt 1 getroffen Entscheidung eine gewisse Bedeutung. Aufgrund dieser systematischen Betrachtung sei der Wille des Rates der Regierungschefs, der das obere Organ der GUS darstellt, eine Fortsetzung der Gründungsmitgliedschaft der UdSSR durch die Russische Föderation und folglich eine Identität der beiden.

---

[176] *Weyer*, ROW 36 (1992), S. 166 (168 f).
[177] ILM 31 (1992), S. 151.
[178] Isvestija vom 23. 12. 1991, S. 1 und 2; Nemezko-Russkij Juriditscheskij Slovar, 1985, S. 175, 474, zitiert nach *Weyer*, ROW 36 (1992), S. 166 (171).
[179] *Weyer*, ROW 36 (1992), S. 166 (171).
[180] *Weyer*, ROW 36 (1992), S. 166 (171).

Betrachte man Punkt 1 historisch, müsse Russland in der UdSSR in staats- und verfassungsrechtlicher Hinsicht stets als Hegemon betrachtet werden. Russland habe stets eine bedeutende Rolle innerhalb der UdSSR eingenommen. Trotz der konstitutionellen Gleichheit aller Republiken sei Russland in allen nachfolgenden sowjetischen Verfassungen erwähnt worden. Dies rühre nicht zuletzt aus den historischen Gründen, dass vor der Oktoberrevolution, Russland in internationalen Beziehungen als ein einheitliches internationales Rechtssubjekt handelte und eine entscheidende Rolle im Rahmen der Gründung der UdSSR spielte nach dem Vertrag vom 30. Dezember 1922.[181] Nach 1917 seien Sowjetrussland und nach 1922 insbesondere die UdSSR als Fortsetzer desselben Staates angesehen worden, der unter dem Russischen Reich existierte.[182]

Auch aus historischer Sicht seien also die UdSSR und Russland identisch.[183] Das Ergebnis der Auslegung des Punktes 1 der Entscheidung des Rates der Regierungschefs sei folglich, dass nicht ein Untergang der UdSSR gewollt war, sondern vielmehr eine Identität Russlands mit der UdSSR angestrebt war. Dieses Ergebnis sei auch damit vereinbar, dass die Russischen Föderation als einzige frühere Unionsrepublik keine Unabhängigkeitserklärung abgegeben habe[184], sowie mit deren Erklärung der Souveränität, die aber die staatliche Integrität der UdSSR nicht berühre.[185] Nicht zuletzt habe die Russische Föderation die gesamten Einrichtungen und das Personal des sowjetischen Innen- und Außenministeriums übernommen, einschließlich aller diplomatischer Vertretungen im Ausland, lediglich unter Austausch des Namensschildes.[186] Bei den Vereinten Nationen sei der frühere sowjetische Vertreter für Russland tätig geworden.[187] Darüber hinaus spreche für eine Identität auch die Reaktion der Mitglieder der Vereinten Nationen auf das Schreiben von Präsident Jelzin, das dem UN-Generalsekretärs am 24. Dezember 1991 übermittelt worden sei.[188] So lautete die entsprechende Formulierung „...the membership of the Union of Soviet Socialist Republics in the United Nations, including the Security Council and all other organs and organizations of

[181] *Antonowicz*, PYIL 19 (1991-1992), S. 7 (9).
[182] *Mullerson*, ICLQ 42 (1993), S. 473 (476).
[183] *Weyer*, ROW 36 (1992), S. 166 (171).
[184] *Bothe/Schmidt*, RGDIP 96 (1992), S. 811 (824); *Antonowicz*, PYIL 19 (1991-1992), S. 7 (9).
[185] *Weyer*, ROW 36 (1992), S. 166 (171).
[186] *Antonowicz*, PYIL 19 (1991-1992), S. 7 (10).
[187] *Weyer*, ROW 36 (1992), S. 166 (171).
[188] *Weyer*, ROW 36 (1992), S. 166 (171); *Mullerson*, VJIL 33 (1993), S. 299 (304).

the United Nations System, is being continued by the Russian Federation with the support of the countries of the Commonwealth of Independent States."[189] Anschließend habe die Russische Föderation in Abwesenheit jeglicher Einwände die Mitgliedschaft der Sowjetunion in den Vereinten Nationen fortgeführt,[190] ohne Beschluss des Sicherheitsrates oder der Generalversammlung.[191] Aufgrund dieser erfolgten Bewertung der Vereinten Nationen bzw. ihrer Mitglieder sei zu schließen, dass die UdSSR und die Russische Föderation identisch seien.[192]

cccc) Bewertung

Aufgrund des ermittelten Willens der Unterzeichner des Beitrittsprotokolls von Alma-Ata zum Gründungsabkommen von Minsk ist festzustellen, dass die UdSSR nicht durch Absatz 1 des Minsker Gründungsabkommens untergegangen ist. Es ist vielmehr der Wille der Unterzeichnenden und ebenfalls die Auffassung der Vereinten Nationen, dass zwischen der UdSSR und der Russischen Föderation eine Identität bestehe. Es erfolgte keine Dismembration durch das Beitrittsprotokoll, sondern eine Sezession der restlichen Unionsrepubliken von der UdSSR. Dabei führt die Russische Föderation deren Völkerrechtssubjektivität fort.[193] Insbesondere ist auch die Sowjetunion nicht durch einen Zusammenschluss der neu entstandenen Staaten untergegangen. So ist weder ein neuer Einheitsstaat noch ein Bundesstaat anzunehmen. Insbesondere führen die neuen Staaten ihre international anerkannte Eigenstaatlichkeit fort und haben diese in den Erklärungen nicht aufgegeben. Ein Bundesstaat wurde ebenfalls nicht gegründet, denn kein Dokument enthält Aussagen über eine gemeinsame Verfassung.[194] Vielmehr lautet Abs. 6 der Deklaration von Alma-Ata dahingehend, dass „neither a State nor a supra-State entity"[195] gegründet werden soll.

---

[189] ILM Vol. 31 (1992), S. 138.
[190] *Koskenniemi/Lehto*, AFDI 38 (1992), S. 179 (186); *Bothe/Schmidt*, RGDIP 96 (1992), S. 811 (824); *Antonowicz*, PYIL 19 (1991-1992), S. 7 (8); *Mullerson*, ICLQ 42 (1993), S. 473 (477).
[191] *Weyer*, ROW 36 (1992), S. 166 (171).
[192] *Weyer*, ROW 36 (1992), S. 166 (171); *Mullerson*, VJIL 33 (1993), S. 299 (304); *Mullerson*, ICLQ 42 (1993), S. 473 (477).
[193] *Weyer*, ROW 36 (1992), S. 166 (171).
[194] *Weyer*, ROW 36 (1992), S. 166 (172).
[195] ILM, Vol. 31 (1992), S. 148.

Die Russische Föderation ist ein souveräner eigener Staat und setzt als solcher die Sowjetunion fort. Russland ist also der sowjetische Rumpfstaat.[196]

dddd) Rechtliche Grundlage für die Übernahme des sowjetischen ständigen Sitzes durch Russland

Fraglich ist, auf welcher rechtlichen Grundlage die Übernahme des sowjetischen ständigen Sitzes im Sicherheitsrat durch Russland beruht. Zum einen kann hier die Praxis der Vereinten Nationen unter Berücksichtigung der in diesem Zusammenhang erarbeiteten Richtlinien der Rechtskommission anwendbar sein. In diesem Zusammenhang trat aber erstmalig die Situation auf, dass seit der Gründung der Organisation die Völkerrechtssubjektivität eines ständigen Mitgliedes im Sicherheitsrat fraglich war, so dass hier ein Rückgriff auf eine Praxis der Vereinten Nationen mangels gleich gelagerter Fälle nicht möglich ist.[197] Darüber hinaus sehen die Richtlinien gerade eine Berücksichtigung der Umstände des Einzelfalles vor.

Die Charta der Vereinten Nationen beinhaltet ebenfalls keine Aufnahmeregelung für ständige Mitglieder des Sicherheitsrates, zumal alle bisherigen ständigen Mitglieder Gründungsmitglieder der Vereinten Nationen sind.[198]

Ein weiterer Lösungsweg führt über die Anwendbarkeit der Wiener Konvention über die Sukzession in Verträge. Diese ist vor allem zu bejahen, wenn man in dem Schreiben Jelzins an die Vereinten Nationen ein konkludentes Angebot gemäß Art. 7 der Konvention sieht, eben diese anzuwenden. Art. 35 der Konvention ist auf den sowjetischen Rumpfstaat Russland anwendbar, mit der Folge seiner Kontinuität in den Gründungsvertrag.[199]

Der Gründungsvertrag, also die eigentliche Declaration by United Nations, begründet aber nicht die ständige Mitgliedschaft, sondern dies erfolgt durch Art. 23 I UN-Charta. Da die UdSSR die Charta auf der

---

196 *Weyer*, ROW 36 (1992), S. 166 (172).
197 *Weyer*, ROW 36 (1992), S. 166 (173).
198 *Weyer*, ROW 36 (1992), S. 166 (174).
199 *Weyer*, ROW 36 (1992), S. 166 (174).

Gründungskonferenz am 25. 6. 1945 annahm und auch am folgenden Tag unterzeichnete[200], ist über den Art. 23 I UN-Charta von einer Kontinuität in den ständigen Sitz im Sicherheitsrat auszugehen. Entsprechend ist gemäß Art. 35 der Wiener Konvention i. V. mit Art. 3, 23 I der UN-Charta die Russische Föderation ständiges Mitglied aufgrund der Identität mit der früheren UdSSR.[201]

Über die Grundsätze des allgemeinen Völkerrechts, nach denen für Gründungsverträge internationaler Organisationen das Kontinuitätsprinzip gilt, gelangt man zu demselben Ergebnis. Vor dem Hintergrund, dass es sich um eine Gründungsmitgliedschaft der Vereinten Nationen handelt, ist ebenfalls auf die Mitgliedschaft über die Charta abzustellen.[202] Insbesondere vor dem Hintergrund, dass die Charta keine Nachfolgeregelungen für ständige Mitglieder enthält, ist diese Lösung sachgerecht. In Betracht kommt für die Fälle des Unterganges eine Revision der Charta nach Art. 108 und 109 UN-Charta, der alle ständigen Mitglieder gemäß Art. 108 und 109 II UN-Charta zustimmen müssen. Hierbei wird eine Stimmenthaltung gleich einer Ablehnung gewertet.[203] Ginge man in diesem Zusammenhang von einem Untergang der UdSSR aus, nähme sie keinen Sitz als ständiges Mitglied im Sicherheitsrat mehr ein und wäre nicht zur Stimmabgabe in der Lage, mit der Folge, dass diesbezüglich eine Handlungsunfähigkeit gegeben wäre.[204]

2) Die nichtständigen Mitglieder

Die nichtständigen Mitglieder werden gemäß Art. 23 II UN- Charta für zwei Jahre gewählt. Nach Art. 23 I S. 3 UN-Charta sind bei der Wahl der nichtständigen Mitglieder insbesondere folgende Gesichtspunkte zu beachten: In erster Linie ist der Beitrag von Mitgliedern der Vereinten Nationen zur Wahrung des Weltfriedens und der internationalen Sicherheit und zur Verwirklichung der sonstigen Ziele der Organisation sowie ferner eine angemessene geographische Verteilung der Sitze zu berücksichtigen.

---

200 *Verdross/Simma*, Völkerrecht, § 89.
201 *Weyer*, ROW 36 (1992), S. 166 (174).
202 *Weyer*, ROW 36 (1992), S. 166 (174).
203 *Simma/Karl/Mützelburg/Witschel*, Art. 108 Rn 5, 35; *Schwelb*, BYIL 31 (1954), S. 49 (90).
204 *Weyer*, ROW 36 (1992), S. 166 (174).

1946 wurde in London, wo der Sicherheitsrat tagte, zunächst eine mündliche Vereinbarung getroffen, in der sich die ständigen Mitglieder verpflichteten, die Wahl der nichtständigen Mitglieder entsprechend einer regionalen Verteilung vorzunehmen. Danach entfielen zwei Sitze auf Lateinamerika, einer auf das Britische Commonwealth, einer an den Mittleren Osten, einer an Westeuropa und einer an Osteuropa.[205]

Als Folge konnten die Vereinigten Staaten bei Abstimmungen in der Regel mit der Unterstützung der ständigen Ratsmitglieder Vereinigtes Königreich, Frankreich und China sowie der Vertreter Lateinamerikas, Westeuropa, des Commonwealth und u. U. auch des Mittleren Osten rechnen - unter Berücksichtigung der eigenen Stimme also mit insgesamt acht Stimmen von elf. Die Sowjetunion konnte nur auf die Stimme des osteuropäischen Vertreters zählen. Zwar divergierten die Meinungen bzgl. der Geltungsdauer und Bindungswirkung dieser Abmachungen erheblich, nichtsdestoweniger richtete sich die Zusammensetzung des Rates hiernach bis zu seiner faktischen Erweiterung im Jahre 1966.

Seit 1950 war jedoch die Sowjetunion fast isoliert, da der osteuropäische Sitz an Jugoslawien, die Türkei und Griechenland fiel, Länder, die zwar nach ihrer geographischen Lage als östlich einzustufen sind, aber nicht ihrer politischen Gesinnung nach dieser Sphäre zuzuordnen waren. Auch wurde später dieser Sitz den asiatischen Ländern zuteil, so den Philippinen und Japan. Die Ursache hierfür lag darin, dass auf diese Weise am unproblematischsten einer Region, die bisher kaum Berücksichtigung erfahren hatte, ein Sitz im Sicherheitsrat ermöglicht wurde.[206]

Unter der informellen Abmachung nach 1946, die die geographische Verteilung der nichtständigen Sitze regelte, konnten die afrikanischen und asiatischen Staaten nur im Rahmen des Britischen Commonwealth und des Mittleren Osten vertreten werden. Da Südafrika damals noch dem Commonwealth angehörte, waren nur insgesamt zwölf der ursprünglich 51 UN-Gründungsmitglieder aus den Regionen Asien und Afrika. Von diesen wiederum hatte China einen ständigen Sitz, Indien gehörte dem Commonwealth an, sieben Staaten lagen im Mittleren Osten, somit hatten lediglich Abessinien, Liberia und die Philippinen keine Möglichkeit, einen nichtständigen Sitz im Rat einzunehmen. In der Zeit bis 1955 stieg die Zahl der UN-Mitglieder auf 76 an - es kamen also 25

---

[205] *Hiscocks*, Sicherheitsrat, S. 77; *Volger*, Geschichte, S. 22.
[206] *Hiscocks*, Sicherheitsrat, S. 77 f.

neue Staaten hinzu, wobei 13 Mitglieder dem afrikanischen und asiatischen Bereich entstammten. 1962 entstammten bei einer Gesamtzahl von 110 Mitgliedsstaaten aus diesen Regionen 56 Staaten.[207]

Bereits 1956 ging von 18 Staaten Lateinamerikas der erste offizielle Vorschlag aus, den Sicherheitsrat zu vergrößern; dieser Punkt war Gegenstand der Tagesordnung der 11. Sitzungsperiode. Im darauffolgenden Jahr war er wiederum Gegenstand der Tagesordnung; darüber hinaus beschäftigte diese Frage sowohl die Konferenz der blockfreien Staaten 1961 in Belgrad als auch 1963 die Konferenz der unabhängigen afrikanischen Staaten in Addis Addeba.

Mit der wachsenden Zahl der afrikanischen und asiatischen UN-Mitgliedsstaaten wuchs auch die Unterstützung für diesen Vorschlag. Eine Einigung wurde dahingehend erzielt, nunmehr statt sechs Ratsmitgliedern zehn zu wählen, gleichzeitig sollten nunmehr neun statt sieben Ja-Stimmen für Beschlüsse erforderlich sein; dies wurde von der Vollversammlung im Dezember 1963 angenommen.[208] Diese Erweiterung, die eine Änderung der Charta notwendig machte, wurde von zwei Dritteln der UN-Mitglieder - einschließlich der ständigen Mitglieder des Sicherheitsrates - ratifiziert und trat danach im August 1965 in Kraft.[209]

Im Jahre 1945 repräsentierte ein Ratsmitglied 8,5 UN-Mitglieder - diese Quote verschlechterte sich bis zum Dezember im Jahre 1963 dermaßen, dass zu diesem Zeitpunkt ein Ratsmitglied 19 UN-Mitglieder repräsentierte. So sprach zwar zum einen der Anstieg der Mitgliederzahlen für eine Erweiterung des Rates, darüber hinaus konnte aber auch die einige Regionen benachteiligende informelle Abmachung von 1963 nicht durch Ausnahmen wie die Vergabe des osteuropäischen Sitzes an ein Mitglied aus der asiatischen Region oder durch ein völlig neue Verteilung der bisherigen sechs nichtständigen Sitze korrigiert werden.[210]

Im Zuge der Einleitung des Verfahrens zur Charta- Änderung beschloss die Vollversammlung vom Dezember 1963, um dieses Problem zu lösen, eine Sitzverteilung. Diese sieht vor, dass von den zehn nichtständigen

---

[207] *Hiscocks*, Sicherheitsrat, S. 109.
[208] GA Res. 1991 (XVIII) Teil A, 17 December 1963, UN GAOR 18th Session, Supplement No. 15 (A/5515), S. 21 f.
[209] *Hiscocks*, Sicherheitsrat, S. 110, *Volger*, Geschichte, S. 100.
[210] *Hiscocks*, Sicherheitsrat, S. 110.

Sitzen fünf auf die afrikanischen und asiatischen Staaten entfallen, zwei auf Lateinamerika, einer auf Osteuropa und zwei weitere auf Westeuropa und andere Staaten.[211]

[211] *Hiscocks*, Sicherheitsrat, S. 110; *Trauttmansdorff*, Organe, S. 35.

V. Die Bedeutung des ständigen Sitzes – die von ihm ausgehende Privilegierung

Mit dem ständigen Sitz im Sicherheitsrat sind besondere Privilegien verbunden. Nicht nur, dass die ständigen Mitglieder keiner zeitlichen Beschränkung ihrer Amtszeit im Sicherheitsrat unterliegen, darüber hinaus können sie auch durch das ihnen nach Art. 27 III UN-Charta zustehende Vetorecht das Zustandekommen von Entscheidungen verhindern.

1) Entstehungsgeschichte des Vetorechtes

Die Idee, ein kollektives Sicherheitssystem zur Friedenssicherung und Verhinderung von Friedensbrüchen zu schaffen, entspringt dem Bündnis der Staaten gegen Deutschland, Italien und Japan im Zweiten Weltkrieg.[212] Der Völkerbund, der seitens seiner Gründer wenig Kompetenzen erhalten hatte, war nicht in der Lage gewesen, Aggressionen und Friedensbrüche durch Partizipation der Großmächte zu verhindern. Aus diesem Grunde bestand wenig Interesse an seiner Fortsetzung nach Ende des Zweiten Weltkrieges, obwohl er noch existierte.[213]

Statt dessen setzte man die Hoffnung auf eine neue Organisation, die in einer neuen Weltordnung die ersehnte Friedenswahrung effektiver ausüben sollte.[214] Darüber hinaus sollten dieses Mal auch die USA beteiligt sein, deren Abwesenheit im Völkerbund erheblich zu dessen Schwäche beigetragen hatte.[215]

Das Entstehen der Vereinten Nationen begann also in dem Moment, in dem der Zusammenbruch des Völkerbundes offensichtlich war.[216] Der europäische Krieg, der sich bald zu einem Weltkrieg ausweitete, warf die unvermeidbare Frage nach der Nachkriegssituation und der Verhinderung neuer Kriege auf.[217] Der Krieg von 1939 bis 1945 hatte eindeutig gezeigt, dass es zumindest drei Großmächte - die USA, die UdSSR, das Vereinigte Königreich - gab, deren Stärke alle anderen bei weitem

[212] *Weber*, History, Rn 1.
[213] *Volger*, Geschichte, S. 1.
[214] *Volger*, Geschichte, S. 1; *Luard*, History Vol. I, S. 17 f.
[215] *Volger*, Geschichte, S. 1.
[216] *Simma/Grewe/Khan*, History Rn 1.
[217] *Simma/Grewe/Khan*, History Rn 1.

überwog. Obwohl weder Frankreich noch China als gleichwertig hinsichtlich der Macht zu irgendeiner der „Big Three" angesehen werden konnten, war ihre Aufnahme in den Kreis der ständigen Mitglieder aus Gründen ihres Prestiges, der Moral, des politischen Gewichts und des zukünftigen Potentials in Europa auf der einen Hand und in Asien auf der anderen Hand erstrebenswert.[218]

Die Verwirklichung des Planes begann mit der Atlantik-Charta vom 14. August 1941. Weitere Schritte waren die Erklärung der Vereinten Nationen vom 1. Januar 1942, die Moskauer Erklärung der Vier Mächte vom 30. Oktober 1943 sowie die Konferenz von Teheran im November 1943.

a) Dumbarton Oaks

Das Problem der Abstimmungsverfahren wurde zum ersten Mal anlässlich der Konferenz von **Dumbarton Oaks** vom 21.08. bis zum 28.09. 1944 thematisiert und diskutiert.[219] Eine Einigung diesbezüglich kam jedoch nicht zustande.[220]

Bereits damals standen sich zwei entgegengesetzte, unvereinbare Positionen gegenüber: die der UdSSR, die ihren Souveränitäts- und Machtanspruch ungehindert durchsetzen wollte und daher stets die Notwendigkeit der Einstimmigkeit in den Vordergrund rückte und auf der Gegenposition die des Vereinigten Königreiches, das forderte, auch bei politisch wesentlichen Fragen die Zweidrittelmehrheit der Ratsmitglieder zu verlangen, nicht zuletzt aufgrund eines gewissen Misstrauens gegenüber den Verbündeten und des Bestrebens, der eigenen Stimme mehr Kraft zu verleihen.[221]

Moskau forderte Einstimmigkeit unter den fünf Großmächten und damit ständigen Sicherheitsratsmitgliedern, für den Fall, dass ein Angriffsakt vorläge und aufgrund dieser Situation eine Feststellung des Aggressors und die Anordnung gegen ihn anzuwendenden Maßnahmen erfolgten. Somit könnte jedes ständige Mitglied durch sein Nein das Zustande-

---

[218] *Lee*, Int. Org. 1 (1947), S. 33 (34); Briggs, AJIL 39 (1945), S. 664 (670 f).
[219] *Klein*, AöR 74 (1948), S. 3 (12).
[220] *Klein*, AöR 74 (1948), S. 3 (12).
[221] *Klein*, AöR 74 (1948), S. 3 (13).

kommen jeglicher ihm missfallenden Sicherheitsratsentscheidung und damit das Sanktionssystem des Sicherheitsrates blockieren.[222]

Der weitaus wichtigere Punkt, in dem Meinungsverschiedenheiten bestanden und in dem die Konferenz von Dumbarton Oaks nicht in der Lage war, Einigkeit zu erzielen, war, ob ein Mitglied des Rates, insbesondere ein ständiges Mitglied, in Angelegenheiten mit abstimmen sollte, in dem es Streitpartei war, also, ob es erlaubt sein sollte, „to sit in judgement on its own case."[223]

Das Vereinigte Königreich wollte in den Fällen, in denen ein ständiges Mitglied selbst Konfliktpartei war, das Vetorecht versagen. Die UdSSR verlangte ein konsequentes Einhalten des Einstimmigkeitsgebotes und damit ein uneingeschränktes Vetorecht.[224] Zur Begründung trug Stalin vor, Einigkeit unter den Siegermächten sei unerlässlich zur Verhinderung neuer Kriegsausbrüche. Im Fall einer Entscheidung des Sicherheitsrates gegen eine Großmacht bestünde die Gefahr eines dritten Weltkrieges.[225]

Für eine Enthaltung einer Großmacht in der Situation, in der eine Streitpartei eine militärische Großmacht ist, spricht, dass eine Handlung gegen dieselbe voreilig getroffen würde, selbst, wenn ihr kein Veto zustünde. In einer solchen Situation könnte nichts die Tatsache ändern, dass - mit oder ohne rechtliche Sanktionen - der Versuch, eine Supermacht zu bestrafen oder zu bezwingen, einen Weltkrieg bedeuten würde. Aus diesem Grunde würde eine Großmacht wenig riskieren, wenn es ihr Recht, in ihrer eigenen Angelegenheit abzustimmen, aufgeben würde. Anders zu beurteilen wäre die Situation dann, wenn die betroffene Großmacht einer so mächtigen Allianz gegenüberstünde, dass die Aussichten für die Gegner sehr erfolgversprechend wären.[226]

Die UdSSR vertrat also nicht nur die Ansicht, dass die Großmächte einstimmig bzgl. materieller Angelegenheiten abstimmen sollten, sondern auch, dass es von keiner Großmacht verlangt werden sollte, sich der Stimme zu enthalten, wenn sie direkt in eine Streitigkeit involviert sei.

---

[222] *Klein*, AöR 74 (1948), S. 3 (13 f).
[223] *Lee*, Int. Org. 1 (1947), S. 33 (36).
[224] *Yoder*, Evolution, S. 27; *Simma/Simma/Brunner/Kaul*, Art. 27 Rn 3; *Day*, Veto, S. 43.
[225] *Andreae*, Warteschleife, S. 10.
[226] *Lee*, Int. Org. 1 (1947), S. 33 (36).

Begründet werden kann diese Position damit, dass die Aufrechterhaltung der Koalition, die ihre Fähigkeit unter Beweis gestellt hatte, den Krieg zu gewinnen, die condicio sine qua non für eine Aufrechterhaltung des Friedens und der Sicherheit sei, und unabhängig davon, ob eine dieser Mächte in eine Streitigkeit involviert sei oder nicht, es keinen Frieden außer im Falle ihrer Einigkeit geben könne.[227] Ferner existierte auf sowjetischer Seite stets die Befürchtung, es gebe immer noch einflussreiche Mächte und Kräfte in der Welt mit dem Ziel, die UdSSR zu zerstören, so dass das Beharren auf einer Einstimmigkeit unter den Großmächten unter allen Umständen eine notwendige Sicherheit gegenüber einer starken anti-sowjetischen Koalition war.[228]

Die unterschiedlichen Positionen, ob eine Großmacht, die Mitglied des Sicherheitsrates war, dazu gezwungen werden sollte, sich bei der Abstimmung in seiner eigenen Angelegenheit zu enthalten oder nicht, verhinderte eine Übereinkunft in Dumbarton Oaks hinsichtlich des Abstimmungsverfahrens im Sicherheitsrat.[229]

b) Die Konferenz von Jalta

Eine Einigung bzgl. des Abstimmungsverfahrens kam auf der Konferenz von **Jalta** zwischen den „Big Three" zustande. Die sog. „Jalta-Formel" kam nach langen Kontroversen zwischen den USA und dem Vereinigten Königreich auf der einen Seite und der UdSSR auf der anderen Seite zustande. Die Regierungen der USA und des Vereinigten Königreiches waren der Überzeugung, ein Vetorecht der ständigen Mitglieder sei mit den fundamentalen Prinzipien der UN nicht zu vereinbaren. Die UdSSR demgegenüber weigerte sich beharrlich, Verfahren anzuerkennen, bei denen sie sich einer Mehrheitsentscheidung bzgl. Fragen von essentieller Bedeutung hätte unterwerfen müssen.[230]

Auf der Konferenz von Jalta wurden die ungelösten Streitfragen durch einen Kompromiss beseitigt. Stalin erklärte sich mit einer modifizierten Abstimmungsformel im Sicherheitsrat einverstanden, dergestalt, dass der Sicherheitsrat Entscheidungen mit den Stimmen von sieben Mitglie-

---

[227] *Lee*, Int. Org. 1 (1947), S. 33 (37).
[228] *Lee*, Int. Org. 1 (1947), S. 33 (37).
[229] *Lee*, Int. Org. 1 (1947), S. 33 (37).
[230] *Simma/Grewe/Khan*, History, Rn 40.

dern träfe, in Nichtverfahrensangelegenheiten die Stimmen der fünf Ständigen eingeschlossen. Lediglich in Angelegenheiten der friedlichen Streitbeilegung und der Streiterledigung durch regionale Einrichtungen sollten sich ständige Mitglieder der Stimme enthalten, soweit sie selbst betroffen wären.[231]

Im Gegenzug dafür wurde zwar nicht allen sechzehn - wie ursprünglich von der Sowjetunion gefordert[232]- , aber zumindest zwei sowjetischen Unionsrepubliken, nämlich Weißrussland und der Ukraine, die volle Mitgliedschaft in der Weltorganisation mit Stimmrecht in der Generalversammlung gewährt.[233] Mit ursächlich für dieses Zugeständnis war nicht zuletzt, dass Präsident Roosevelt seine Meinung zur Vetofrage speziell und zur Bedeutung der Vereinten Nationen allgemein revidiert hatte. Roosevelts Position hatte sich dahingehend verändert, dass er die Bedeutung der nationalen Souveränität höher einschätzte als eine starke internationale Organisation und damit gleichzeitig eine zukünftige eigenständige Rolle der Vereinten Nationen in den internationalen Beziehungen verhindern wollte. Ursächlich für diese Änderung war, dass die Mehrheit der Senatoren im amerikanischen Kongress die Möglichkeit der Durchführung von Zwangsmaßnahmen zur Schlichtung eines Konfliktes gegen den Willen der USA für nicht annehmbar hielten.[234] Vielmehr gewann die Ansicht an Bedeutung, die in den Vereinten Nationen ein Forum sah zur Erörterung von Friedensbedrohungen und Friedensbrüchen und möglicherweise zu ergreifender Maßnahmen. Zwangsmaßnahmen gegen den Aggressor sollten daher auch die nationalen Streitkräfte, nicht die Vereinten Nationen durchführen.[235] Darüber hinaus hielt Roosevelt eine Mitgliedschaft der UdSSR in den Vereinten Nationen für unverzichtbar. Diese Auffassung vertrat auch sein Nachfolger Truman, der gleichermaßen stets extrem bemüht war, mit der Sowjetunion hinsichtlich Fragen der Charta Kompromisse zu erzielen.[236]

Ebenfalls in Jalta wurde der Beschluss getroffen, die Konferenz von San Francisco einzuberufen, „to prepare the Charter of such an organization

[231] *Volger*, Geschichte, S. 16; Report on the Crimea Conference, 4-11 February 1945, US Department of State Bulletin, Vol. XII, February 18, 1945, S. 213-216.
[232] *Volger*, Geschichte, S. 16.
[233] *Volger*, Geschichte, S. 16; *Simma/Grewe/Khan*, History, Rn 40.
[234] *Schild*, Bretton Woods, S. 172.
[235] *Andreae*, Warteschleife, S. 11; *Schild*, Bretton Woods, S. 172.
[236] *Yoder*, Evolution, S. 27 f.

along the lines proposed in the informal conversation of Dumbarton Oaks."[237]

Hinsichtlich der Position im Sicherheitsrat waren die „Big Three" sich über ihre eigene ständige Mitgliedschaft einig. Der Kreis wurde auf China als Gegengewicht zu Japan auf Wunsch der USA und auf Frankreich als kontinentales Gegengewicht zur Sowjetunion auf Wunsch des Vereinigten Königreiches erweitert.[238]

China und Frankreich sollten unverzüglich konsultiert und eingeladen werden, gemeinsam mit den USA, dem Vereinigten Königreich und der UdSSR „to sponsor invitations to the conference."[239] China nahm diese Einladung an, während De Gaulle, der hinsichtlich der Tatsache, dass er nicht zur Konferenz der „Big Three" nach Jalta eingeladen wurde, verstimmt war, erklärte, er werde diese Einladung nur dann akzeptieren, wenn die französischen Änderungsvorschläge zu den „Proposals for the Establishment for a General Internationale Organisation" von Dumbarton Oaks gleichberechtigt mit den „Proposals" selber als Konferenzgrundlage dienen würden. Diese Forderung lehnten die anderen Vier ab, da man im Falle einer Stattgabe gleichartige Forderungen anderer Staaten befürchtete. Nicht zuletzt war der endgültige Text der „Proposals" das Ergebnis eines zähen Ringens um einen Kompromiss in Dumbarton Oaks und in Jalta, so dass jegliche Änderung Neuverhandlungen zwischen den Vier Mächten ausgelöst hätten. Frankreich wurde zwar kein Sponsor der Konferenz, jedoch bald nach Beginn der Konferenz in die Konsultationsprozesse der Vier Mächte gleichberechtigt integriert.[240]

c) Die Konferenz von San Francisco

Das Thema Abstimmungsverfahren im Sicherheitsrat spielte ebenfalls auf der Konferenz von **San Francisco** eine gewichtige Rolle.

Der Abstimmungsmodus im Sicherheitsrat war eine der kompliziertesten Fragen, die sich bei der Formulierung der Charta ergaben. So gerieten

---

[237] Report on the Crimean Conferenece, Feb. 4-11, 1945, US Department of State Bulletin, Vol. XII, February 18, 1945, S. 213 (214).
[238] *Schild*, Bretton Woods, S. 144.
[239] Report on the Crimean Conference, Feb. 4-11, 1945, US Deparment of State Bulletin, Vol XII, February 18, 1945, S. 213 (214).
[240] *Luard*, History Vol. I , S. 39.

am 4. Juni 1945 die Verhandlungen ins Stocken, da die UdSSR forderte, dass jede der fünf Großmächte gegen jede Maßnahme, die sich gegen sie selbst richtete, ihr Vetorecht in vollem Umfange anwenden könne. De facto bedeutete der sowjetische Vorschlag, jedem ständigen Mitglied das Recht einzuräumen, gegen jede Erörterung eines Streitfalles im Sicherheitsrat ein Veto zuzugestehen. Die anderen vier Mächte vertraten die Ansicht, jeder Streit werde so lange diskutiert, bis der Sicherheitsrat darüber entschieden habe. Nach dem Vorschlag der UdSSR wäre es nicht möglich gewesen, gegen den Willen einer Großmacht eine Streitigkeit vor den Sicherheitsrat zu bringen. Dies stellt einen Widerspruch zu der in Jalta getroffenen Einigung dar, nach der das Veto eines ständigen Mitgliedes nicht die Erörterung einer Friedensgefährdung oder -bedrohung verhindern sollte.[241] Ferner stand nach sowjetischer Interpretation der Jalta-Formel den ständigen Mitgliedern stets das Veto zu, unabhängig davon, ob der Sicherheitsrat einen „Streit“ oder eine „Situation“ annähme.

Nach zähen Verhandlungen einigte man sich schließlich über das Abstimmungsverfahren im Sicherheitsrat dahingehend, dass keinem ständigen Mitglied das Vetorecht bzgl. Fragen der Geschäftsordnung zustünde und folglich Beratungen von Streitigkeiten im Sicherheitsrat hätten verhindert werden können. Ebenfalls sollte ein Veto nur bei einer Annahme einer „Situation“ durch den Sicherheitsrat ausgeübt werden können. Die konkreten Umstände, unter denen ein „Streit“ bzw. eine „Situation“ vorliege, wurden nicht festgelegt. Auch nachfolgend konnte dies nicht geklärt werden.[242]

Die mittleren und kleineren Staaten arbeiteten gegen die für den Sicherheitsrat vorgesehene Abstimmungsregelungen.[243] Die Sponsor-Regierungen machten aber zu den verschiedenen Anlässen stets unmissverständlich klar, dass die Annahme der unveränderten Jalta-Formel eine unerlässliche Bedingung für das Zustandekommen der Charta sei.[244] Zwar bemühten sich die Sponsoring Governments, die Jalta-Formel zu rechtfertigen, dennoch verursachte dieses Privileg eine ernste Krise auf der Konferenz.[245]

---

[241] *Klein*, AöR 74 (1948), S. 3 (17).
[242] *Klein*, AöR 74 (1948), S. 3 (19).
[243] *Weber*, History, Rn 15.
[244] *Russell/Muther*, History, S. 735 f
[245] *Lee*, Int. Org. 1 (1947), S. 33 (38).

Siebzehn der vierundzwanzig anderen Staaten brachten bei der Eröffnung der Konferenz Änderungsvorschläge hinsichtlich des vorgesehenen Abstimmungsverfahrens ein. Diese waren in ihrer Reichweite ganz unterschiedlich, angefangen von einem kompletten Abschaffen der Einstimmigkeitsregel und Ersetzen durch verschiedene Arten von qualifizierten Mehrheiten bis hin zu einer lediglichen Vereinfachung der Formel.[246]

Hintergrund der Diskussion um die Jalta-Formel waren zwei konträre Ansichten in Bezug auf das Wesen der Vereinten Nationen. Ferner bestand auch der UdSSR gegenüber als eine der Großmächte, die das Veto ausüben konnten, ein großes Misstrauen. Zwar war das Thema der zukünftigen Beziehungen zwischen der UdSSR und anderen Nationen nie zur Sprache gebracht worden, diese Problematik aber zu keiner Zeit vernachlässigt worden.[247]

Die Sponsoring Governments vertraten die Auffassung, Frieden und Sicherheit könnten nur aufgrund eines einheitlichen Handelns der Großmächte erzielt werden. Bestünden unlösbare Differenzen unter den Großmächten, würde das einen Krieg auslösen, so dass die UdSSR und die Großmächte zur Verhinderung von Krieg zusammenzuarbeiten hatten.

Die andere Einstellung erstrebte eine Bindung jeglicher Nation durch Verpflichtung an ein System, in dem die Generalversammlung das gewichtigste Organ war.[248] Die Großmächte sollten bei der Aufrechterhaltung des Weltfriedens eher eine unterstützende Position als eine herrschende Position einnehmen. Dieses Ziel verfolgten die Änderungsvorschläge, die die Generalversammlung über den Sicherheitsrat stellen wollten. Die Gegner der Einstimmigkeitsregelung kritisierten nur einen anderen Aspekt desselben Problems.[249]

Schnell stellte sich das Bewusstsein ein, dass es unrealistisch war, die fünf Großmächte zu einem Verzicht auf das Einstimmigkeitserfordernis

[246] UN Doc. 288 G/38, May 14, 1945 in UNCIO, Documents III, S. 665; Annex to UN Doc. 1050 III/1/58, Restrictes Doc. 1102 III/1/62 v. June 19, 1945 in UNCIO, Documents XI, S. 693-98.
[247] *Dean*, Foreign Policy Reports XXI (July 15, 1945), S. 110 (111); *Fox*, Review of Politics 8 (1946), S. 115 (124-126).
[248] *Lee*, Int. Org. 1 (1947), S. 33 (38).
[249] *Lee*, Int. Org. 1 (1947), S. 33 (38).

im Rahmen der Anwendung von Zwangsmaßnahmen zu bewegen.[250] Letztendlich wurde das Einstimmigkeitserfordernis in diesem Zusammenhang akzeptiert.[251] Das Interesse verlagerte sich statt dessen auf drei andere Punkte. Da die fünf ständigen Mitglieder selbst hinsichtlich des genauen Inhalts der Jalta-Formel sich nicht einig waren, wurde von den Großmächten eine Stellungnahme dahingehend erbeten, unter welchen Umständen nach Kapitel VI das Veto eingreifen sollte. Ferner wurde versucht, Entscheidungen nach Kapitel VI aus dem Anwendungsbereich des Vetos auszunehmen. Dies wurde auch für den Fall der Chartaänderungen erstrebt.

An der Konferenz von San Francisco war die Klärung von Fragen hinsichtlich des Abstimmungsverfahrens dem Ausschuss III/1 übertragen, dessen Unterausschuss III/ 1B für die Klärung rechtlicher Zweifelsfragen der Jalta-Formel zuständig war.[252] Dieser ermittelte bis zum 22. Mai 1945 zu dieser 23 Fragen.[253]

Die vier einladenden Regierungen erteilten in einem Dokument vom 7. Juni 1945 in Form des „Statement by the Delegations of the Four Sponsoring Governments on Voting Procedure in the Security Council"[254] eine Antwort, die sich aber nicht auf einzelne Fragen bezog, sondern eine Gesamtstellungnahme enthielt. Einzige Ausnahme war die Frage danach, mit welchem Abstimmungsmodus im Falle einer Streitigkeit entschieden werde, ob die Angelegenheit verfahrensrechtlicher Natur sei oder nicht. Das Statement äußerte Zweifel daran, dass eine eine solche Angelegenheit betreffende Frage von „great importance", sich jemals stellen werde. Diese Entscheidung habe durch Zustimmung von sieben Mitgliedern zu ergehen, „including the concurring votes of the permanent members."[255]

---

[250] *Lee*, Int. Org. 1 (1947), S. 33 (38).
[251] *Lee*, Int. Org. 1 (1947), S. 33 (38).
[252] UN Doc. Restricted Doc. 407 III/1/18 v. May 18, 1945, in UNCIO XI, 331 ff.
[253] UN Doc. Annex to Doc. 1050 III/1/58, Doc. 855 III/1/B/2 (a) v. June 8. 1945 in UNCIO XI, 699 ff.
[254] Annex to Doc. 1050 III/1/58, Doc. 852/III/1/37 (1) v. June 8, 1945 in UNCIO, Documents, XI, p. 710-714.
[255] Annex to Doc. 1050 III/1/58, Doc. 852 III/1/37 (1) v. June 8, 1945 in UNCIO XI, S. 714.

Frankreich trat dieser Erklärung mit der Bekanntgabe am 8. Juni 1945 bei.[256]

Diese „Erklärung von San Francisco“ hat vor allem die Abgrenzung von Verfahrensfragen und sonstigen Fragen zum Inhalt. Sie wurde als Anhang zum Bericht des Ausschusses angefügt.[257] Dieses Statement stellt die konkreteste Äußerung hinsichtlich des potentiellen Ausübens des Vetorechtes dar und gibt wesentliche Argumente wieder, die für die Jalta-Formel sprachen. Aus diesem Grunde ist es nicht zu vernachlässigen.[258] Gemäß dem Statement beschäftigt sich der Sicherheitsrat mit zwei Gruppen von Entscheidungen - eine davon, verfahrensrechtlicher Natur, kommt durch die Zustimmung sieben beliebiger Mitglieder zustande. Daher würde der Sicherheitsrat

„by a vote of any seven of its members, adopt or alter its rules of procedure; determine the method of selecting its President; organize itself in such a way as to be able to function continuously; select the times and places of its regular and special meetings; establish such bodies or agencies as it may deem necessary for the performance of its functions; invite a Member of the Organization not represented on the Council to participate in its discussions when that Member's interests are specially affected; and invite any state when it is a party to a dispute being considered by the Council to participate in the discussion relating to that dispute.“[259]

Ferner könnte kein Sicherheitsratsmitglied „alone prevent consideration and discussion by the Council of a dispute or situation brought to its attention under paragraph 2, Section A, Chapter VIII.“ Es sei nicht möglich, die Anhörung einer Streitpartei durch den Sicherheitsrat zu verhindern, noch könne ein Mitglied ein anderes hindern, seine Verpflichtungen im Rahmen der friedlichen Streitbeilegung zu erfüllen.[260] Nicht zuletzt wies das Statement darauf hin, dass Erwägungen und Diskussionen, die Anhörung von Streitparteien und die Erinnerung an Verpflichtungen

---

[256] Annex to Doc. 1050 III/1/58, Doc. 852 III/1/37 (1) v. June 8, 1945 in UNCIO XI, 710 ff.
[257] UN Doc Restricted Doc. 1050 III/1/58 v. June 17, 1945 in UNCIO XI, 675, 684.
[258] *Lee*, Int. Org. 1 (1947), S. 33 (40).
[259] Annex to Doc. 1050 III/1/58, Doc. 852 III/1/37 (1) June 8, 1945 in UNCIO XI, S. 711.
[260] Annex to Doc. 1050 III/1/58, Doc. 852 III/1/37 (1) June 8, 1945 in UNCIO XI, S. 712.

sowie Entscheidungen sehr wohl „major political consequences“[261] haben könnten, nicht zuletzt, da die sog. „chain of events“[262] zu Zwangsmaßnahmen führen könne. Diese

„[...] chain of events begins when the Council decides to make an investigation, or determines that the time has come to call upon states to settle their differences, or makes recommendations to the parties. It is to such decisions and actions that unanimity of the permanent members applies, with the important proviso, referred to above, for abstention from voting by parties to a dispute.“[263]

Das Statement führt Beispiele für die Arten von Entscheidungen an, die der Sicherheitsrat möglicherweise im Rahmen der friedlichen Streitbeilegung zu treffen habe. Ferner wird ein Vergleich mit den Verfahren nach der Völkerbundsatzung getroffen, die eine Regelung dahingehend enthielt, alle substantiven Entscheidungen einstimmig zu treffen und im Falle des Art. XI die Streitparteien nicht von der Abstimmung auszuschließen seien.[264]

Die Jalta-Formel, die nur die Einstimmigkeit von fünf statt von allen Mitgliedern verlangt, „would make the operation of the Council less subject to obstruction than was the case under the League of Nations rule of complete unanimity.“[265] Nicht zuletzt bedürfe es noch der Unterstützung zweier nichtständiger Mitglieder, mit der Folge „it would be possible for five nonpermanent members as a group to exercise a veto“.[266] Es sei nicht davon auszugehen, dass Mitglieder des Sicherheitsrates „would use their ‚veto‘ power willfully to obstruct the operation of the Council.“[267] Es könne von den ständigen Mitgliedern nicht erwartet

[261] Annex to Doc. 1050 III/1/58, Doc. 852 III/1/37 (1) June 8, 1945 in UNCIO XI, S. 712.
[262] Annex to Doc. 1050 III/1/58, Doc. 852 III/1/37 (1) June 8, 1945 in UNCIO XI, S. 712.
[263] Annex to Doc. 1050 III/1/58, Doc. 852 III/1/37 (1) June 8, 1945 in UNCIO XI, S. 712.
[264] Annex to Doc. 1050 III/1/58, Doc. 852 III/1/37 (1) June 8, 1945 in UNCIO XI, S. 712.
[265] Annex to Doc. 1050 III/1/58, Doc. 852 III/1/37 (1) June 8, 1945 in UNCIO XI, S. 713.
[266] Annex to Doc. 1050 III/1/58, Doc. 852 III/1/37 (1) June 8, 1945 in UNCIO XI, S. 713.
[267] Annex to Doc. 1050 III/1/58, Doc. 852 III/1/37 (1) June 8, 1945 in UNCIO XI, S. 713.

werden, sich zu verpflichten, Maßnahmen zu ergreifen zur Aufrechterhaltung des Friedens und der Sicherheit, aufgrund einer Entscheidung, der sie nicht zugestimmt hatten. Nicht zuletzt aus diesem Grunde bezeichneten die Großmächte die Jalta-Formel für die Schaffung einer effektiven internationalen Organisation als „essential".[268] Die Sponsoring Governments versuchten zwar, das Statement als einen Kompromiss mit den Kritikern darzustellen, machten aber nichtsdestoweniger deutlich, dass die Vereinten Nationen ohne Jalta-Formel nicht zustande kämen.[269]

d) Die Rechtsnatur der Erklärung von San Francisco

Unklar ist, welche rechtliche Bedeutung der Erklärung von San Francisco zukommt.[270] Sie ist kein Teil der Charta und wurde als ein Annex zum Rapporteur's Report eingefügt.[271]

aa) Interpretation der Charta

Auf der einen Seite wird vertreten, dass es sich hierbei um eine Interpretation der Charta handele.[272]

Die ursprünglichen Mitglieder der Vereinten Nationen unterschrieben die Charta in voller Kenntnis der Auslegung des Art. 27 III UN-Charta durch die „Big Five".[273]

bb) Understanding among the five Permanent Members

Die Gegenansicht spricht der Erklärung gerade diese Rechtsnatur ab.[274] Die erste Ansicht verkenne, dass der Erklärung gerade eine essentielle

---

[268] Annex to Doc. 1050 III/1/58, Doc. 852 III/1/37 (1) June 8, 1945 in UNCIO XI, S. 713
[269] *Lee*, Int. Org. 1 (1947), S. 33 (41).
[270] *Gross*, HLR 67 (1953), S. 251 (256); *Aréchaga*, Voting, S. 42; *Przetacznik*, RDI 58 (1980), 153 (160) ff.
[271] *Bailey*, Int. Aff. 50 (1974), S. 554 (563); *Aréchaga*, Voting, S. 42.
[272] *Gross*, HLR 67 (1953-1954), S. 251 (255); *Koo*, Procedures, S. 192; *Sohn*, Cases, S. 176.
[273] *Bailey*, Int. Aff. 50 (1974), S. 554 (563); *Gross*, YLJ 60 (1951), S. 209 (228).
[274] *Sohn*, Cases, S. 172; *Kelsen*, United Nations, S. 253 f.

Voraussetzung des Vertragsrechtes fehle, die im Jahre 1969 ihren Ausdruck in Art. 31 (2b) dem Wiener Übereinkommens über das Recht der Verträge gefunden habe. Danach sei für die Auslegung eines Vertrages auch jede Urkunde relevant, die von einer oder mehreren Vertragsparteien anlässlich des Vertragsabschlusses abgefasst und von den anderen Vertragsparteien als eine sich auf den Vertrag beziehende Urkunde angenommen wurde. Gerade aber an der letzten Voraussetzung fehle es – das Statement wurde von den anderen Staaten nicht akzeptiert. Aber selbst wenn man es als eine solche Interpretation anerkennen würde, könne man es keinesfalls dazu verwenden, den Vorrang der Charta zu beseitigen oder ihr zu widersprechen, noch die in ihr enthaltenen Verpflichtungen zu vermeiden (Art. 103 UN-Charta).[275]

Das Statement kann jedoch als „understanding or agreement among the five permanent members"[276] bezeichnet werden. Das Statement habe den Charakter einer autoritativen Stellungnahme der fünf ständigen Mitglieder.[277] Trotz der gegenläufigen Meinungen hinsichtlich der Frage, ob das Statement ein „agreement" ist, kann nach dem Grundprinzip des internationalen Rechts, das ebenfalls seine Kodifizierung in Art. 2 I a des Wiener Übereinkommens über das Recht der Verträge gefunden hat, das Statement von San Francisco ein internationales Agreement zwischen den fünf ständigen Mitgliedern des Sicherheitsrates sein. Es erfüllt die Voraussetzungen, um als ein zwischen Staaten geschlossener Vertrag qualifiziert zu werden, geschlossen in Schriftform und vom internationalen Recht beherrscht. Die Bezeichnung des Dokumentes hat keine rechtliche Bedeutung, so dass diese „declaration" oder auch „statement" lauten kann.[278]

Über die bindende Wirkung unter den fünf Ständigen waren sich diese stets einig.[279] Die UdSSR wich nie von ihrer Position ab, dass das Statement für die ständigen Mitglieder bindend sei.[280] Das Vereinigte König-

---

275 *Przetacznik*, RDI 58 (1980), S. 15 3 (161); *Aréchaga*, Voting, S. 10.
276 *Aréchaga*, Voting, S. 10.
277 *Simma/Simma/Brunner/Kaul*, Art. 27 Rn 5.
278 *Przetacznik*, RDI 58 (1980), S. 153 (162).
279 *Gross*, HLR 67 (1953-1954), S. 251 (257).
280 *Gross*, HLR 67 (1953-1954), S. 251 (257); SCOR 1st Year, 1st Seriers, No. 2, 49th Meeting (26 June 1946), S. 424; SCOR 2nd Year, No. 89, 202nd Meeting (15 September 1947), S. 2398.

reich hielt das Statement ebenfalls für bindend für die fünf Ständigen.[281] Die gleiche Ansicht gaben auch Frankreich[282] und China[283] bekannt. Zwar stimmten auch die USA dieser Ansicht zu[284], behielten sich aber vor, da einige der Annahmen aus dem San Francisco Statement sich nicht erfüllt hätten, „to explore the question of whether...better voting procedure can be put into operation.“[285]

cc) Lediglich einseitige Erklärung gegenüber dem Unterausschuss

Nach anderer Ansicht kann für die fünf Sponsoring States das Statement keinen völkerrechtlichen Vertrag über den Abstimmungsmodus im Sicherheitsrat sein. Das Statement sei eine einseitige Erklärung gegenüber dem Unterausschuss, aber keine entsprechende Willenserklärung der fünf Mächte, die eben diese untereinander binde.[286]

dd) Beurteilung

Bei dem Statement handelt es sich nicht um eine Interpretation der Charta.

Eine Auslegung der Charta hätte entweder durch alle Vertragsparteien oder mit einer für eine Vertragsänderung erforderliche Mehrheit erfolgen müssen, so dass es sich hier nicht um eine Auslegung handeln kann.

Dieses Statement wurde von den anderen Teilnehmern und Parteien des Vertrages nicht als eine sich auf ihn beziehende Urkunde angenommen, so dass auch unter Berücksichtigung des Völkergewohnheitsrechtes das Statement nicht zum Kontext des Vertrages gehört. Das Statement hat lediglich den Charakter eines subsidiären Auslegungsmittels. Ein Rück-

---

[281] SCOR 3rd Year, No. 71, 300rd Meeting (21 May 1948), S. 38; SCOR 3rd Year, No. 73, 303rd Meeting (24 May 1948), S. 4.
[282] SCOR 5th Year, No. 48, 506th Meeting (29 September 1950) S. 8.
[283] SCOR 3rd Year, No. 73, 303rd Meeting (24 May 1948), S. 27; SCOR 5th Year, No. 48, 506th Meeting (24 May 1948), S. 6.
[284] *Gross*, HLR 67 (1953-1954), S. 251 (259); SCOR 3rd Year, No. 73, 303rd Meeting (24 May 1948) S. 6.
[285] *Liang*, AJIL 43 (1949), S. 134 (143); SCOR 3rd Year, No. 73, 303rd Meeting (24 May 1948) S. 6.
[286] *Simma/Simma/Brunner/Kaul*, Art. 27 Rn 6.

griff hierauf ist nur möglich bei Bestätigung oder bei unklaren Auslegungsergebnissen.[287]

Welche Bedeutung die Erklärung für die einladenden Mächte hat, ist fraglich. Letztlich hat die Beantwortung dieser Frage keine große Relevanz.

Selbst bei Annahme eines formlosen Vertrag, der während der Beratung zur Beantwortung des Fragebogens zustande gekommen wäre, hätte dieser wenig Bedeutung. Zum einen wäre er nur für die fünf Ständigen verbindlich, zum anderen hätten die Verpflichtungen der ständigen Mitglieder unter der Charta nach Art. 103 UN-Charta über die nach dem Statement angenommenen Vorrang.[288] Art. 27 UN-Charta ist mit dem durch Auslegung ermittelten Inhalt unter subsidiärer Berücksichtigung des Statements stets vorrangig.[289]

Für eine bindende Wirkung des Statements unter den fünf Ständigen spricht, dass sie im Rahmen des Entwurfes des Statements zumindest untereinander diesbezüglich eine Einigung erzielten, die aber nicht zum Gegenstand eines offiziellen Vertrages gemacht wurde. Darüber hinaus äußerten sich auch alle fünf ständigen Mitglieder dahingehend, dass sie sich durch das Statement gebunden fühlten, so dass unter den fünf Ständigen ein Wille dahingehend auszumachen ist, dem Statement eine bindende Wirkung untereinander zukommen zu lassen.

ee) Annahme der Einstimmigkeitsregel durch die Konferenz

Der Vertreter Australiens wollte die Großmächte dazu bewegen, eine Änderung dahingehend zu akzeptieren, Entscheidungen nach Vorschriften unter Kapitel VI aus der Anwendbarkeit des Vetos herauszunehmen und als Entscheidung über prozessuale Fragen zu behandeln.[290]

Die Großmächte betonten in den folgenden Diskussionen das Erfordernis ihrer Einstimmigkeit bei jedem Schritt, der zur Bewältigung von

[287] *Simma/Simma/Brunner/Kaul*, Art. 27 Rn 5.
[288] *Przetacznik*, RDI 58 (1980), S. 153 (163).
[289] *Aréchaga*, Voting, S. 10; *Przetacznik*, RDI 58 (1980), 153 (163).
[290] Annex A zu Restricted Doc. 897 III/1/42 v. June 10, 1945 in UNCIO, XI, S. 438-40.

Konflikten oder friedensgefährdenden Situationen, notwendig war. Eine Modifikation der von ihnen beschlossenen Jalta-Formel sei nicht hinnehmbar. Darüber hinaus versprachen sie, das Veto „in the interests of the world organization“ sparsam zu verwenden.[291]

Über den Änderungsantrag Australiens wurde am 12. Juni 1945 abgestimmt. Er wurde mit zwanzig zu zehn Stimmen bei fünfzehn Enthaltungen abgelehnt. Dabei standen die meisten der sich enthaltenden Staaten einer Modifikation positiv gegenüber, befürchteten aber bei einem solchen Schritt ein Scheitern der Konferenz.[292]

Das Veto wurde am 13. Juni 1945 mit 30 Stimmen zu 17 bei 15 Enthaltungen angenommen und somit Bestandteil der Charta.[293]

Die Siegermächte des Zweiten Weltkrieges verliehen sich die ständige Mitgliedschaft, damit in einer zu erwartenden anhaltenden Phase der Kooperation der Großmächte. Die Sieger des Zweiten Weltkrieges „remain and rule victouriously in peace.“[294]

Trotz des heftigen Widerspruchs der kleineren und mittleren Mächte in San Francisco behielten sich die Großmächte das Veto vor, um zu verhindern, dass durch eine einfache Mehrheitsentscheidung im Sicherheitsrat die Vereinten Nationen mit einer der Großmächte einen Krieg nach Kapitel VII UN-Charta anfangen könnte.[295]

Letztlich machten die fünf ständigen Mitglieder viel häufiger von dem Veto Gebrauch, als in San Francisco zugesichert wurde. Andererseits sind internationale Probleme nicht durch ein Abstimmungsverfahren zu lösen, sondern die Mächte sind vielmehr gefordert, ihre Differenzen im Wege der Überzeugung, durch Argumente und Beseitigung von Misstrauen, Kompromissfindung und Erzielen einer Einigkeit, zu bewältigen.[296]

---

[291] UN Doc. Restricted Doc. 956 III/1/47 v. June 13, 1945 in UNCIO, XI, S. 493.
[292] *Lee*, Int. Org. 1 (1947), S. 33 (42).
[293] *Lee*, Int. Org. 1 (1947), S. 33 (42).
[294] *Scheltema*, Transformations, S. 1 (2).
[295] *Darrow*, Aust. YBIL 16 (1995), S. 285 (287).
[296] *Lee*, Int. Org. 1 (1947), S. 33 (42).

2) Problemkreise

Um dieses Vetorecht ranken zahlreiche Probleme. Zunächst ist anzumerken, dass stets von einem Vetorecht die Rede ist, dieser Begriff so an keiner Stelle der Charta zu finden ist.[297]

a) Unklare Formulierung

Die Jalta-Formel verwendet insofern eine eher ungewöhnliche Formulierung. So lautet die Originalfassung des Art. 27 III UN-Charta:

„Decisions of the Security Council on all other matters shall be made by an affirmative vote of nine members including the concurring votes of the permanent members; provided that, in decisions under Chapter VI, and under paragraph 3 of Article 52, a party to a dispute shall abstain from voting. (...dans lequel sont comprises les voix de tous les membres permanents...)"

Der Ausdruck „concurring votes“ wurde in den vorläufigen amerikanischen Vorschläge vom 18. Juli 1944, vor Dumbarton Oaks, entworfen und schließlich in der Formel behalten, der in Jalta zugestimmt wurde.[298] Unklar ist, warum diese Formulierung so gewählt wurde. In der diplomatischen Sprache dieser Zeit meinten die Amerikaner stets Einstimmigkeit, wenn sie den Begriff „concurrence“ verwendeten.[299] Wenn aber dem Wort „concurring“ sorgfältig und absichtlich der Vorzug vor „affirmative“ gegeben wurde, stellt sich die Frage, warum dies so war. Es ist nicht eindeutig zu klären, warum die Amerikaner, die die Formel entwarfen, das Wort „concurring“ wählten, wenn sie der Ansicht gewesen wären, materielle Entscheidungen bedürften der zustimmenden Stimmen der ständigen Mitglieder.[300]

---

[297] *Spiropoulos*, Rev. Hell. 1 (1948), S. 3 (3).
[298] *Bailey*, Int. Aff. 50 (1974), S. 554 (565).
[299] Foreign Relations of the United States, Diplomatic Papers, 1945, Volume I, General: The United Nations, United States Govt. Printing Office, Department of State Publication No. 8294 (Washington, D. C.1967), S. 88, 150, 274, 432, 999; *Bailey*, Int. Aff. 50 (1974), S. 554 (565).
[300] *Bailey*, Int. Aff. 50 (1974), S. 554 (565).

b) Unzutreffende Bezeichnung

Die Bezeichnung als Vetorecht trifft nicht genau zu, da es sich in dieser Konstellation nicht um ein Einspruchsrecht gegen das Inkraftsetzen eines Beschlusses handelt. Die Charta ermöglicht vielmehr, das Zustandekommen eines Beschlusses zu blockieren.[301]

In diesem Zusammenhang zeigt der Begriff des Vetos nur, dass keine Entscheidung bezüglich eines materiellen Themas gültig gefasst werden kann ohne die vorherige Zustimmung der fünf ständigen Mitglieder des Sicherheitsrates. Der Unterschied zwischen der Stimme der ständigen und nichtständigen Mitglieder ist nur bzgl. des Resultats der Stimme, aber nicht bzgl. der Ausübung der Stimme selbst von Bedeutung.[302] Problematisch ist also, was genau unter einem Vetorecht zu verstehen ist, bzw. wie sich ein solches gestaltet. Zu differenzieren ist, ob es sich um ein Vetorecht im engeren oder im weiteren Sinne handelt.

Bei einem Vetorecht im weiteren Sinne hängt die Wirksamkeit eines Beschlusses, abgesehen von der formellen Rechtmäßigkeit, bzw. von dem Zustandekommen in einem ordnungsgemäßen Verfahren seitens des zuständigen Organs, von dem Verhalten einzelner bestimmter Personen oder eines Personenkreises ab.[303] Hier ist zu unterscheiden, ob ein Widerspruch die Wirksamkeit der Entscheidung hindert oder aber für die Wirksamkeit gerade eine ausdrückliche Zustimmung erforderlich ist.[304]

Ein Vetorecht im engeren Sinne liegt dann vor, wenn eine Person oder ein bestimmter Personenkreis die Möglichkeit hat, gegen einen in einem ordnungsgemäßen Verfahren seitens des zuständigen Organs zustandegekommenen Beschluss Widerspruch einzulegen.[305] Dabei kann die ihm zukommende Wirkung sehr unterschiedlicher Natur sein - das Veto kann absolut oder beschränkt sein, u. U. sogar nur für eine bestimmte Zeitspanne bestehen, mit der Option, es danach zu überwinden.[306]

Einer solchen Ausgestaltung, die die Wirksamkeit durch einen ausdrücklichen Widerspruch hindert, ist die Situation sehr ähnlich, die eine

---

301 *Balazs*, FW 46 (1946), S. 222 (223); *Barandon*, Vereinte Nationen, S. 19 f.
302 *Spiropoulos*, Rev. Hell. 1 (1948), S. 3 (3).
303 *Engelhardt*, AVR 10 (1962/63), S. 376.
304 *Engelhardt*, AVR 10 (1962/63), S. 377.
305 *Engelhardt*, AVR 10 (1962/63), S. 377.
306 *Engelhardt*, AVR 10 (1962/63), S. 378.

ausdrückliche Zustimmung verlangt. Vergleicht man diese beiden Rechtspositionen, so fällt auf, dass die des Zustimmungsorganes bedeutend stärker ist, da hier bereits die Nichtzustimmung, also gerade auch ein passives Verhalten, einer Wirksamkeit des Beschlusses entgegensteht.

In der Regel wird dies nicht als Vetorecht bezeichnet, aber in der Art und Weise der Wirkung entspricht dies dem Vetorecht im weiteren Sinne.[307] Liegt die Konstellation vor, dass nach den Abstimmungsvorschriften eine Sperrminorität das Zustandekommen eines Beschlusses verhindern kann, unterfällt dies nicht mehr dem Begriff des Vetos. Obwohl auch in diesem Fall ein bestimmter Personenkreis das Zustandekommen eines wirksamen Beschlusses verhindern kann, liegt der die Differenzierung rechtfertigende Faktor darin, dass dieser Personenkreis nicht einen rechtlich konstituierten Personenkreis darstellt, sondern lediglich aus einer bestimmten Anzahl besteht - wie diese Anzahl zustande kommt und sich zusammensetzt ist zufällig, kann in ihrer Zusammensetzung je nach Entscheidungsthema variieren und hat rechtlich keine Bedeutung. Der jeweilige Personenkreis ist aufgrund der fehlenden rechtlichen Konstituierung kein Rechtssubjekt, ebenso wenig wie die einzelnen Personen, aus denen sich dieser Kreis zusammensetzt, da keinem von ihnen ein solches Recht alleine zur Ausübung zustehen kann.[308]

Die ständigen Mitglieder des Rates haben die Möglichkeit, zum einen das Zustandekommen von Beschlüssen zu verhindern, da diese von ihrer Zustimmung abhängen, sowie einen gefassten Beschluss des Sicherheitsrates zu Fall zu bringen.

Gemäß Art. 27 II und III UN-Charta kommt ein Beschluss des Sicherheitsrates abgesehen von Verfahrensfragen nur zustande, wenn die Zustimmung von neun Mitgliedern, einschließlich sämtlicher ständiger Mitglieder vorliegt. Diese Regelung entspricht in großem Umfang denen eines Vetorechts im engeren Sinne.

Betrachtet man die Wirkung der Regelung, nach der die ständigen Mitglieder die Möglichkeit haben, Beschlüsse des Sicherheitsrates zu Fall

[307] *Engelhardt*, AVR 10 (1962/63), S. 378.
[308] *Engelhardt*, AVR 10 (1962/63), S. 378.

zu bringen, kann diese nur als Vetorecht im weiteren Sinne bezeichnet-werden.[309]

Die Abstimmung im Sicherheitsrat verläuft nach einer bestimmten Art: Wird über einen Antrag abgestimmt, so wird als erstes geprüft, ob neun Stimmen für den Antrag vorliegen, anschließend, ob in diesen die Stimmen der ständigen Mitglieder enthalten sind. Hat ein Antrag keine neun Stimmen erhalten, dann ist es ohne Bedeutung, wie das Abstimmungsverhalten der ständigen Mitglieder aussieht. Selbst wenn diese alle für ihn gestimmt haben, ist er nicht angenommen.[310]

Anders ist die Situation, wenn neun Ja-Stimmen für einen Antrag vorliegen, aber mehrere ständige Mitglieder negativ abgestimmt haben. Ein Zustandekommen dieses Beschlusses ist aufgrund der Gegenstimmen der ständigen Mitglieder nicht möglich. In dieser Situation ist es durchaus möglich, von einem Veto zu sprechen.[311]

c) Verschiedene Konstellationen

Das Veto kann in ganz unterschiedlichen Varianten auftreten und somit auch verschiedene Kontroversen verursachen. In seiner Analyse des Vetos differenziert Patil[312] zwischen fünf verschiedenen Konstellationen:

aa) „open“ oder „real“ Veto

Das sog. „open“ oder „real“ Veto liegt im Falle eines negativen Vetos durch ein ständiges Mitglied in einer materiellen Angelegenheit vor.

---

[309] *Engelhardt*, AVR 10 (1962/63), S. 379.
[310] *Engelhardt*, AVR 10 (1962/63), S. 379.
[311] *Engelhardt*, AVR 10 (1962/63), S. 380.
[312] *Patil*, UN Veto, S. 13.

bb) Verfahrensfragen bzw. „double veto“

Auch bei Entscheidungen, ob eine Frage eine Verfahrens- oder sonstige Frage darstellt, wird das Veto angewendet.[313]

Gemäß Art. 27 II UN-Charta können Entscheidungen des Sicherheitsrates über Verfahrensfragen mit einer Mehrheit von neun Stimmen getroffen werden. Dabei ist es unerheblich, ob diese von ständigen oder nichtständigen Mitgliedern stammen. Nur Entscheidungen materieller Art erfordern die zustimmenden Stimmen von neun Mitgliedern einschließlich der Stimmen der fünf Ständigen.

Art. 27 UN-Charta enthält zwei Abstimmungsverfahren, wovon eines Verfahrensfragen betrifft und eines „alle sonstigen Fragen“. Aufgrund des Vorhandenseins zweier verschiedener Verfahren entstehen Grenzfälle dahingehend, welches Abstimmungsverfahren in der konkreten Situation anzuwenden ist und welches Abstimmungsverfahren anzuwenden ist, um die Vorfrage zu klären.[314]

Folglich treten im Zusammenhang mit Art. 27 UN-Charta stets zwei miteinander verbundene Fragen auf:

Zum einen die sog. Vorfrage, ob eine Angelegenheit, über die abgestimmt werden muss, eine prozessuale ist oder nicht.

Sollte über diese Frage unter den Mitgliedern des Sicherheitsrates keine Übereinstimmung herrschen bzgl. dieser Frage, wird die zweite Frage bedeutsam, nämlich ob es, um diese Vorfrage zu lösen, einer prozessualen oder nicht-prozessualen Abstimmung bedarf.[315]

Verlangt man die übereinstimmenden Stimmen der ständigen Mitglieder bei nicht verfahrensrechtlichen oder materiellen Angelegenheiten, hat dies zur Folge, dass eine einzige negative Stimme durch ein solches Mitglied das Veto bzgl. einer Resolution darstellt. Ist nun die Entscheidung über die Frage, ob eine Angelegenheit verfahrensrechtlich ist - die sog. „preliminary question“ oder Vorfrage - selbst keine verfahrens-

---

[313] *Trauttmansdorff*, Organe, S. 34.
[314] *Bailey/Daws*, Procedure, S. 240.
[315] *Rudzinski*, AJIL 45 (1951), S. 443 (444); *Przetacznik*, RDI 58 (1980), S. 153 (167).

rechtliche, dann macht ein ständiges Mitglied durch seine Nein- Stimme die Resolution zu einer nicht verfahrensrechtlichen Angelegenheit bzgl. welcher ein ständiges Mitglied wiederum sein Veto einlegen kann. Diese Situation wird als das „double veto" - „doppeltes Veto" beschrieben.[316] Das „double veto" tritt also in den Fällen auf, in denen unter den Ratsmitgliedern Uneinigkeit herrscht bzgl. der Frage, ob eine Angelegenheit als prozessual oder nicht prozessual zu behandeln ist.[317]

Dabei verhindert das erste Veto die Behandlung einer Angelegenheit als prozessual, während das zweite Veto den dem Sicherheitsrat unterbreiteten Vorschlag als eine materielle Angelegenheit ablehnt.[318] Das „double veto" ermöglicht also einem ständigen Mitglied laut des Vertreters Australiens, Mr. Evatt, folgende Handlungsweise: „ not only I can „veto the decision of the Council", but, „I can determine the question I will veto"[319], d. h. bei einer rücksichtslosen Anwendung kann ein Mitglied jede prozessuale Angelegenheit in eine nicht-verfahrensrechtliche umwandeln und somit für sich die Möglichkeit des Vetos jeglicher Angelegenheit eröffnen.[320]

Zwar beschäftigte sich das am 8. Juni 1945 in San Francisco herausgegebene Statement auch mit diesem Thema, nicht zuletzt aber ist dieses Statement sehr problematisch: es nimmt zu kritischen und essentiellen Punkten keine Stellung und sichert beschönigend zu, es sei „unlikely", dass Differenzen hinsichtlich der „Vorfrage" aufträten.[321]

Der Begriff des „double vetos" beschreibt also solche Situationen, in denen das Veto eingesetzt wird, um ein Einordnen einer Frage als „prozessual" zu verhindern.[322] Der Unterschied zwischen dem sog. „doppelten Veto" und dem regulären Veto ist, dass eine negative Stimmenabgabe eines ständigen Mitgliedes bezüglich einer materiellen Angelegenheit sich so auswirkt, dass die Annahme eines Resolutionsentwurfes durch den Sicherheitsrat verhindert wird und damit ein Vakuum entsteht. Im

---

[316] *Kellogg*, VLR 45 (1959), S. 1352 (1353).
[317] *Bailey*, Voting, S. 18.
[318] *Schindlmayr*, JHIL 3 (2001), S. 218 (224).
[319] SCOR 1st Year, 1st Series, No. 2, 49th Meeting (26 June 1946), S. 425. *Schindlmayr*, JHIL 3 (2001), S. 218 (224); *Gross*, HLR 67 (1953), S. 251 (263 f Fn 59).
[320] *Przetacznik*, RDI 58 (1980), S. 153 (155).
[321] *Bailey*, Voting, S. 18.
[322] *Caron*, AJIL 87 (1993), S. 552 (569).

Gegensatz dazu resultiert eine negative Stimmabgabe seitens eines ständigen Mitgliedes bezüglich der Vorfrage in einer positiven Entscheidung des Sicherheitsrates, die in Art. 27 III UN-Charta vorhergesehene Abstimmungsart - bzgl. nicht-prozessualer Angelegenheiten - auf den Resolutionsentwurf anzuwenden.[323]

Die Jalta-Formel führte einige Entscheidungen auf, die als prozessuale angesehen werden. Das „double veto" konnte in dem Zusammenhang mit solchen Angelegenheiten nur auftreten, wenn vernünftigerweise argumentiert werden konnte, dass der Gedanke der sog. „chain of events", der „Kette von Ereignissen", anwendbar sei.[324] Nach diesem Gedanken ist es möglich, sich eine Kette von Ereignissen vorzustellen, die mit einer Entscheidung, ein Treffen des Sicherheitsrates einzuberufen bzgl. der Frage, ob eine spezielle Angelegenheit in die Angelegenheiten bzgl. derer der Sicherheitsrat zusammengerufen wird aufgenommen wird, welches aber am Ende zu einer Handlungsdurchsetzung führen könnte. In einem solchen Fall stellt sich die Frage, ab welchem Zeitpunkt in einer solchen Kette von Ereignissen die Angelegenheit aufhören würde, lediglich eine prozessuale zu sein sondern eine materielle wäre und damit dem Veto unterliegen würde.[325]

Je mehr sich der Sicherheitsrat der Grenze zwischen verfahrensrechtlicher und prozessualer Frage annähert, desto eher besteht die Möglichkeit, dass es für die Mitglieder des Sicherheitsrates - eingeschlossen die ständigen Mitglieder - unmöglich erscheint, sich über die Vorfrage zu einigen, ob ein besonderer Antrag verfahrensrechtlich sei oder nicht.[326]

Die zentrale Frage ist also, wenn eine Entscheidung des Sicherheitsrates notwendig wäre bzgl. der Natur der Vorfrage (verfahrensrechtlich oder nicht), ob diese Entscheidung eine Abstimmung von - ehemals sieben - mittlerweile neun beliebigen Mitgliedern des Sicherheitsrates verlangt oder ob diese die übereinstimmenden Stimmen der ständigen Mitglieder einschließen müssen.[327]

---

[323] *Rudzinski*, AJIL 45 (1951), S. 443 (448).
[324] *Bailey/Daws*, Procedure, S. 248.
[325] *Bailey/Daws*, Procedure, S. 240.
[326] *Bailey/Daws*, Procedure, S. 240.
[327] *Bailey/Daws*, Procedure, S. 241.

Der Ausdruck „double veto“ beschreibt seinem Inhalt nach ein Aufeinanderfolgen zweier negativer Abstimmungen:

- wenn erstens zunächst ein ständiges Mitglied eine negative Stimme in einer Entscheidung hinsichtlich der vorausgehenden Frage, ob oder nicht eine gewisse Angelegenheit eine verfahrensrechtliche ist, und

- wenn zweitens nach dieser vorausgehenden Frage dasselbe ständige Mitglied eine andere negative Stimme in der nicht-verfahrensrechtlichen Frage selbst abgibt.[328]

Problematisch ist die von der Jalta-Formel getroffene und in Art. 27 UN-Charta niedergelegte Unterscheidung zwischen einer Verfahrensfrage und einer sonstigen Frage. Zu klären ist, wann eine Verfahrensfrage vorliegt.

Ein zentrales Problem ist die Bedeutung des Wortes „procedural“ in Art. 27 II UN-Charta. Daran knüpft die Frage, welche Abstimmung für die Entscheidung verlangt wird, also ob eine Angelegenheit prozessual i. S. dieses Paragraphen ist.[329]

Mangels einer klaren und präzisen Antwort auf diese Fragen in der Jalta-Formel wurde es notwendig, anderweitig zu einer Definition zu gelangen - der erste Versuch wurde bereits im San Francisco Statement seitens der Delegationen of the Sponsoring Governments on Voting Procedure in the Security Council unternommen.[330]

Die Charta selbst definiert den Begriff der „procedural matter“ (Verfahrensfrage) nicht. Der Sicherheitsrat als das Organ, das Art. 27 UN-Charta anzuwenden hat, hat die Kompetenz, diese Vorschrift auszulegen und dementsprechend zu einer Definition des Begriffes „procedural matter“ zu gelangen.[331]

Für eine solche Konkretisierung bzw. Ermittlung des Begriffes ist eine Vielzahl an Material heranzuziehen, um eine Einordnung treffen zu können, ob eine Frage nun verfahrensrechtlicher Art ist oder nicht.

---

[328] *Liang*, AJIL 43 (1949), S. 134; *Przetacznik*, RDI 58 (1980), S. 153 (154 f).
[329] *Przetacznik*, RDI 58 (1980), S. 153 (156).
[330] *Lee*, Int. Org.1, (1947), S. 33 (39), *Russell/Muther*, History, S. 720 ff.
[331] *Przetacznik*, RDI 58 (1980), S. 153 (157).

Bei der Bestimmung sind zu berücksichtigen:

(1) die Charta der Vereinten Nationen,
(2) das Statement von San Francisco der Delegation der Four Sponsoring Governments on the Voting Procedure in the Security Council,
(3) die Empfehlungen des Interim Committee der Generalversammlung der Vereinten Nationen zu „The Problem of Voting in the Security Council",
(4) die Resolution der Generalversammlung vom 14. April 1949, No. 267 (III) zu dem Thema „ The Problem of Voting in the Security Council",
(5) die Praxis des Sicherheitsrates,
(6) die Rules of Procedure des Sicherheitsrates.

aaa) Die Charta der Vereinten Nationen

Obwohl die UN-Charta an keiner Stelle ausdrücklich „procedural matters" definiert, ist sie dennoch die erste und grundlegende Autorität, die für eine Bestimmung hinsichtlich der prozessualen Beschaffenheit einer Frage zugrunde zu legen ist. Daher ist sie in ihrer Gesamtheit zu analysieren.[332]

Art. 27 UN-Charta gibt weder Hinweise darauf, was unter prozessualen Angelegenheiten zu verstehen ist, noch wie Angelegenheiten als prozessual bestimmt werden können, obwohl in der Charta einige Artikel unter der Überschrift „procedure" aufgeführt werden.[333] Innerhalb der Kapitel IV, V, X und XIII der Charta und des Kapitels III des Statuts des internationalen Gerichtshofes finden sich Unterabschnitte, die mit „Procedure" überschrieben sind. Nach einer Ansicht gebe die Charta mit diesen Unterabschnitten einen genauen Anhaltspunkt dafür, was sie als prozessual einstufe und verlange damit auch eine procedural vote.[334]

Eine andere Ansicht zweifelt daran, dass einige in den Unterabschnitten „Procedure" erfassten Artikel auch de facto prozessual im Sinne des Art. 27 II UN-Charta seien, so z. B. das Einsetzen von Unterorganen durch

---

[332] *Aréchaga*, Voting, S. 6.
[333] *Kellogg*, VLR 45 (1959), S. 1352 (1353).
[334] *Aréchaga*, Voting, S. 6.

den Sicherheitsrat nach Art. 29 UN-Charta, und die Einladungen an ein Mitglied und Nichtmitglied, an den Diskussionen teilzunehmen.[335]

Diese Ansicht ist aber zu extrem, denn unter Berücksichtigung des Wortlautes der Charta ist nicht daran zu zweifeln, dass die in Art. 28 bis 32 UN-Charta aufgeführten Angelegenheiten prozessual im Sinne des Art. 27 II UN-Charta sind.[336]

Eine weitere Ansicht vertritt, aus der Formulierung der Charta ergebe sich, dass mit der Formulierung „über alle sonstigen Fragen" insbesondere diejenigen gemeint seien, die nicht in den Unterabschnitten „procedure" geregelt seien. Auch in den Fällen in denen die Charta keine Regelung treffe, wie z. B. bei der Wahl des Generalsekretärs und der Zulassung neuer Mitglieder seien die übereinstimmenden Stimmen aller Ständigen notwendig. Bestünden Zweifel dahingehend, ob es sich um eine prozessuale oder materielle Entscheidung handele, müsse diese nach Art. 27 III UN-Charta getroffen werden.[337]

bbb) Das Statement von San Francisco der Delegationen der Four Sponsoring Governments on the Voting Procedure in the Security Council

Die Vier-Mächte Erklärung ist hinsichtlich der Klärung, wann eine Verfahrensfrage vorliegt und wann nicht von geringer Bedeutung, da sie versucht, diese Unterscheidung zu ersetzen, indem sie eine Differenzierung vornimmt zwischen Entscheidungen, „which involve its taking direct measures in connection with settlement of disputes, adjustment of situations likely to lead to disputes, determination of threats to the peace, removal of threats to the peace, and suppression of breaches of the peace" und Entscheidungen, „which do not involve the taking of such measures."[338] Letztere sind als Verfahrensangelegenheiten im Sinne des Art. 27 II UN-Charta anzusehen.

---

335 *Kelsen*, United Nations, S. 247.
336 *Przetacznik*, RDI 58 (1980), S. 153 (158).
337 *Koo*, Procedure, S. 193.
338 Annex to Doc. 1050 III/1/58, Doc. 852 III/1/37 (1), June 8, 1945 in UNCIO XI, S. 711.

In Teil I zählt die Vier-Mächte Erklärung Beispiele für verfahrensrechtliche Angelegenheiten auf. Hinsichtlich der nicht-verfahrensrechtlichen Entscheidungen, die die Einstimmigkeit der ständigen Ratsmitglieder verlangt, bezieht sich Teil I (4) des Statements auf eine sogenannte „chain of events“, die den Sicherheitsrat in eine solche Lage bringen könnte, in der er Zwangsmaßnahmen nach Kapitel VII ergreifen müsste. Es sei möglich, dass eine solche „chain of events“ bereits in dem Moment ihren Anfang nehme, in dem der Sicherheitsrat eine Untersuchung einleite, die an einer Streitigkeit beteiligten Parteien zu einer friedlichen Beilegung ihrer Meinungsverschiedenheiten auffordere oder Empfehlungen ausspräche.[339] Danach erforderten bereits solche Beschlüsse die Einstimmigkeit der Ständigen.[340]

Diese „chain of events“ nimmt in der Regel ihren Anfang in der Anordnung einer Untersuchung - damit sind die nicht-verfahrensrechtlichen Angelegenheiten sehr weit zu fassen. Darin liegt auch gleichzeitig ihre Schwäche, denn aufgrund ihrer Uferlosigkeit bietet sie kaum Orientierung.[341]

Die Wahrscheinlichkeit, dass es Differenzen gebe hinsichtlich der Frage, ob nun eine verfahrensrechtliche Angelegenheit vorliege oder nicht, wurde mit der Bemerkung übergangen, es sei unwahrscheinlich, dass Schwierigkeiten diesbezüglich aufträten - sollte dieser Fall aber dennoch eintreten, müsse die Entscheidung hinsichtlich der Vorfrage, ob oder nicht eine solche Angelegenheit prozessual sei, durch eine Mehrheit von sieben (mittlerweile neun) Stimmen, darunter die aller ständigen Mitglieder zustande kommen.[342]

Das Statement gibt keine umfassende Erläuterung der Jalta-Formel. Seine größte Schwäche aber liegt in seiner Eingeschränktheit, da es nur die Aufgaben des Sicherheitsrates nach Kapitel VI und VII erfasst ohne Berücksichtigung der übrigen. Zu diesen gehören aber auch nach Art. 4 UN-Charta die Aufnahme neuer Mitglieder, nach Art. 5 und 6 UN-

---

[339] Annex to Doc. 1050 III/1/58, Doc. 855, III/ 1/B/2 (a), June 8, 1945 in UNCIO XI, S. 699,
Annex to Doc. 1050 III/1/58, Doc. 852, III/1/37 (1), June 8, 1945 in UNCIO XI, S. 710.

[340] *Engelhardt*, AVR 10 (1962/63), S. 388.

[341] *Ross*, United Nations, S. 127.

[342] Annex to Doc. 1050 III/1/58, Doc. 852, III/1/37 (1), June 8, 1945 in UNCIO XI, S. 714.

Charta die Suspension und der Ausschluss von Mitgliedern, nach Art. 97 UN-Charta die Empfehlung für die Ernennung des Generalsekretärs sowie verschiedene Arten von Entscheidungen in Verbindung mit dem Internationalen Gerichtshof, mit der Treuhand strategischer Gebiete.[343] Der größte Vorteil und auch Nutzen des Statements ist aber, dass es die gemeinsame Ansicht der fünf ständigen Mitglieder wiedergibt.[344]

ccc) Die Empfehlungen des Interim Committee der Generalversammlung der Vereinten Nationen zu „The Problem of Voting in the Security Council"

Aufgrund der Schwierigkeiten, die in der Praxis des Sicherheitsrates in Bezug auf die Jalta-Formel und der Vier-Mächte- Erklärung auftraten, beschäftigte sich in den Jahren 1946 bis 1949 die Generalversammlung mit dem Thema und übertrug dem Interim Committee mit der Resolution 117 (II) vom 21. November 1947 die Aufgabe, sich mit den Schwierigkeiten des Abstimmungsverfahrens zu beschäftigen. Gleichzeitig sollten die ständigen Mitglieder einander konsultieren, „to secure agreement among them on measures to ensure the proper and effective exercise by the Security Council of its functions."[345] Das Komitee sollte Empfehlungen ausarbeiten, die der Sicherheitsrat aufgrund einer Empfehlung der Generalversammlung annehmen sollte.[346] Auf einen Vorschlag der USA an das Interim Committee sollten Entscheidungen des Sicherheitsrates über die Frage, ob eine Angelegenheit prozessual i. S. des Art. 27 II UN-Charta sei oder nicht, nur mit einer Mehrheit von sieben Stimmen getroffen werden können. Dieser Vorschlag wurde vom Interim Committee akzeptiert und in seinen „Report on the Problem of Voting in the Security Council to the General Assembly"[347] aufgenommen. In diesem Report versucht das Interim Committee Richtlinien zur Definition von verfahrensrechtlichen Angelegenheiten aufzustellen.

---

[343] *Przetacznik*, RDI 58 (1980), S. 160 , Fn 32.
[344] *Gross*, HLR 67 (1953-1954), S. 251 (277).
[345] GA Res. 117 (II) vom 21. 11. 1947, UN GAOR 2nd Session, UN Doc. A/519, S. 23.
[346] GA Res. 117 (II) vom 21. 11. 1947, UN GAOR 2nd Session, UN Doc. A/519, S. 23.
[347] UN GAOR, 3rd Session 1948, Supp. 10 (A/578), S. 2.

Verfahrensrechtliche Angelegenheiten sind:

- alle diejenigen, die unter der Anwendung der Vorschriften angenommen wurden, die in der Charta unter der Überschrift „Procedure“ zu finden sind,
- alle, die das Verhältnis des Sicherheitsrates und anderer Organe der Vereinten Nationen betreffen, da sie das interne Verfahren der Vereinten Nationen betreffen,
- alle diejenigen, die sich auf die innere Funktion des Sicherheitsrates und die Führung der Geschäfte beziehen,
- einige solcher, die eine nahe Analogie zu den bisher angeführten Entscheidungen haben,
- einige solcher, die zu einer prozessualen Entscheidung führen oder einer solchen nachfolgen.[348]

ddd) Die Resolution der Generalversammlung vom 14. April 1949, No. 267 (III) zu dem Thema „The Problem of Voting in the Security Council“

In dem Annex der Resolution 267 (III) versuchte die Generalversammlung alle Entscheidungen mit einer verfahrensrechtlichen Natur aufzuzählen. Darunter fielen die Folgenden:

- die Bildung von Unterorganen,
- die Einladung an einen Staat, der nicht UN-Mitglied ist, an den Diskussionen und Beratungen des Sicherheitsrates teilzunehmen,
- Streichen einer Frage von der Liste der Probleme, mit denen der Sicherheitsrat befasst ist,
- die Ablehnung einer Entscheidung des Präsidenten bzgl. einer Anfrage zur Geschäftsordnung,
- ob eine Angelegenheit prozessual ist oder nicht innerhalb der Bedeutung des Art. 27 II UN-Charta.[349]

Alle anderen Entscheidungen, die nicht in dem Annex zur Resolution 267 III aufgeführt sind, sollten als nach Art. 27 III UN-Charta geregelt angesehen werden.

---

[348] UN GAOR, 3rd Session 1948, Supp. 10 (A/578), S. 2.

[349] GA Res. 267 (III) vom 14. April 1949, Annex, UN GAOR 4th Session, UN Doc. 1251, S. 8; *Sohn*, Cases, S. 192-195.

Die Resolution 267 III vom 14. April 1949 stellt nur eine Empfehlung der Generalversammlung dar. Sie ist aus diesem Grunde weder für den Sicherheitsrat noch für seine Mitglieder bindend und wird konsequent von dem sowjetischen Block ignoriert.[350] Die UdSSR lehnte es ab, die Resolution 267 III anzuerkennen[351] und behauptet, die verschiedene Kategorien von im Annex aufgeführten Entscheidungen seien nicht verfahrensrechtliche Angelegenheiten, wodurch der Wert der Resolution erheblich geschmälert wird.[352]

eee) Die Praxis des Sicherheitsrates

Bei Entscheidungen des Sicherheitsrates, ob eine Frage verfahrensrechtlicher Natur ist, sind für die Beurteilung folgende Anhaltspunkte von Bedeutung:

- ob eine Entscheidung durch den Rat als „procedural“ angesehen wurde trotz einer oder mehrerer negativer Stimmen eines oder mehrerer ständiger Mitglieder. Die Annahme einer Resolution in diesem Fall indiziert die verfahrensrechtliche Natur der Entscheidung.
- ob der Rat eine ausdrückliche Entscheidung getroffen hat, eine bestimmte Angelegenheit sei eine verfahrensrechtliche oder materielle.[353]

Entscheidungen des Sicherheitsrates bzgl. der verfahrensrechtlichen oder nicht-verfahrensrechtlichen Natur eines besonderen Vorschlages, bei denen ein doppeltes Veto von einem ständigen Mitglied benutzt (oder versucht) wurde, wurden in folgenden Kategorien getroffen:

- Einladung zur Teilnahme.[354]
- Aufschub von Erwägungen.[355]

---

[350] *Rudzinski*, AJIL 45 (1951), S. 443 (446).
[351] *Gross*, HLR 67 (1953-1954), S. 251 (277).
[352] *Przetacznik*, RDI 58 (1980), S. 153 (166).
[353] Repertory of Practice of United Nations Organs, Vol. 2, Art. 27 UN-Charter, S. 68.
[354] Repertory of Practice of United Nations Organs, Vol. 2, Art. 27 UN-Charter, S. 70.
[355] Repertory of Practice of United Nations Organs, Vol. 2, Art. 27 UN-Charter, S. 70, 71; *Rudzinski*, AJIL 45 (1951), S. 443 (451 f).

- Einrichtung eines Unterorgans zur Erhellung von Fakten.[356] Dies wurde vom Sicherheitsrat sowohl als nicht verfahrensrechtlich[357], als auch zu einem anderen Zeitpunkt als verfahrensrechtlich eingestuft.[358]
- Belassen eines Problems auf der Liste der Angelegenheiten des Sicherheitsrates.[359]
- Gesuch an die Generalversammlung nach Art. 12 UN-Charta, Empfehlungen zu erwägen und auch auszusprechen hinsichtlich eines Streites oder einer angespannten Situation.[360]
- Empfehlung an die Generalversammlung hinsichtlich der Mitgliedschaft in den Vereinten Nationen.[361]

fff) Die „Rules of Procedure" des Sicherheitsrates

Weder die Charta noch die vorläufigen Verfahrensregeln des Sicherheitsrates sehen eine Entscheidung durch den Präsidenten des Sicherheitsrates bzgl. eines Abstimmungsergebnisses vor.

Gemäß der Regel 30 der vorläufigen „Rules of Procedure" muss der Präsident seine Entscheidung stets darlegen, wenn eine Verfahrensfrage seitens eines Vertreters erhoben wird. Die „Rules of Procedure" definieren den Begriff der Verfahrensfrage ebenfalls nicht. Sie kann definiert werden als ein Antrag, der die Korrektheit der Geschäftsführung nach diesen Regeln betrifft.[362] Da eine Verfahrensfrage sich auf verfahrensrechtliche Angelegenheiten bezieht, wird regelmäßig die Abstimmung über eine präsidentielle Entscheidung in der Praxis des Sicherheitsrates

---

[356] Repertory of Practice of United Nations Organs, Vol. 2, Art. 27 UN-Charter, S. 70, 72.

[357] SCOR, 3rd Year, No. 73, 303rd Meeting (24 May 1948), S. 19 – 21; *Liang*, AJIL 43 (1949), S. 134 (136); *Rudzinski*, AJIL 45 (1951), S. 443 (452); *Sohn*, Cases, S. 182, 186.

[358] SCOR 14th Year, 848th Meeting (7 September 1959), S. 12 f para 76 ff; *Gross*, AJIL 54 (1960) 118 (126); *Kellogg*, VLR 45 (1959), S. 1352 (1357); *Sohn*, Cases, S. 221, 225.

[359] Repertory of Practice of United Nations Organs, Vol. 2, Art. 27 UN-Charter, S. 70, 73; SCOR 1st Year, 1st Series, No. 2, 49th Meeting (26 June 1946), S. 401; *Sohn*, Cases, 153, 155; *Rudzinski*, AJIL 45 (1951), S. 443 (449 Fn 16).

[360] Repertory of Practice of United Nations Organs, Vol. 2, Art. 27 UN-Charter, S. 70, 73; *Sohn*, Cases, S. 160, 163.

[361] Repertory of Practice of United Nations Organs, Vol. 2, Art. 27 UN-Charter, S. 70, 74.

[362] *Przetacznik*, RDI 58 (1980), S. 153 (170).

als verfahrensrechtliche Angelegenheit angesehen. Nichtsdestoweniger war an zwei Anlässen[363] eine Entscheidung durch den Präsidenten hinsichtlich der Vorfrage, obwohl nach Regel 30 gehandhabt, Gegenstand einer nicht verfahrensrechtlichen Entscheidung.[364]

Auf der Basis der Regel 30 wurde die „Veto Limitation Theory" erläutert. Nach dieser Theorie kann das Veto in der folgenden Art und Weise eingeschränkt werden:

- wenn ein Mitglied Einspruch hinsichtlich des prozessualen Charakters einer bestimmten Resolution erhebt, so wird darüber durch eine Abstimmung entschieden,
- der Präsident fällt aufgrund der Abstimmung eine Entscheidung und stellt als Ergebnis fest, ob der verfahrensrechtliche Charakter bestätigt oder abgelehnt wurde,
- die Entscheidung des Ratspräsidenten bleibt bestehen, sofern sie nicht zurückgewiesen wird. Dafür müssten neun (ursprünglich sieben) Mitglieder gegen die Entscheidung des Ratspräsidenten stimmen, anderenfalls bleibt sie bestehen.[365]

Die sog. „veto limitation theory" eröffnet die Möglichkeit, die Reichweite des Veto Privileges einzuschränken[366] und damit Missbräuche zu verhindern. Auf diese Weise würde die regelmäßige Mehrheit des Sicherheitsrates die letzte Instanz hinsichtlich der Entscheidung sein, ob das Recht zur Ausübung des Vetos auf einen bestimmten Fall anwendbar sei. Die Theorie stellt eine versteckte Revision hinsichtlich des Abstimmungsverfahrens dar, und ist dazu geeignet, den Gebrauch des Vetos in Entscheidungen zu eliminieren, in denen es keinen Zweifel gibt, dass das Vetorecht anwendbar sei.[367]

Die Rechtfertigung dieser Theorie ist aber rechtlich sehr problematisch, zumal die Rules of Procedure, die auch nur vorläufige sind, keine größere rechtliche Relevanz als die Charta haben können. Diese Regeln eines Organs der Vereinten Nationen müssen stets mit der Charta als dem

---

[363] bei der Spanischen Frage und der Bewerbung Albaniens.
[364] *Przetacznik*, RDI 58 (1980), S. 153 (170).
[365] *Przetacznik*, RDI 58 (1980), S. 153 (170).
[366] *Rudzinski*, AJIL 45 (1951), S. 443 (459).
[367] *Przetacznik*, RDI 58 (1980), S. 153 (171).

konstitutionellen Element, unter dem sie entstanden sind, vereinbar sein.[368]

Diese Ansicht bestätigte der Internationale Gerichtshof in seiner beratenden Ansicht zu der Zulassung von Staaten zu den Vereinten Nationen.[369] Darüber hinaus war die „veto-limitation Theorie“ von unrichtigen Behauptungen des Missbrauches durch die UdSSR motiviert worden. Das sog. doppelte Veto wurde in den Anfängen der Vereinten Nationen durch die UdSSR nur an drei Gelegenheiten eingesetzt[370] und an zwei weiteren Gelegenheiten verhindert.[371] Das stellt im Vergleich zu allen Vetos, die durch ständige Mitglieder eingelegt wurden eine solche geringfügige Anzahl dar, dass es keinen Grund für die Anschuldigungen gibt, das doppelte Veto wäre missbraucht worden. Das doppelte Veto wurde von der UdSSR ausnehmend zurückhaltend und restriktiv eingesetzt; gleichermaßen wurden die Auswirkungen des doppelten Vetos durch seine Verteidiger oder Gegner in seinem Effekt übertrieben.[372] Diese veto-limitation Theorie ist nicht zuletzt ein Ausdruck eines bestimmten Trends, der darauf abzielte, das Veto abzuschaffen und damit das Gleichgewicht der Mächte zwischen den zwei Hauptorganen der Vereinten Nationen zu zerstören. Diese Theorie ist abzulehnen, weil sie nicht nur nicht im Einklang mit dem Wortlaut der Charta der Vereinten Nationen steht, sondern auch dem Gewollten widerspricht.[373] Die Jalta-Formel erklärt eindeutig, wenn eine Entscheidung notwendig sein sollte, ob eine verfahrensrechtliche oder materielle Abstimmungsfrage vorläge, sei die Entscheidung hinsichtlich der Vorfrage durch eine Entscheidung des Rates zu treffen. Weder versehentlich noch absichtlich sollte der Präsident versuchen, die Sache durch eine Entscheidung zu regeln.[374]
Die Regel 30 der Verfahrensregeln kann keinesfalls die Charter und insbesondere nicht den Art. 27 UN-Charta ersetzen.[375] Die Verfahrensregeln können keinesfalls das Recht der Charta ersetzen.[376]

---

[368] *Fitzmaurice*, BYIL 28 (1951), S. 1 (22).
[369] ICJ Reports of Judgments, Advisory Opinions and Orders, 1948, Conditions of Admission of a State to Membership in the United Nations (Article 4 of the Charter) Advisory Opinion of May 28, 1948, S. 57 (64).
[370] Das war der Fall in der Spanischen Grenze, der Griechischen Grenze und der Tschechoslowakischen Frage.
[371] in der Taiwan- und Laos- Frage.
[372] *Przetacznik*, RDI 58 (1980), S. 153 (172).
[373] *Przetacznik*, RDI 58 (1980), S. 153 (172).
[374] *Bailey/Daws*, Procedure, S. 248.
[375] *Gross*, HLR 67 (1953-1954), S. 251 (276).

ggg) Ergebnis

Die Frage, ob eine Angelegenheit, über die entschieden werden soll, vom Vetorecht ausgenommen werden sollte und als eine rein verfahrensrechtliche Angelegenheit im strengsten Sinne behandelt werden soll, muss durch eine formale Entscheidung auf Gesuch eines Mitgliedes entschieden werden.[377] Diese Entscheidung jedoch wird nicht als eine verfahrensrechtliche behandelt. Dies hat zur Folge, dass nur Entscheidungen, die in ganz strengem Sinne als eine rein prozessuale Frage zu beurteilen sind, in der Praxis vom Vetorecht ausgenommen sind.[378] Dies führt zu dem Ergebnis, dass zumindest zwei Entscheidungen eindeutig nicht dem Veto der ständigen Mitglieder unterliegen:

Im Rahmen der Wahl der Richter des Internationalen Gerichtshofes (Art. 10 IGH-Statut) verlangt Art. 10 I UN-Charta, dass die Bewerber die „absolute Mehrheit der Stimmen" erhalten.

Es bestehen keinerlei Zweifel darüber, dass hiermit die absolute Mehrheit der Mitglieder des Sicherheitsrates gemeint sind und nicht nur eine absolute Mehrheit der an der Abstimmung teilnehmenden Mitglieder. Darüber hinaus sieht Art. 109 UN-Charta vor, dass bestimmte Entscheidungen hinsichtlich Konferenzen zur Revision der Charta neben eines Beschlusses mit Zweidrittelmehrheit[379] und die in Art. 27 III UN-Charta aufgeführten Empfehlungen des Sicherheitsrates, die auf Grundlage der Kapitel VI und Art. 52 III UN-Charta, soweit wie ein ständiges Mitglied eine Partei des betroffenen Konfliktes ist, zum Gegenstand haben.[380] Bei Empfehlungen, die ständige Mitglieder involvieren, sind diese ständigen Mitglieder verpflichtet, sich der Stimme bei der Abstimmung zu enthalten.[381]

---

[376] *Fitzmaurice*, BYIL 28 (1951) S. 22.
[377] *Bruha*, Security Council, S. 1152, Rn 13.
[378] *Bruha*, Security Council, S. 1152, Rn 13.
[379] *Engelhardt*, AVR 10 (1962/63), S. 391; *Bailey/Daws*, Procedure, S. 225.
[380] *Bruha*, Security Council, S. 1152, Rn 13.
[381] *Bruha*, Security Council, S. 1152, Rn 13.

hhh) Bewertung des doppelten Vetos

Das doppelte Veto ist eine logische und auch gleichzeitig unvermeidbare Konsequenz der in Art. 27 UN-Charta niedergelegten Abstimmungsregel und somit ein Ergebnis der unklaren Formulierung.[382]

Darüber hinaus muss es vor dem Hintergrund der Zeit seiner Verwendung gesehen werden: dem Kalten Krieg.[383] In der Spanischen Frage existierten zwar eine politische Meinungsverschiedenheit zwischen dem Westen und der UdSSR, in den anderen Fällen handelte es sich mehr um den Ausdruck von Politik des Kalten Krieges.

In der tschechoslowakischen Frage, die auf einem Umsturz der tschechoslowakischen Regierung durch die Kommunisten zurückzuführen war, verhinderte das doppelte Veto der UdSSR den Einsatz eines Untersuchungsorgans - ebenso verhielt es sich bei der Laos-Frage. Bei den Zwischenfällen an der griechischen Grenze verhinderte das sowjetische doppelte Veto die Weiterleitung dieser Frage an die Generalversammlung, in der die Westmächte die Mehrheit innehatten und so eine Entscheidung hätten treffen können, die wenig vorteilhaft für die kommunistischen Nachbarn Griechenlands gewesen wäre.[384]

Der Einsatz des doppelten Vetos kann also nur richtig nachvollzogen und verstanden werden vor dem Hintergrund des Kalten Krieges, der auch innerhalb der Vereinten Nationen nicht Halt machte. Die Vorschriften der UN-Charta, insbesondere des Art. 27 UN-Charta, kamen aufgrund der Rivalität zum Einsatz. Dies zeigt sich auch insbesondere daran, dass nach der Erweiterung des Sicherheitsrates hinsichtlich der nichtständigen Mitglieder und deren konkreten Sitzfestlegung sowie mit dem Ende des Kalten Krieges und der Verbesserung der internationalen Beziehungen zwischen Ost und West - und vor allem der UdSSR und den USA - das doppelte Veto aus dem Sicherheitsrat verschwand.[385]

[382] *Gross*, HLR 67 (1953-1954), S. 251 (277).
[383] *Przetacznik*, RDI 58 (1980), S. 153 (174).
[384] *Przetacznik*, RDI 58 (1980), S. 153 (175).
[385] *Przetacznik*, RDI 58 (1980), S. 153 (175).

cc) „hidden" oder „indirect veto"

Ein ständiges Mitglied kann auch das Zustandekommen eines Beschlusses in einer nicht verfahrensrechtlichen Frage dadurch verhindern, dass es genügend nichtständige Mitglieder - genaugenommen sieben der fünfzehn Ratsmitglieder - überzeugt, gegen den Beschluss zu stimmen oder sich zu enthalten, so dass die erforderliche Stimmenanzahl für diesen Beschluss nicht zustande kommt.[386]

Die UdSSR äußerte sich dazu im Jahre 1961 wie folgt:

„I think that all or almost all of us here...know quite well that, given the existence in the Security Council of a firm majority prepared at all times to defend and support certain views of the Western Powers, there is no need for the representatives of those powers to cast a negative vote."[387]

Diese Aussage ist jedoch vor dem Hintergrund der damaligen Zeit zu sehen. Die Zusammensetzung des Rates bis zu seiner Erweiterung 1966 war dergestalt, dass anti-westliche Politik in der Regel ohne Ausübung des Vetorecht verhindert werden konnte. Das änderte sich 1966; auch ist der Term „Veto" im Zusammenhang mit einem Nichtzustandekommen von Beschlüssen mangels genügender Zustimmungen fraglich oder zumindest irreführend. Dennoch haben die nichtständigen Mitglieder, wenn sie im Einklang handeln mit oder ohne Enthaltung und Nichtteilnahme der ständigen Mitglieder die Macht, Entscheidungen des Rates zu blockieren - ein in der Praxis eher selten vorkommender Fall.[388]

Darüber hinaus wird mittlerweile die Zusammensetzung des Rates durch die Resolution 1991 (XVIII) der Generalversammlung geregelt: Diese sieht folgende Zusammensetzung vor: 5 ständige Mitglieder, 5 aus der Region Afrika und Asien, 1 aus der Region Osteuropa, 2 aus Lateinamerika und 2 aus der Region „Westeuropa und andere Staaten".[389] Diese Zusammensetzung bedeutet nun nicht länger, dass die Möglichkeit eines sogenannten „hidden veto" allein nur in der westlichen Sphäre möglich ist. So waren die UdSSR seit der Erweiterung in der Lage, mit der Un-

---

[386] *Bailey/Daws*, Procedure, S. 249; *Bailey*, Voting, S. 73; *Patil*, UN Veto S. 17; *Schindlmayr*, JHIL 3 (2001), S. 218 (224).

[387] SCOR, 16th year, 960th Meeting (7 July 1961), para. 61.

[388] *Bailey/Daws*, Procedure, S. 249.

[389] GA Res. 1991 (XVIII) Teil A, 17 December 1963, UN GAOR 18th Session, Supplement No. 15 (A/5515), S. 21

terstützung des Osteuropäischen Mitgliedes und der 5 Staaten aus der Region Afrika/Asien ein verstecktes Veto auszuüben und somit die Annahme einer ihnen missliebigen Resolution zu verhindern. Wollten die USA und Großbritannien in dieser Konstellation noch ein „hidden veto“ ausüben, würde das bedeuten, dass sie die Unterstützung der beiden lateinamerikanischen Staaten, der beiden aus der Region „Westeuropa und andere Staaten“ und darüber hinaus noch eines weiteren Mitgliedes benötigten - also Frankreichs, eines osteuropäischen oder sogar eines Mitgliedes aus dem kommunistischen Block. Diesbezüglich verursachte die Erweiterung des Sicherheitsrates für die westlichen Staaten Schwierigkeiten, die vorher nicht existiert hatten.[390]

dd) „artificial“ und „imposed veto“

Diese Bezeichnung geht auf folgende Äußerung des Generalsekretärs Dag Hammarskjöld zurück: “There is the artificial veto problem, that is to say, the attempt by this or that Power to make its consent essential for questions which naturally should be solved, let us say on a majority basis.“[391]

ee) „veto by proxy“

Eine solche Konstellation liegt in dem Fall vor, dass ein ständiges Mitglied sein Veto anstelle eines Staates ausübt, dem kein Veto zusteht und der in eine Streitigkeit i. S. des Kapitels VI involviert ist.[392]

---

[390] *Bailey*, Voting S. 74.
[391] *Patil*, UN Veto, S.17; *Schindlmayr*, JHIL 3 (2001), S. 218 (224f); *Hammarskjöld*, Servant of Peace, S. 350.
[392] *Patil*, UN Veto, S. 17; *Schindlmayr*, JHIL 3 (2001), S. 218 (225).

VI. Die Enthaltung

Im Sicherheitsrat existieren zwei Arten von Enthaltungen, die obligatorische und die freiwillige Enthaltung.

Die ständigen Mitglieder des Sicherheitsrates haben die Praxis des Völkerbundrates bezüglich ihrer Stimmenthaltung übernommen.[393] Der Wortlaut von Art. 27 III UN-Charta ist dahingehend eindeutig, dass grundsätzlich für jeden nicht verfahrensrechtlichen Beschluss, die Zustimmung der fünf Ständigen erforderlich ist.

1) Obligatorische Enthaltung

Art. 27 III UN-Charta schreibt vor, „in decisions under Chapter VI, and under paragraph 3 of Article 52, a party to a dispute shall abstain from voting.“ Diese Enthaltung wird als obligatorische Enthaltung bezeichnet.[394]

Bereits in San Francisco kam im Zusammenhang mit den Diskussionen um die Jalta-Formel die Frage nach der Auswirkung einer Enthaltung seitens eines ständigen Ratsmitgliedes auf, wenn dieses eine Streitpartei ist.[395] Dies beantwortete in der 20. Sitzung des Komitee III/1 der Vertreter der Vereinigten Staaten Stassen dahingehend, dass in dem Fall, in dem ein ständiges Mitglied des Rates Streitpartei sei, seine Enthaltung bedeuten würde, dass die anderen vier ständigen und drei der nichtständigen Mitglieder zu einer Entscheidung gelangen könnten, die ein Urteil bezüglich der Rechtmäßigkeit des Streites beinhalte.[396] Die Vertreter der anderen vier ständigen Mitglieder machten keine gesonderten Anmerkungen und erhoben keinerlei Einspruch bzgl. dieser Erklärung.[397] Hinsichtlich anderer Fälle von Enthaltungen seitens ständiger Mitglieder des Sicherheitsrates wurde keine Aussage bzgl. des Effektes einer solchen Enthaltung getroffen.[398]

---

393 *Fahl*, UNO-Sicherheitsrat, S. 37.
394 *Bailey/Daws*, Procedure, S. 250.
395 *Koo*, Procedures, S. 156.
396 UN Doc. Restricted 967 III/1/48, 14 June 1945, UNCIO XI, S. 512 (513).
397 UN Doc. Restricted 967 III/1/48, 14 June 1945, UNCIO XI, S. 512 ff.
398 *Stavropoulos*, AJIL 61 (1967), S. 737 (740/741); UN Doc. Restricted WD 359 III/1/55, 16 June 1945 in UNCIO XI, 610-611.

Gerade in den Anfangsjahren der Vereinten Nationen führte die Verpflichtung der Streitparteien, sich zu enthalten, wenn der Rat über Vorschläge zur friedlichen Streitbeilegung abstimmte, zu Diskussionen, ob eine Angelegenheit einen Streit i. S. von Art. 27 III UN-Charta darstelle oder nicht.[399] Die generelle Ansicht schien zu sein, dass dies eine von dem Rat zu entscheidende Frage war, nicht von den Streitparteien.[400] Aber ebenso wie der Rat nur selten eine formale Bestimmung getroffen hat, dass eine Bedrohung des Friedens, ein Bruch des Friedens oder ein Akt der Aggression vorliege, so hat er es nicht für notwendig gehalten, einen formalen Beschluss dahingehend zu treffen, dass ein Streit existiere. Darüber hinaus waren auch die Staaten sehr zurückhaltend, die Angelegenheiten vor den Rat brachten.[401]

Ein Ausschluss von einer Abstimmung ist nur bei Parteien eines Streites gegeben, nicht bei Parteien einer Situation, die nicht den Charakter eines Streites hat.[402] Welche Alternative vorliegt, hat der Sicherheitsrat selbst zu entscheiden, durch eine nicht verfahrensrechtliche Abstimmung - zumindest äußerte sich der Vertreter der UdSSR dahingehend, dass „the question as to whether a particular case is a dispute or a situation is a question of substance and not of procedure."[403] Entsprechend besteht die Gefahr, dass bei einer Behandlung als eine nicht verfahrensrechtliche Frage jedes ständige Mitglied alleine aufgrund seiner abweichenden Meinung, die Einstufung als Streit, bei welchem es Partei ist, verhindert. Folglich würde es sein Vetorecht sogar dann noch behalten, wenn nach unparteilichen Gesichtspunkten ein Streit vorläge und könnte somit in seiner eigenen Sache urteilen.[404]

Mit diesem Problem beschäftigte sich ebenfalls das Interim Committee, dem gegenüber drei verschiedene Vorschläge zur Lösung geäußert wurden.

---

399 *Bailey*, Voting, S. 63.

400 *Bailey*, Voting, S. 63; SCOR 1st Year, 1st series, No 1, 7th Meeting (4 February 1946), S. 125, 129; SCOR 1st Year, 1st Series No 1, 19th Meeting (14 February 1946), S. 272, 277-281; SCOR 1st Year, 1st Series, No. 1, 23rd Meeting (16 February 1946), S. 357, 360-364.

401 *Bailey*, Voting, S. 63.

402 *Aréchaga*, Voting, S. 25.

403 SCOR Ist Year, 1st Series, No. 1, 19th Meeting (14 February 1946), S. 280.

404 *Aréchaga*, Voting, S. 26.

Ein von China vorgebrachter Vorschlag griff eine Äußerung des Vertreters Ägyptens auf, der in der 19ten Sitzung des Sicherheitsrates einen Antrag einbrachte, die Entscheidung des Rates, ob eine Frage einen Streit oder eine Situation, die zu internationalen Reibungen führen oder eine Streitigkeit hervorrufen könnte, darstelle, als verfahrensrechtliche zu behandeln,[405] und somit eine Empfehlung an den Sicherheitsrat aussprechen wollte, die Entscheidung, dass ein Streit existiere, als prozessuale zu betrachten.[406] Der Vertreter der UdSSR legte hiergegen Einspruch ein und eine Entscheidung hierüber wurde nie getroffen.[407]

Ein zweiter Vorschlag seitens der Vereinigten Staaten zielte darauf, der Wortlaut der Charta sollte dahingehend lauten, dass „a party to a dispute or a party involved in a situation" sich bei einer Abstimmung über Entscheidungen von Kapitel VI oder unter Art. 52 III, die mit dem Streit oder der Situation in Zusammenhang stehen, enthalten solle.[408]

Ein dritter Vorschlag seitens des Vereinigten Königreiches war der Ansicht, die beste Möglichkeit, einen spezifischen Missbrauch des Vetorechtes in der Bestimmung der Existenz eines Streites zu verhindern, wäre, ein Übereinkommen zwischen den ständigen Mitgliedern zu erreichen bzgl. einer Definition des Streites. Das Vereinigte Königreich schlug vor, sich auf eine Definition des Streites zu einigen, um eine richtige Anwendung der Charter sicherzustellen.[409]

Eine Definition des „disputes" im Sinne des Art. 27 III UN-Charta wurde vom Interim Committee angenommen[410], aber die Generalversammlung handelte nicht bezüglich seiner Empfehlung. Nichtsdestoweniger sind Aussagen dreier ständiger Mitglieder in Protokollen vorhanden hinsichtlich ihrer Kriterien, was einen Streit darstelle. In der 19. Sitzung des Sicherheitsrates äußerte sich der Vertreter des Vereinigten Königreiches „if a State makes a charge against another State, and the State against

---

405 *Aréchaga*, Voting, S. 26;UN Doc. A/AC.18/13 (14 January 1948), Part A No.1.
406 *Aréchaga*, Voting, S. 26; SCOR, 1st Year, 1st Series, No. 1, 19th Meeting (14 February 1946), S. 274.
407 *Aréchaga*, Voting, S. 26; SCOR, 1st Year, 1st Series, No. 1, 19th Meeting (14 February 1946), S. 280 f.
408 *Aréchaga*, Voting, S. 26, UN Doc. A/AC. 18/SC.3/4 (19 May 1948).
409 UN Doc. A/AC. 18/17 (10 February 1948) and A/AC. 18/17, Corr. 1 (18 February 1948).
410 GAOR 3rd Session, Suppl. No. 10 (A/578, 15 July 1948, Part II, paragraph 22, p. 7f).

which it is made repudiates it or contests it, then there is a dispute"[411] und der Vertreter der UdSSR stimmte dieser Ansicht zu.[412] In der 84. Sitzung des Sicherheitsrates äußerte sich der Vertreter der Vereinigten Staaten, was seiner Meinung nach als Streit zu verstehen sei „Charges have been made against these Governments, and these Governments have contested these charges and have made countercharges."[413] De facto kann also davon ausgegangen werden, dass eine solche Übereinkunft, wie sie sich das Vereinigte Königreich vorstellte, bereits getroffen wurde.[414]

Der grundlegende Mangel aber im System der Abstimmung im Sicherheitsrat liegt in der Beschränkung des Vorbehaltes des Art. 27 III UN-Charta, der Pflicht zur Enthaltung, auf Entscheidungen unter Kapitel VI und Art. 52 III UN-Charta. Eine Streitpartei ist nicht dazu gezwungen, sich bei Entscheidungen nach Kapitel VII zu enthalten und damit insbesondere nicht im Rahmen der Feststellung nach Art. 39, ob „eine Bedrohung oder ein Bruch des Friedens oder eine Angriffshandlung" vorliegt.[415]

Mit dieser Folge wäre jedes ständige Mitglied in der Lage, bei der Feststellung, es habe eine Angriffshandlung begangen, sein Veto einzulegen.

Die größte Schwachstelle der Abstimmungsregeln der Charter liegt weniger in dem Erfordernis der Einstimmigkeit der ständigen Mitglieder, da es nachvollziehbar ist, dass gemeinsame Handlungen von keinem von ihnen abgelehnt werden sollten, sondern in dem begrenzten Anwendungsbereich der obligatorischen Enthaltungen. Auf diese Weise wird ein System der Straflosigkeit für jedes ständige Mitglied, welches ein Aggressor ist, geschaffen. Diese Konsequenz wäre sehr leicht zu beseitigen, wenn von dem jetzigen Wortlaut des Art. 27 III UN-Charta die Worte „decisions under Chapter VI and paragraph 3 of Art. 52" gestrichen würden.[416]

Diese Formel, die eine viel umfassendere Anwendung des Rechtsprinzips nemo judex in causa sua ermöglicht, wurde bereits im Rahmen der

---

411 SCOR, 1st Year, 1st Series, No. 1, 19th Meeting (14 February 1946), S. 276.
412 SCOR, 1st Year, 1st Series, No. 1, 19th Meeting (14 February 1946), S. 279.
413 SCOR, 1st Year, 2nd Series, No. 26, 84th Meeting (16 December 1946), S. 607.
414 *Aréchaga*, Voting, S. 29.
415 *Aréchaga*, Voting, S. 33.
416 *Aréchaga*, Voting, S. 33.

Dumbarton Oaks Konferenz seitens des Vereinigten Königreiches vorgeschlagen, aber nicht von der UdSSR akzeptiert.[417]

2) Freiwillige Enthaltung

Problematisch ist, ob eine Enthaltung eines ständigen Mitgliedes auf freiwilliger Basis, anders als eine obligatorische Enthaltung unter 27 III UN-Charta, die gleiche Wirkung hat wie eine Veto, das die Annahme einer nicht verfahrensrechtlichen Entscheidung bzgl. derselben Thematik verhindern würde.[418]

Zu keiner Zeit wurde eine materielle Resolution als ungültig oder illegal angesehen, weil sich ein ständiges Mitglied bei der Abstimmung enthalten hatte.[419] Wenn aber eine obligatorische Enthaltung nicht als einem Veto eines ständigen Mitgliedes gleichkommend gilt, stellt sich die Frage, ob es eine Grundlage oder sachliche Rechtfertigung gibt, eine freiwillige Enthaltung anders zu bewerten.[420]

a) Praxis

Der Sicherheitsrat hat stets eine freiwillige Enthaltung durch ein ständiges Mitglied nicht als einem Veto entsprechend behandelt.[421]

Anlässlich einiger Abstimmungen erklärte ein ständiges Mitglied, welches sich der Abstimmung enthalten hatte, dass es sich lieber enthalte, als im Sicherheitsrat eine negative Stimme abzugeben und damit für eine Niederlage des Antrages zu sorgen. Bei einigen Gelegenheiten wurden seitens bestimmter Delegationen bzgl. der Auswirkungen von freiwilligen Enthaltungen seitens ständiger Mitglieder Bedenken angemeldet, welche jedoch nie dazu führten, dass eine Entscheidung für ungültig erklärt wurde.[422]

---

417 *Schild*, Bretton Woods, S. 151, 156 ff.
418 *Stavropoulos*, AJIL 61 (1967), S. 738 (741).
419 *Liang*, AJIL 44 (1950), S. 694 (696); *Gross*, YLJ 60 (1951), S. 209 (224).
420 *Stavropoulos*, AJIL 61 (1967), S. 738 (741).
421 *Stavropoulos*, AJIL 61 (1967), S. 737 (742).
422 *Liang*, AJIL 44 (1950), S. 694 (696).

Die UdSSR war in der 39. Sitzung am 29. April 1946 das erste ständige Mitglied, das sich bei einer Abstimmung enthielt. Der sowjetische Vertreter Gromyko bekundete seine Unzufriedenheit mit dem seitens Australiens eingebrachten Resolutionsentwurf bzgl. der Spanischen Frage und enthielt sich der Stimme. Seine Position begründete er wie folgt:

„Bearing in mind, in this connection, that my voting against the Australian draft resolution would make is adoption impossible, I shall abstain from voting. I consider it necessary to draw the attention of the Security Council to the fact that my abstention from voting on this matter may in no way be regarded as a precedent capable of influencing in any way the question of the abstention of a permanent member of the Security Council."[423]

Der Vertreter der Vereinigten Staaten Stettinius äußerte sich, er sei

„...prepared to agree that Mr. Gromyko's abstention should not create a precedent for the future."[424]

Trotz des ausdrücklichen Vorbehaltes seitens des Vertreters der UdSSR in seinem Statement, etablierte sich ziemlich schnell die generelle Übung, eine freiwillige Enthaltung durch ein ständiges Ratsmitglied nicht als negative Stimme anzusehen, sondern als eine Möglichkeit, mit dem ein ständiges Mitglied die Annahme einer Resolution zulassen konnte, welche es nicht öffentlich unterstützte, aber wirksam werden lassen wollte.[425]

In der nachfolgenden Zeit wurden einige eindeutig nicht verfahrensrechtliche Resolutionen durch den Sicherheitsrat angenommen, wobei sich ein oder mehrere ständige Mitglieder enthielten. Hierbei handelte es sich u. a. um die materiellen Absätze in der Resolution bzgl. der Einrichtung einer Investigationskommission bzgl. der Zwischenfälle an der griechischen Grenze,[426] die Zustimmung zu bestimmten Artikeln bzgl. der Bedingungen der Treuhand für die pazifischen Inseln, vorher unter

423 SCOR 1st Year, 1st SerieS. No. 2, 39th Meeting (29 April 1946), S. 243.
424 SCOR 1st Year, 1st SerieS. No. 2, 39th Meeting (29 April 1946), S. 245.
425 *Stavropoulos*, AJIL 61 (1967), S. 737 (742).
426 SCOR 1st Year, 2nd SerieS. No. 28, 87th Meeting (19 Dec 1946), S. 699.

japanischem Mandate[427] und die Empfehlung, den Streit um den Korfu Kanal dem Internationalen Gerichtshof zu übertragen.[428]

Der Vertreter der Vereinigten Staaten machte im Zusammenhang mit der griechischen Frage folgende Äußerung:

„I wish to have the record show that the United States will not exercise a veto, that the United States has considerable regard for a practice which has grown in the Security Council by usages until it constitutes a very good practical construction of Article 27 of the Charter. And in this case, although the United States is opposed to the resolution, it will abstain, but will not veto."[429]

Die Praxis, eine Enthaltung nicht als eine negative Stimme zu behandeln, wurde nachdrücklich in der 173. Sitzung des Sicherheitsrates am 1. August 1947 bestätigt. In dieser Sitzung war eine Resolution angenommen worden, die die indonesische Frage betraf, in der die Parteien ermahnt wurden, die Feindlichkeiten einzustellen und ihre Auseinandersetzung im Rahmen einer Schlichtung oder anderer friedlicher Mittel beizulegen. Nachdem der Vertreter des Vereinigten Königreiches erklärt hatte, dass er seine Enthaltung nicht als Veto behandelt haben wollte, und somit eine Entscheidung, die ansonsten die erforderliche Mehrheit erhalten hatte, ungültig machen würde, gab der Präsident des Rates die folgende Erklärung ab:

„I think it is now jurisprudence in the Security Council - and the interpretation accepted for a long time - that an abstention is not considered a veto, and the concurrent votes of the permanent members mean the votes of the permanent members who participate in the voting. Those who abstain intentionally are not considered to have cast a veto. That is quite clear."[430]

Dies war ein bedeutender Zeitpunkt für die Einordnung der rechtlichen Signifikanz von freiwilligen Enthaltungen bei der Abstimmung durch ein ständiges Mitglied. Die sich enthaltenden Mitglieder hatten nicht die Absicht, die Arbeit des Sicherheitsrates durch ein Veto zu behindern.

---

427 SCOR 2nd Year, No. 31, 124th Meeting (2 April 1947), S. 680.
428 SCOR 2nd Year, No. 34, 127th Meeting (9 April 1947), S. 727.
429 SCOR 2nd Year, No. 37, 131th Meeting (18 April 1947), S. 803.
430 SCOR 2nd Year, No. 68, 173th Meeting (1 August 1947), S. 1711 f.

Vielmehr wollten sie durch ihre Enthaltungen ein Funktionieren des Sicherheitsrates gemäß den Mehrheitsentscheidungen ermöglichen. Fragwürdig ist aber die Bezeichnung als eine „interpretation accepted for a long time", da die UdSSR diese Praxis kaum fünfzehn Monate früher eingeführt hatte.[431]

Bereits während der ersten zwanzig Jahre seit Bestehen des Sicherheitsrates enthielten sich 264 Mal ständige Mitglieder bei einer Abstimmung bzgl. eines Teils oder ganzer materieller Resolutionen des Rates, die dann für angenommen erklärt wurden[432] Diese Gewohnheit, freiwillige Enthaltungen seitens eines ständigen Mitgliedes nicht wie ein Veto zu behandeln, ist eine der am eindeutigsten etablierten Gewohnheiten im Sicherheitsrat. Ihre Bedeutung ergibt sich durch den recht großen Anteil materieller Entscheidungen, die zwar mit der erforderlichen Mehrheit von sieben zustande kamen, mit einer Enthaltung durch ein oder mehrer Mitglieder. Keine dieser Entscheidungen wurde für ungültig oder rechtswidrig gehalten.[433]

b) Kritik an der Praxis

Diese Praxis des Sicherheitsrates wurde nicht ohne Widerspruch hingenommen.[434] Einspruch wurde von mehreren Seiten erhoben bzgl. der Vereinbarkeit dieser Praxis mit den Vorschriften der Charta.

Die erste Anfechtung stand im Zusammenhang mit der Indien-Pakistan Frage. Der argentinische Vertreter Arce bat darum, ins Protokoll aufzunehmen, dass er die vom Sicherheitsrat angenommene Resolution mit dem Inhalt, eine Vereinte Nationen Kommission für Indien und Pakistan zu gründen, für rechtlich ungültig hielt, weil sich ein ständiges Mitglied der Stimme enthalten habe.[435] Der Vertreter des Vereinigten Königreiches Noel-Baker äußerte Bedenken hinsichtlich der Substanz des Argumentes unter Anmerkung, jede geschriebene Verfassung würde stets durch die Praxis der mit ihr befassten Organe weiterentwickelt und ein solcher Entwicklungsprozess habe zweifellos im Sicherheitsrat begon-

---

[431] *Gross*, YLJ 60 (1951), S. 209 (217).
[432] *Stavropoulos*, AJIL 61 (1967), S. 737 (743).
[433] *Gross*, YLJ 60 (1951), S. 209 (224).
[434] *Gross*, YLJ 60 (1951), S. 209 (211).
[435] SCOR 3rd Year, No. 7, 232nd Meeting (23 January 1948), S. 169 f.

nen. Er äußerte sich dahingehend, er hoffe, der Sicherheitsrat werde an seiner Praxis festhalten, Enthaltungen eines ständigen Mitgliedes in materiellen Angelegenheiten nicht als eine negative Stimme anzusehen.[436] Der französische Vertreter de la Tournelle erklärte, die französische Delegation habe sowohl in der Generalversammlung als auch im Sicherheitsrat konsequent die Position vertreten, dass eine Enthaltung keine negative Stimme darstelle.[437]

Dieselbe Anfechtung trat erneut zutage im Fall der Zulassung Israels als Mitglied in den Vereinten Nationen. In der 414. Sitzung des Sicherheitsrates am 5. März 1949, noch bevor über den Resolutionsentwurf der Vereinigten Staaten entschieden werden konnte, erklärte der Repräsentant des Vereinigten Königreiches, dass seine Delegation sich der Abstimmung enthalten würde und nicht gegen Israels Zulassung stimmen würde, da das Vereinigte Königreich nicht beabsichtige, sein privilegiertes Vetorecht auszuüben, um die Zulassung eines Staates zu blockieren, der die erforderliche Mehrheit erhielte.[438] Nachdem die Resolution mit 9 Stimmen zu 1 bei Enthaltung des Vereinigten Königreiches angenommen war, wiederholte der Sicherheitsratspräsident, dass „in accordance with the principle established by the Security Council on resolutions subject to the unanimity rule, abstention by a permanent member of the Council does not render the Council's decision invalid." Der Vertreter Argentiniens widersprach dieser Ansicht und erklärte, im Gegensatz zu einigen, wenn nicht sogar zu allen ständigen Mitgliedern des Rates, werde diese Resolution nicht von den ständigen Fünf des Sicherheitsrates getragen wie Art. 27 III UN-Charta dies vorsehe. Er sei nicht der Ansicht, der Sicherheitsrat könne Prinzipien zur Modifizierung der Charta einrichten, wenn er dies für passend hielte. Er forderte, seine Stellungnahme ins Protokoll aufzunehmen. Der Vertreter Ägyptens meldete denselben Zweifel an.[439] Kein Sprecher jedoch focht die Entscheidung des Präsidenten formal an.[440]

Dieses Problem wurde in dem Ad-hoc-Political Committee der Generalversammlung im zweiten Teil seiner dritten Session und in den nachfolgenden Plenarsitzungen der Generalversammlungen selbst diskutiert.

[436] SCOR 3rd Year, No. 7, 232nd Meeting (23 January 1948), S. 170.
[437] SCOR 3rd Year, No. 7, 232nd Meeting (23 January 1948), S. 170 f.
[438] SCOR 4th Year, No. 17, 414th Meeting (4 March 1949), S. 2 f.
[439] SCOR 4th Year, No. 17, 414th Meeting (4 March 1949), S. 14.
[440] SCOR 4th Year, No. 17, 414th Meeting (4 March 1949), S. 14.

Die Bewerbung Israels wurde im Komitee und in der 42. und den nachfolgenden Sitzungen diskutiert. Einige Vertreter zweifelten an der Gültigkeit der Empfehlung und fochten diese als fehlerhaft an. Manche hielten sie für gültig. Eine Entscheidung in der Sache erging jedoch nicht, da entschieden wurde, dass die Generalversammlung nicht die Macht habe, eine Entscheidung des Sicherheitsrates in Frage zu stellen.[441]

Zu einem späteren Zeitpunkt, nämlich in der 443. Sitzung des Sicherheitsrates, nachdem bzgl. eines Resolutionsentwurfes über die Zulassung Portugals zur Mitgliedschaft erneut seitens der Sowjetunion ein Veto eingelegt wurde, äußerte sich Arcre folgendermaßen:

„...that four permanent members voted in favor, exactly as in the vote on the application for the admission of the State Israel which was submitted for consideration by the General Assembly. I know that it will be objected that while, in the other case there was an opposing vote by the Soviet Union. The Charter, however, does not distinguish between abstentions and negative votes. It says simply that the concurring votes of the five permanent members are necessary. In the voting on Portugal there were only four, as in the voting on Israel."[442]

c) Rechtliche Einordnung

Fraglich ist, wie die Praxis des Sicherheitsrates rechtlich einzuordnen ist. Aus diesem Grund stellt sich die Frage, ob im Text des Art. 27 UN-Charta und der Entstehungsgeschichte oder in der nachfolgenden Praxis sich Anhaltspunkte für die Praxis des Sicherheitsrates finden lassen.

aa) Wortlaut

Nach dem Wortlaut des Art. 27 UN-Charta in Absatz II und III findet eine Differenzierung zwischen „Verfahrensfragen" (procedural matters) und „allen sonstigen Fragen" (on all other matters). Eine weitergehende Differenzierung zwischen einer Abstimmung unter Kapitel VI und VII der Charta existiert nicht; mit der Ausnahme, die in Art. 27 III UN-

---

[441] *Gross*, YLJ 60 (1951), S. 209 (219).
[442] SCOR 4th Year, No. 41, 443rd Meeting, (13 September 1949), S. 29.

Charta niedergelegt ist, dass eine Streitpartei sich aufgrund des Kapitels VI enthalten müssen.[443]

Nach dem Wortlaut des Art. 27 III UN-Charta verlangen die Entscheidungen des Sicherheitsrates in materiellen Angelegenheiten „an affirmative vote of nine members including the concurring votes of the permanent members."

Folglich ist eine bedeutende Frage, welche Bedeutung der Formulierung „concurring votes of the permanent members" hat. Zum einen könnte dies die „concurring votes" aller fünf ständigen Mitglieder bedeuten, zum anderen nur die „concurring votes" derjenigen der fünf ständigen Mitglieder, die bei diesen Entscheidungen über materielle Entscheidungen anwesend waren und auch abgestimmt haben.[444]

Verlangt man die „concurring votes" aller ständiger Mitglieder, so kann bei einer oder mehreren Enthaltungen seitens ständiger Mitglieder keine gültige Entscheidung zustande kommen. Das bedeutet, dass ein ständiges Mitglied also sein Veto auch in Form einer Enthaltung ausüben kann, bzw. in materiellen Angelegenheiten diese Enthaltung sich als Veto darstellt, selbst wenn diese Auswirkungen nicht von dem ständigen Mitglied beabsichtigt sind und es nicht das Zustandekommen einer Entscheidung zu verhindern beabsichtigt. Nicht zuletzt unterscheidet sich diese Formulierung von der in Art. 18 II und III UN-Charta bezüglich der Generalversammlung getroffenen. Bei dieser Formulierung sorgt die Erweiterung um „present and voting" dafür, dass ein Nichtabstimmen durch ein oder mehrere ständige Mitglieder das Zustandekommen einer Entscheidung verhindert. Wenn in Art. 27 UN-Charta von „the permanent members" die Rede ist, so sind zunächst diese fünf gemeint - mit der in Art. 27 III UN-Charta niedergelegten Ausnahme der obligatorischen Enthaltung.[445]

Die Praxis des Sicherheitsrates, in deren Rahmen ein ständiges Mitglied durch Enthaltung dem Rat ermöglichen kann, Maßnahmen zu ergreifen, die dieses Mitglied nicht ausdrücklich unterstützt, steht im Gegensatz zum Wortlaut des Art. 27 UN-Charta.[446]

---

[443] *Stavropoulos*, AJIL 61 (1967), S. 737 (748).
[444] *Kelsen*, HLR 59 (1946), S. 1087 (1098).
[445] *Kelsen*, United Nations, S. 240.
[446] *Aréchaga*, Voting, S. 17 f.

bb) Geschichte

Auch auf der Konferenz von San Francisco waren die fünf Ständigen der Ansicht, eine Enthaltung käme in seiner Auswirkung einer negativen Stimme gleich.[447]

Nach dem Statement der fünf Mächte in San Francisco entstand eine Stimmung, die in Opposition zu dem „Veto" stand, insbesondere auf Seiten Belgiens, der Niederlande, Australiens, Neuseelands, Kolumbiens und Kuba.[448] Vor diesem Hintergrund trafen sich die fünf Vertreter der USA, Großbritanniens, China, Frankreichs und der UdSSR, um eine einheitlich Linie bzgl. der Enthaltungen im Sicherheitsrat zu finden. Bei diesem Treffen äußerte sich Leo Pasvolsky, der amerikanische Charta-Spezialist zu dem Thema der Enthaltungen und hob hervor, dass die fünf Ständigen verpflichtet seien, bzgl. „all important matters" abzustimmen und dass „abstention [by a permanent member] was equivalent to a negative vote." Dies gelte aber nur für den Fall der freiwilligen Enthaltung, nicht bei der obligatorischen Enthaltung. Mit Ausnahme des Vertreters Frankreichs, Paul-Boncour, stimmten alle Staaten der Auslegung der USA zu. Letzterer war der Ansicht, dass in keinem Parlament der Welt eine Enthaltung einer negativen Stimme entspräche. Der Vertreter Großbritanniens, Lord Halifax, hob hervor, dass der Sicherheitsrat kein Parlament sei. Pasvolsky erklärte, dass nach der Jalta-Formel, die Enthaltung eines ständigen Mitgliedes ein Äquivalent zu einem Blockieren sei und der Rat in seiner Arbeit nicht fortfahren könne; tatsächlich bedeutet die Bestimmung über die Einstimmigkeit der ständigen Mitglieder, dass an ihre Enthaltung nicht gedacht worden war. Der Vertreter der UdSSR Gromyko stimmte dem zu, der Vertreter der USA Stettinius erklärte, dass es so etwas wie eine Enthaltung durch ein ständiges Mitglied nicht gebe, nur die Abwesenheit einer zustimmenden Stimme. Paul-Boncour äußerte sich darauf, er würde sich der Meinung der anderen anschließen „as long as it was understood that there was no right of abstention for the permanent members..."[449]

[447] *Koo*, Procedures, S. 156; Liang, BYIL 24 (1947), S. 330 (358).
[448] *Bailey*, Int. Aff. 50 (1974), S. 544 (566).
[449] *Bailey*, Int. Aff. 50 (1974), S. 554 (566); Foreign Relations of the United States, Diplomatic Papers, 1945, Volume I, General: The United Nations, United States Govt. Printing Office, Department of State Publication No. 8294 (Washington, D. C.1967), S. 1258 - 1260

Die Fünf hatten sich darauf geeinigt und auf einen Fragebogen mit Bezug auf die Frage von Enthaltungen seitens eines ständigen Mitgliedes[450] dergestalt geantwortet, dass die Interpretation, die dem Wort „concurring“ durch die Sponsoring Powers gegeben wurde, die positive Zustimmung aller ständiger Mitglieder verlange. Der Ausfall oder die Weigerung eines ständigen Mitgliedes abzustimmen, entweder aufgrund der Abwesenheit oder absichtlicher Enthaltung stellt ein Versagen einer Übereinstimmung in der Entscheidung der übrig bleibenden Mehrheit des Sicherheitsrates dar und würde dazu führen, in anderen Angelegenheiten als verfahrensrechtlichen und wenn die sich enthaltende Partei nicht eine Streitpartei war, jegliche Handlung seitens dieses Körpers zu blockieren.[451] Diese Vereinbarung wurde jedoch nicht schriftlich festgehalten noch anderen Delegationen in San Francisco jemals mitgeteilt.[452]

Die Konferenz erfuhr von diesem Treffen nichts und bereits zwei Tage später schlug Kanada eine Änderung vor, welche den Effekt hätte, dass eine Enthaltung eines ständigen Mitgliedes kein Veto darstelle. Die Reaktion auf diesen Änderungsvorschlag war alles andere als positiv. Der Vertreter der Sowjetunion äußerte sich dahingehend, dass der Vorschlag Kanadas „would lead to difficulties. Now that the Committee was on the way to a succesful conclusion of its tasks, he hoped that Canada would not press its amendments“.[453] Kanada zog seinen Vorschlag daraufhin zurück.[454]

Auch ist aus dem Statement von San Francisco die Absicht herauszulesen, eine Einstimmigkeit aller ständiger Mitglieder des Sicherheitsrates zu verlangen bezüglich einer nicht-verfahrensrechtlichen Entscheidung des Rates, die nicht den in dem letzten Satz des Art. 27 UN-Charta aufgezählten Restriktionen unterliegt.[455] Abschnitt 9 des Statements bringt dies eindeutig zum Ausdruck:

„...In view of the primary responsibilities of the permanent members, they could not be expected, in the present condition of the world to assume the obligation to act in so serious a matter as the maintenance of

[450] Annex to Doc. 1050 III/1/58, Doc. 855 III/1/B/2 (a), UNCIO XI, S. 699 (707, question 20)
[451] *Koo*, Procedures, S. 156; *Aréchaga*, Voting, S. 20.
[452] *Liang*, BYIL 24 (1947), S. 330 (358).
[453] UN Doc. Restricted 967 III/1/48, 14 June 1945, UNCIO XI, S. 512 (515 f).
[454] UN Doc. Restricted 967 III/1/48, 14 June 1945, UNCIO XI, S. 512 (516).
[455] *Schick*, WPQ 3 (1950), S. 311 (320).

international peace and security in consequence of a decision in which they had not concurred. Therefore, if a majority voting in the Security Council is to be made possible, the only practicable method is to provide, in respect of non-procedural decisions, for unanimity of the permanent members plus the concurring votes of at least two of the non-permanent members."[456]

In Verbindung mit Abschnitt 4 des Statements, der die „chain-of-events"-Theorie darstellt, kann nicht an der Absicht der ständigen Mitglieder gezweifelt werden, dass die „concurring votes" die Stimmen aller ständigen Mitglieder des Sicherheitsrates darstellten, zumindest in dem Fall der Zwangsmaßnahmen nach Art. VII der Charta.[457]

Zu dem Zeitpunkt, als der Sicherheitsrat seine Arbeit aufnahm, existierte also eine generelle Verständigung, dass die Enthaltung eines ständigen Mitgliedes denselben Effekt wie eine negative Stimme hatte.[458]

cc) Keine Veränderung der Praxis durch Erhöhen der Zahl der nichtständigen Ratsmitglieder

Die Charta-Änderung, die die Mitgliedschaft im Sicherheitsrat von elf auf fünfzehn erhöhte, und die Mehrheit von vormals sieben auf neun Stimmen, veränderte nichts an der Praxis des Sicherheitsrates bzgl. der Behandlung der freiwilligen Enthaltung.

Aufgrund dieser Erweiterung ist zumindest theoretisch die Annahme von Entscheidungen durch den Sicherheitsrat bei gleichzeitiger Enthaltung aller ständigen Mitglieder möglich, sollte dies nicht als konträr zu den Voraussetzungen des Art. 27 III UN-Charta angesehen werden.[459]

In Zusammenhang mit der Charta-Änderung wurden keinerlei Maßnahmen ergriffen, die Auswirkungen zu klären, die eine Enthaltung seitens eines ständigen Mitgliedes bei einer Abstimmung über eine nicht verfahrensrechtliche Frage mit sich bringe.[460]

---

[456] Annex to Doc. 1050 III/1/58, Doc. 852, III /1/37 (1), in UNCIO XI, S. 713.
[457] Annex to Doc. 1050 III/1/58, Doc. 852, III /1/37 (1), in UNCIO XI, S. 710 ff.
[458] Bailey, Int. Aff. 50 (1974), S. 554 (567).
[459] *Stavropoulos*, AJIL 61 (1967), S. 737 (738/39); *Gross*, AJIL 62 (1968), S. 315 (316).
[460] *Gross*, AJIL 62 (1968), S. 315 (315).

Der Sicherheitsrat hat auch seit der Erhöhung der Mitgliederzahl zahlreiche Resolutionen angenommen, bei denen sich ein oder sogar mehrere ständige Mitglieder enthielten; darunter waren auch die Resolutionen 221 und 232 vom 9. April und 16. Dezember 1966. In keinem dieser Beispiele äußerte irgendein Ratsmitglied Bedenken hinsichtlich der Gültigkeit der betreffenden Resolution. Dabei waren sich die Mitglieder des Rates durchaus der Ansicht einiger Mitgliedsstaaten bewusst, die Vorbehalte über die Gültigkeit einer betreffenden Resolution hatten.[461]

Darüber hinaus lässt sich auch den Verfahren in der Generalversammlung in ihrer 18. Sitzung, die zu Annahme der Charta-Ergänzung führte, nichts entnehmen, was darauf hindeutet, dass diese Zusätze beabsichtigten, die bestehende Praxis des Rates umzuwerfen.[462] Der spezielle Punkt unter dem diese Zusätze angenommen wurden lautete „Question of equitable representation on the Security Council and the Economic and Social Council“. In der entsprechenden Debatte war der Mittelpunkt der Diskussion das Thema der Erweiterung der Mitgliedschaft im Sicherheitsrat, nicht zuletzt vor dem Hintergrund, dass die Anzahl der Mitglieder in den Vereinten Nationen sich seit dem In-Kraft-Treten der Charta mehr als verdoppelt hatte.[463] Kein ständiges Mitglied nahm jemals Bezug, noch äußerte es Vorbehalte seiner Position hinsichtlich des Effektes der Zusätze auf der Praxis freiwilliger Enthaltungen. Nichtsdestoweniger wurden diese Zusätze in dem vollen Wissen um die Auswirkung, die der Rat den freiwilligen Enthaltungen seitens ständiger Mitglieder zugestanden hat, getätigt.[464]

Fraglich ist, ob diese Praxis durch die Anzahl der sich enthaltenden ständigen Mitglieder tangiert wird. Nachdem einmal in der Praxis anerkannt war, dass eine freiwillige Enthaltung seitens eines ständigen Mitgliedes nicht einem Veto entspreche, ist nicht offensichtlich, warum mehr als eine solche Enthaltung bei einem bestimmten Problem eine andere rechtliche Bewertung haben und einem Veto gleichkommen sollte.

---

461 *Stavropoulos*, AJIL 61 (1967), S. 737 (738/39, 751).

462 UN General Assembly, 18th SesS. Official Records, Special Political Committee, 417th to 429th meetings, ibid., Plenary Meetings, 1285th Meeting, and ibid. Annexes, agenda items 81, 82, 12.

463 UN Doc. A/5520, 17 September 1963, Explanatory Memorandum, GAOR 18th Session, Annexes Agenda Items 81, 82, 12, S. 3.

464 *Stavropoulos*, AJIL 61 (1967), S. 737 (738/39, 751).

In zahlreichen Resolutionen[465] enthielt sich mehr als ein ständiges Mitglied bei der kompletten Abstimmung oder in Teilen derselben. Ebenso enthielten sich bei der Resolution 202 vom 6. Mai 1965, die vor dem In-Kraft-Treten der Charta-Zusätze angenommen wurde, vier ständige Mitglieder.[466]

dd) Unterschiedliche Behandlung der Enthaltung unter Kapitel VI und VII

Darüber hinaus wird teilweise die Ansicht vertreten, die lange Praxis des Sicherheitsrates, Enthaltungen nicht als einem Veto entsprechend zu behandeln, sei auf Entscheidungen unter Kapitel VII der Charta, welches

[465] so z. B. SC Res. 30 (1947) of 25 August 1947, SCOR 2nd Year, Resolutions and Decision 1947, S. 7; SC Res. 47 (1948), 21 April 1948, SCOR 3rd Year, Resolutions and Decisions 1947, S. 8
SC Res. 51 (1948), 3 June 1948, SCOR 3rd Year, Resolutions and Decision 1947, S. 9; SC Res. 63 (1948), 24 December 1948, SCOR 3rd Year, Resolutions and Decisions 1948, S. 12; SC Res. 64, 28 December 1948, SCOR 3rd Year, Resolutions and Decisions 1948, S. 13; SC Res. 66 (1948), 29 December 1948, SCOR 3rd Year, Resolutions and Decisions 1948, S. 30; SC Res. 95 (1951), 1 September 1951, SCOR 6th Year, Resolutions and Decisions 1951, S. 10; SC Res. 109 (1955), 14 December 1955, SCOR 10th Year, Resolutions and Decisions 1955, S. 7; SC Res. 143 (1960), 14 July 1960, SCOR 15th Year, Resolutions and Decisions 1960, S. 5; SC Res. 161 (1961), 21 February 1961, SCOR 16th Year, Resolutions and Decisions 1961, S. 2; SC Res. 169 (1961), 24 November 1961, SCOR 16th Year, Resolutions and Decisions 1961, S. 5; SC Res. 180 (1963), 31 July 1963, SCOR 18th Year, Resolutions and Decisions 1963, S. 5; SC Res. 181 (1963), 7 August 1963, SCOR 18th Year, Resolutions and Decisions 1963. S. 7; SC Res. 183 (1963), 11 December 1963, SCOR 18th Year, Resolutions and Decisions 1963, S. 6; SC Res. 188 (1964), 9 April 1964, SCOR 19th Year, Resolutions and Decisions 1964, S. 10; SC Res. 190 (1964), 9 June 1964, SCOR 19th Year, Resolutions and Decisions 1964, S. 12; SC Res. 190 (1964) , 18 June 1964, SCOR 19th Year, Resolutions and Desicions 1964, S. 15; SC Res. 199 (1964), 30 December 1964, 19th Year, Resolutions and Decisions 1964, S. 19; SC Res. 202 (1965), 6 May 1965, SCOR 20th Year, Resolutions and Decisions 1965, S. 7; SC Res. 218 (1965), 23 November 1965, SCOR 20th Year, Resolutions and Decisions 1965, S.19; SC Res. 221 (1966), 9 April 1966, SCOR 21st Year, Resolutions and Decisions 1966, S. 6; SC Res. 232 (1966), 16 December 1966, SCOR 21st Year, Resolutions and Decisions 1966, S. 9
[466] UN SC Res. 202 (1965), 6 May 1965, SCOR 20th Year, Resolutions and Decisions 1965, S. 7

die Artikel 39 bis 51 enthält, und Maßnahmen bei Bedrohung oder Bruch des Friedens bei Angriffshandlungen hat, nicht anwendbar.[467]

Ebenso wie es keine Hinweise in dem Text der Charta oder in den Protokollen von San Francisco gibt, wie eine freiwillige Enthaltung zu bewerten ist, gibt es dort auch keine Hinweise darauf, eine freiwillige Enthaltung durch ein ständiges Mitglied des Rates unterschiedlich zu beurteilen, je nachdem, ob dieses unter Kapitel VI oder Kapitel VII der Charta handelt, zumal das Veto in beiden Fällen gleichermaßen ausgeübt werden kann.[468]

Die Praxis des Sicherheitsrates seit Beginn seiner Tätigkeit bestätigt diese Sicht. In der Regel spezifiziert der Rat gar nicht, unter welchem Kapitel der Charta er handelt. Die Meinungen können daher hinsichtlich der Frage, auf welches Kapitel und auf welchen Artikel eine besondere Entscheidung sich stützt, voneinander abweichen. Nichtsdestoweniger gibt es einige eindeutige Beispiele des Rates, bei denen er unter Kapitel VII gehandelt und eine Resolution angenommen hat, obwohl ein oder mehrere ständige Mitglieder sich enthalten hatten.[469] Die Frage nach der Auswirkung solcher Enthaltungen wurde in diesen Fällen noch nicht einmal aufgeworfen und diese Frage als geregelt angesehen. Dies zeigt sich in der Resolution 54 vom 15. Juli 1948, bei der sich ein ständiges Mitglied enthielt. Zwei andere Beispiele sind die Resolutionen 221 und 232 vom 9. April und 16. Dezember 1966, die beide Südrhodesien betreffen. Sie wurden ohne Einwände angenommen, obwohl sich zwei ständige Mitglieder enthielten.[470]

Auch existieren Beispiele, bei denen ein oder mehrere ständige Mitglieder der Ansicht waren, bestimmte Entscheidungen des Rates seien nach dem Kapitel VII der Charta getroffen worden und vertraten, die Entscheidungen seien gültig, obwohl sich bestimmte ständige Mitglieder enthalten hätten.

Beispiele hierfür sind die Resolutionen 27 vom 1. August 1947 sowie die Resolution 36 vom 1. November 1947, die sich auf die Indonesische

[467] *Stavropoulos*, AJIL 61 (1967), S. 737 (738, 747); Doc. S/7271 (28 April 1966) and Corr. 1 (April 29, 1966).
[468] *Stavropoulos*, AJIL 61 (1967), S. 737 (749).
[469] *Stavropoulos*, AJIL 61 (1967), S. 737 (749).
[470] *Stavropoulos*, AJIL 61 (1967), S. 737 (750).

Frage bezogen. In diesem Zusammenhang brachten die Vereinigten Staaten mehrfach zum Ausdruck, dass diese nach Art. 40 UN-Charta angenommen worden waren. Mit der ersten Resolution rief der Rat zur Einstellung der Feindlichkeiten auf, mit der zweiten zu Beratungen unter den Parteien, um eine Feuerpause durchzusetzen. Auch hier wurden Enthaltungen von ständigen Mitgliedern bei den Abstimmungen beider Resolutionen protokolliert.[471]

Aus diesen Vorgängen ist zu schließen, dass es für eine Unterscheidung zwischen dem Effekt einer freiwilligen Enthaltung seitens eines ständigen Mitgliedes - unabhängig davon, ob der Rat nach Kapitel VII der Charta oder nach anderen Kapiteln oder Artikeln handelt - ebenfalls in der Praxis des Sicherheitsrates keine Hinweise oder Grundlage gibt.[472]

Es gibt also keine Gründe, warum eine Entscheidung des Sicherheitsrates nicht angenommen werden könnte, sowohl unter Kapitel VI als auch VII der Charta, selbst bei Enthaltung aller fünf ständigen Mitglieder, vorausgesetzt, die Entscheidung erhielte neun zustimmende Stimmen von nichtständigen Mitgliedern. In der Praxis jedoch scheint es extrem unwahrscheinlich, dass irgendwelche größeren Zwangsmaßnahmen unter Kapitel VII der Charta bei Enthaltung aller ständigen Mitglieder getroffen werden könnten. Der Vollzug solcher Maßnahmen würde aller Wahrscheinlichkeit nach die aktive Kooperation aller oder einiger ständigen Mitglieder verlangen.

Die ständigen Mitglieder aber werden sich selbst kaum durch eine Enthaltung verpflichten, Maßnahmen zu ergreifen, welchen sie nicht voll und ganz zustimmen würden, wenn sie durch eine negative Stimme ihrerseits sich von einer solchen Verpflichtung befreien könnten. Dieser Konsequenz müssen sich die ständigen Mitglieder vor dem Hintergrund ihrer bisherigen Praxis bewusst sein. In diese Praxis wurde seitens der anderen Mitglieder der Organisation eingewilligt. Sie kann jetzt als ein fester Bestandteil des konstitutionellen Rechts der Vereinten Nationen angesehen werden.[473]

---

471 SCOR 2nd Year, No 68, 173rd Meeting (1 August 1947), S. 1700 ff; SCOR 2nd Year, No. 103, 219th Meeting (1 November 1947), S. 2749.
472 *Stavropoulos*, AJIL 61 (1967), S. 737 (750).
473 *Stavropoulos*, AJIL 61 (1967), S. 737 (752).

ee) Generelle Bewertung

Problematisch ist, wie die Praxis des Sicherheitsrates zu bewerten ist, bzw. ob sie nicht Art. 27 III UN-Charta verletzt.

Es wird angeführt, eine Enthaltung sei zwar nicht dasselbe wie eine Übereinstimmung, sondern bedeute vielmehr, auf die Ausübung des Veto-Rechtes zu verzichten. Auch wenn es „some informal committee discussions“ in San Francisco gegeben habe, welche ein anderes Ergebnis erzielt hatten, seien aber diese Gespräche weder veröffentlich worden, noch irgendwelche „authoritative decisions“ der Konferenz mitgeteilt worden.[474]

Die Praxis der freiwilligen Enthaltungen kann als eine ausdrückliche oder stillschweigende Vereinbarung unter den fünf ständigen Mitgliedern verstanden werden mit dem Effekt, dass ein ständiges Mitglied, welches die Gelegenheit hat, sein Vetorecht auszuüben, sich aber dazu entschließt, dies nicht zu tun, nicht dazu verpflichtet sein sollte, dass seine Enthaltung als negative Stimme zählt.

Diese Entwicklung wurde von den ständigen Mitgliedern selbst akzeptiert als eine Möglichkeit, die Wirkungen des Vetos abzumildern und die absurde Situation zu beseitigen, für eine Resolution stimmen zu müssen, die sie ablehnen, nur um deren Ablehnung zu verhindern. Diese Praxis ist stark durch die Präzedenzfälle des Völkerbundes beeinflusst, bei denen bei der Stimmenzählung, Enthaltungen nicht beachtet wurden.[475] Für das Beurteilen der Legalität dieser Vereinbarung ist auch eine weitere Praxis des Völkerbundes zu berücksichtigen. Zwischen einigen Staaten wurden Verträge geschlossen in dem der Völkerbundrat ermächtigt wurde, bezüglich materieller Punkte Entscheidungen mit einfacher Mehrheit zu treffen, obwohl die Völkerbundcharta verlangte, dass materielle Entscheidungen einstimmig zu fassen waren.

Der Permanent Court of International Justice vertrat die Ansicht, Verträge, in denen die Staaten freiwillig die Übereinkunft getroffen hatten, die Einstimmigkeitsregel solle nicht anwendbar sein, seien mit dem Geist

---

[474] *Cohen* in Foreign Relations of the United States, 1946, Volume I, General; The United Nations, United States Govt. Printing Office, Department of State Publication No. 8573 (Washington, D. C.1972) S. 258-259.
[475] *Aréchaga*, Voting, S. 21 f.

und dem Wortlaut der Völkerbundsatzung vereinbar. Das Gericht äußerte sich, dass „The Council can undertake to give decisions by a majority in specific cases, if express provision is made for this power by treaty stipulations.“[476] Dies wurde als Implikation interpretiert, dass durch Vereinbarung untereinander „states could...confer [on the Council] the right to take decisions of substance in voting conditions not provided in the convenant.“[477]

Berücksichtigt man neben der Charta noch die Praxis des Völkerbundes, so sind Enthaltungen mit dem Prinzip der Einstimmigkeit vereinbar.

Abgesehen von einigen Ausnahmen sah Art. 5 der Völkerbundcharta in Versammlung als auch im Rat „the agreement of all the members of the League represented in the meeting“ vor. In der Praxis galt in beiden Organen eine Enthaltung nicht als eine negative Stimme und wurde entsprechend nicht als für mit dem in Art. 5 der Völkerbundcharta normierten Einstimmigkeitsprinzip unvereinbar gehalten. Auch Art. 19 V der Rules of Procedure of the Assembly und Art. IX III der Rules of Procedure of the Council trafen solche Regelungen.[478] Art. IX III bestätigte eine langjährige Praxis im Sicherheitsrat und normiert eine Übereinstimung mit Art. 5 I der Völkerbundcharta: „In counting votes, abstentions from voting shall be disregarded.“

In Bezug auf die ausdrücklich normierten Ausnahmen, u. a. auch in Art. 16 IV niedergelegt, konnte diese Regelung keine Geltung erlangen. Art. 16 IV sah eine Ausnahme von dem in Art. 5 I normierten Prinzip der Einstimmigkeit vor, indem nicht nur „the agreement of all the members of the League represented at the meeting“, sondern eine „vote of the Council concurred in by the Representatives of all other members of the League represented thereon“ verlangt wurde, also von allen Mitgliedern, die im Rat vertreten waren, mit Ausnahme des betroffenen auszuschließenden Mitgliedes.[479] Damit war das in Art. 16 IV vorgesehene Verfahren strikter als Art. 5 der Völkerbundcharta.

---

[476] PCIJ Series B, No. 12, 21 November 1925, Advisory Opinion concerning Art. 3 Para 2 of the Treaty of Lausanne (Frontier between Turkey and Irak), S. 30.
[477] UN Doc. A/AC.18/62 (3rd June 1948) Annex A, Paper submitted by the Belgian Delegation.
[478] *Gross*, YLJ 60 (1951), S. 209 (225).
[479] *Gross*, YLJ 60 (1951), S. 209 (225).

Art. 27 III UN-Charta ähnelt seinem Wortlaut nach mehr Art. 16 IV als an Art. 5 I der Völkerbundcharta und könnte deshalb ebenso verstanden werden. Nichtsdestoweniger stellt Art. 16 IV der Völkerbundcharta eine Ausnahme zu dem Grundsatz der Einstimmigkeit dar.

Die Sponsoring Powers äußerten sich in ihrem Statement, es gebe „no question under the Yalta Formula of investing [the permanent members] with a new right, namely the right of veto, which the permanent members of the League Council always had."[480]

Die UN-Charta hat folglich hinsichtlich der ständigen Mitglieder des Sicherheitrats- wie bereits die Charta des Völkerbundes - das Prinzip der Einstimmigkeit, wie es im internationalen Recht und den internationalen Beziehungen anerkannt ist, inkorporiert. Aus diesem Grund ist eine Analogie zu Art. 5 I der Satzung des Völkerbundes und der Praxis des Völkerbundes vertretbar. Die Enthaltung der ständigen Mitglieder ist nach diesem Argumentationsgang mit dem in Art. 27 III UN-Charta verkörperten Prinzip der Einstimmigkeit vereinbar. Es wird also Übereinstimmung angenommen, auch, wenn diese nur in Gestalt eines schweigenden Übereinkommens zu der vom Sicherheitsrat vorgeschlagenen und von der erforderlichen Mehrheit unterstützten Handlung vorliegt. Ist diese Übereinstimmung gegeben, dann kann der Sicherheitsrat tätig werden.

Auch Paragraph III der Resolution 267 (III) vom 14. April 1949 scheint die gängige Praxis der Enthaltungen zu unterstützen. Die Generalversammlung regte an, „in order to avoid impairment of the usefulness and prestige of the Council through excessive use of the veto"[481], dass die ständigen Mitglieder sich bzgl. wichtiger Entscheidungen konsultierten. Vor allem III c sprach folgende Empfehlung aus „If there is not unanimity, [they] exercise the veto only when they consider the question of vital importance, taking into account the interest of the United Nations as a whole, and to state upon what ground they consider this condition to be present."[482] In einer Sitzung am 18. Oktober 1949 stimmten alle ständi-

---

[480] Annex to Doc. 1050 III/1/58, Doc. 852 III/1/37 (1), June 8, 1945 in UNCIO XI, S. 713.

[481] GA Res. 267 (III), 14 April 1949, Paragraph 3, in UN GAOR 3rd Session 2nd Part, UN Doc. 900 S. 7.

[482] GA Res. 267 (III), 14 April 1949, Paragraph 3, in UN GAOR 3rd Session 2nd Part, UN Doc. 900 S. 7.

gen Mitglieder Paragraph III der Resolution 267 (III) zu.[483] Auch dies spricht dafür, eine Enthaltung als mit dem Einstimmigkeitserfordernis vereinbar anzusehen.[484]

Ein weiterer Grund spricht gegen eine Verletzung der Charta und für die bindende Wirkung der so zustande gekommenen Entscheidungen.

Der Vertreter eines ständigen Mitgliedes bestätigte ausdrücklich an der Konferenz von San Francisco, dass die Enthaltung von Abstimmungen durch einen von ihnen nicht die Annahme einer nicht-verfahrensrechtlichen Entscheidung unmöglich machen würde. Die anderen ständigen Mitglieder legten gegen diese Beteuerung Einspruch ein und dieses wurde in den Bericht aufgenommen.[485] Diese Äußerung wurde zwar im Zusammenhang mit den Auswirkungen obligatorischer Enthaltungen unter der Vorschrift des Art. 27 III UN-Charta gemacht. Wenn aber eine Enthaltung seitens eines Mitgliedes bzgl. einer materiellen Frage nach der Charta als eine negative Stimme angesehen werden sollte, würde der Wortlaut der Charta eine unterschiedliche Behandlung zwischen der obligatorischen und freiwilligen Enthaltung nicht erlauben. Weder eine obligatorische noch eine freiwillige Enthaltung wäre mit einer materiellen Entscheidung wörtlich vereinbar.

Die Vorschrift des Art. 27 III UN-Charta schreibt zwar vor, dass eine Streitpartei nicht abstimmen kann, trifft aber keine Aussage über die Konsequenzen der erzwungenen Enthaltung bzgl. der Voraussetzungen der „concurring votes" von Art. 27 III UN-Charta.

Trotz der in San Francisco geäußerten Zweifel kann eine nicht verfahrensrechtliche Entscheidung in den Fällen einer obligatorischen Enthaltung getroffen werden; durch diesen Vorbehalt sollten Entscheidungen möglich gemacht werden. Es wird zugestanden, dass freiwillige Enthaltungen nicht äquivalent seien zu einer negativen Stimme, denn wenn eine bestimmte Art von Enthaltungen mit dem Erfordernis der übereinstimmenden Stimmen als vereinbar angesehen und zugelassen werde, dann gelte dies für alle Arten der Enthaltungen.[486]

---

[483] SCOR 4th Year, No. 48, 452nd Meeting (18 October 1949), S. 2.
[484] *Gross*, YLJ 60 (1951), S. 209 (227).
[485] UN Doc. Restricted Doc. 967 III/1/48 v. June 14, 1945 in UNCIO XI, 513; UN Doc. Restricted WD 359 III/1/55 v. June 16, 1945 in UNCIO XI 610-11.
[486] *Aréchaga*, Voting, S. 23.

Dies wurde so von den anderen ständigen Mitgliedern übernommen, so dass daraus eine allgemeine Übung entstand, die zu einer zumindest sinngemäßen Änderung des Wortlautes von Art. 27 III UN-Charta geführt hat.[487]

Diese Praxis kann mit Art. 27 III UN-Charta in Einklang gebracht werden, auf Grund der Tatsache, dass ein ständiges Mitglied, welches die Möglichkeit hat, sein Veto auszuüben, sich aber entscheidet, von der Ausübung abzusehen, nicht dazu verpflichtet sein sollte, dass seine Enthaltung als eine negative Stimme angesehen wird.[488] Nicht zuletzt ist in der Charta kein Prinzip zu finden, noch existiert irgendein Präzedenzfall, der einen Anhaltspunkt dafür bietet, ein ständiges Mitglied sei dazu verpflichtet, positiv oder negativ abzustimmen.[489] Gibt dieses Mitglied keine zustimmende Stimme ab, so sollte die Auswirkung zumindest dieselbe sein. Damit wird zwar dem wörtlichen Erfordernis in Art. 27 UN-Charta nicht genüge getan, aber sie steht dennoch mit dem Prinzip der Einstimmigkeit in Einklang.[490]

Erklärt werden kann diese Praxis damit, dass das sich enthaltende ständige Mitglied zwar nicht willens ist, den Vorschlag aktiv durch eine Zustimmung zu billigen, nichtsdestoweniger eine Annahme wünscht und daher sich enthält, um den Vorschlag nicht zu blockieren. Bei Bekanntgabe des Abstimmungsergebnisses durch den Ratspräsidenten willigt das sich enthaltende Mitglied ein.[491]

ff) Rechtliche Qualifikation

Fraglich ist, wie die Praxis des Sicherheitsrates rechtlich einzuordnen ist. In Betracht kommt eine Interpretation oder Modifikation der Charta, wobei die praktischen, wenn nicht sogar die rechtlichen Auswirkungen, dieselben sind.[492]

---

[487] *Fahl*, UNO-Sicherheitsrat, S. 37.
[488] *Liang*, BYIL 24 (1947), S. 330 (359).
[489] *Gross*, YLJ 60 (1951), S. 209 (225).
[490] *Gross*, YLJ 60 (1951), S. 209 (225).
[491] *Schick*, WPQ 3 (1950), S. 311 (320).
[492] *Stavropoulos*, AJIL 61 (1967), S. 737 (742).

aaa) Interpretation

Die Praxis des Sicherheitsrates könnte eine Interpretation darstellen. Z. T. wird Art. 27 III UN-Charta so verstanden, dass Entscheidungen getroffen werden sollten „by an affirmative vote of seven members including the concurring votes of the permanent **members present and voting**." Im Gegensatz zu den Art. 18 II und III UN-Charta findet sich diese Formulierung nicht in Art. 27 III UN-Charta; vielmehr wurde dieser Wortlaut auf der Konferenz von San Francisco ausdrücklich abgelehnt.[493]

Art. 27 III UN-Charta kann so ausgelegt werden, dass eine Enthaltung seitens eines ständigen Mitgliedes des Sicherheitsrates bei einer Abstimmung in einer materiellen Frage das Zustandekommen einer gültigen Entscheidung des Rates nicht verhindert.[494] Diese Auslegung beruht auf einem Vergleich zwischen den Art. 108 und 109 sowie Art. 27 III UN-Charta. In den Art. 108 und 109 UN-Charta, die eine Ratifizierung bei einer Änderung und Revision der Charta von allen fünf ständigen Mitgliedern verlangen, lautet der Text: „including **all** the permanent members of the Security Council." Art. 27 III UN-Charta verlangt demgegenüber nicht die concurring votes of „**all** permanent members", sondern nur „the concurring votes of **the** permanent members". Daher kann eine gültige Entscheidung des Rates auch bei einer Enthaltung eines Mitgliedes bei einer Abstimmung zustande kommen.[495]

Darüber hinaus sehen die Entwürfe der Artikel zum Law of Treaties der International Law Commission, insbesondere Art. 27 III b, bei der Interpretation eines Vertrages vor:

„There shall be taken into account ...
(b) Any subsequent practice in the application of the treaty which establishes the understanding of the parties regarding its interpretation."[496]

Die Kommission erkennt in den Kommentaren zu dieser Vorschrift eine nachfolgende Praxis als „an authentic means of interpretation" an:

---

[493] *Gross*, YLJ 60 (1951), S. 209 (225).
[494] *Kelsen*, United Nations, S. 241.
[495] *Kelsen*, United Nations, S. 241.
[496] Reports of the ILC on the 2nd Part of its 17th Session and on its 18th Session, GAOR 21st Session, Supplement No. 9 (A/6309/Rev.1), S. 49.

„The importance of such subsequent practice in the application of the treaty, as an element of interpretation, is obvious; for it constitutes objective evidence of the understanding of the parties as to the meaning of the treaty."[497]

Damit eine nachfolgende Praxis der Vertragsparteien als ein authentisches Mittel der Interpretation betrachtet werden kann, muss die Praxis oder die Durchführung umfassend sein, d. h. alle Parteien mit einschließen. Eine solche Einigkeit, Enthaltungen der ständigen Mitglieder als in Übereinstimmung mit dem Erfordernis des Art. 27 III UN-Charta zu betrachten, existierte zumindest bevor die Erweiterung des Zusatzes der Charta in Kraft trat. Zwar wurden bezüglich dieser Praxis anfänglich Zweifel angemeldet, die Entscheidungen aber nie angefochten.[498]

Problematisch ist, dass Portugal und Südafrika am 27. April bzw. am 22. Juni 1966 die bisherige Praxis in Frage stellte und die Frage aufwarf, ob die bisherige Praxis nach dem Inkrafttreten der Erweiterung des Sicherheitsrates so fortgeführt werden sollte.[499]

Zunächst ist fraglich, ob dieser Erweiterung des Sicherheitsrates eine solche Bedeutung zukommt, dass mit ihrem Inkrafttreten eine neue Phase in der Arbeit des Rates begonnen hat, in welcher die vorherigen Verständigungen des Rates nicht automatisch weitergelten kann. Darüber hinaus könnte die bisherige Praxis des Sicherheitsrates einen so hohen Grad an Akzeptanz erfahren haben, dass sie grundsätzlich nicht mehr in Frage zu stellen ist durch irgendein Mitglied- ob ständiges oder nichtständiges- des Rates oder einem anderen Mitglied der Organisation, das nicht im Rat vertreten ist.[500]

In diese Praxis wurde seitens der anderen Mitglieder der Organisation eingewilligt und kann jetzt als ein fester Bestandteil des konstitutionellen Rechts der Vereinten Nationen angesehen werden.[501]

---

497 Reports of the ILC on the 2nd Part of its 17th Session and on its 18th Session, GAOR 21st Session 1966, Supplement No. 9 (A/6309/Rev.1), S. 52, Para. 15, S. 53.
498 siehe VI. 2) b)
499 UN Doc. S/7271 v. 28. April 1966, SCOR 21st Year, Supplement for April, May and June 1966, S. 59; UN Doc. S/7392 (1 July 1966), SCOR 21st Year, Supplement for July, August and September 1966, S. 16 f.
500 *Gross*, AJIL 62 (1968), S. 315 (327).
501 *Stavropoulos*, AJIL 61 (1967), S. 737 (752).

Eine eindeutige Antwort auf diese Frage existiert nicht. Problematisch ist, ob diese Interpretationsregel in einem Fall anwendbar ist, in dem die Praxis entgegengesetzt zum Wortlaut der Vorschrift steht. Darüber hinaus ist ebenfalls fraglich, ob die Praxis als „consistent" und als ein „understanding of all parties" bezeichnet werden kann. Insbesondere am letzten Erfordernis ergeben sich Zweifel.[502]

bbb) Modifikation

Die Praxis des Sicherheitsrates könnte gleichermaßen eine Modifikation darstellen. Dabei wird zum einen vertreten, Art. 27 III UN-Charta sei durch Gewohnheitsrecht zwischen den Vertragsparteien entstanden.[503] Die Praxis des Rates in der Bewertung von Enthaltungen von ständigen Mitgliedern kann also dergestalt juristisch erklärt und auf eine feste rechtliche Grundlage gestellt werden, dass die Konstruktion dieser Praxis als eine Regel des internationalen Völkergewohnheitsrechtes sich als Modifikation des Art. 27 III UN-Charta darstellt.[504]

Diese Ansicht wird dahingehend kritisiert, dass die Charta sogar Anspruch auf Vorrang vor anderen Dokumenten erhebt und problematisch sei, wie in solchen Fällen sich ein Gewohnheitsrecht außerhalb der Charta entwickeln könne, denn dies stelle einen nicht zu vereinbarenden Widerspruch zu Art. 108 und 103 UN-Charta dar.[505] Darüber hinaus sei fraglich, wie Gewohnheitsrecht für neu aufgenommene Mitglieder verbindlich sein könne. Nicht zuletzt begünstigt die Bildung von Völkergewohnheitsrecht Bilateralismus, was im Gegensatz zu den Interessen der Parteien multilateraler Verträge steht.[506]

Nach anderer Ansicht handelt es sich um eine Modifikation durch die Praxis. Hierfür ist Art. 38 der Entwürfe zum Law of Treaties der International Law Commission heranzuziehen. Dieser sieht vor:

---

[502] *Gross*, AJIL 62 (1968), S. 315 (327).
[503] *CP/Tavernier*, S. 506; *Virally*, L'Organisation, S. 105; *Seidl-Hohenveldern/Loibl*, Internationale Organisationen, Rn 1150, 1513.
[504] *Tunkin*, Droit International Public, 94 f; *Gross*, AJIL 62 (1968), S. 315 (330).
[505] *Simma/Simma/Brunner/Kaul*, Art. 27 Rn 54; *Fassbender*, Reform, S. 174 ff.
[506] *Simma/Simma/Brunner/Kaul*, Art. 27 Rn 54.

„A treaty may be modified by subsequent practice in the application of the treaty establishing the agreement of the parties to modify its provisions."[507]

Von Bedeutung sind weiterhin zwei Aussagen in dem Kommentar zu diesem Artikel:

„...a consistent practice, establishing the common consent of the parties to the application of the treaty in a manner different from that laid down in certain of its provisions, may have the effect of modifying the treaty...In formulating the rule this way the Commission intended to indicate that the subsequent practice, even if every party might not itself have actively participated in the practice, must be such as to establish the agreement of the parties as a whole to the modification in question."[508]

Diese zwei spezifischen Kommentare lassen zwei Schlüsse zu: zum einen, dass die Zustimmung der Parteien oder ihre Einwilligung für eine Praxis, die einen Vertrag modifiziert, erforderlich ist. Für die Praxis des Sicherheitsrates über einen Zeitraum von zwanzig Jahren und einem weiten Gebiet von materiellen Angelegenheiten trifft dies zu.

Zum zweiten, dass die Praxis in der Anwendung eines Vertrages nicht in der Natur einer Interpretation zu sein scheint, aber in der Natur einer Modifikation von Vertragsvorschriften.

Die Praxis des Sicherheitsrates würde auch diese Voraussetzung erfüllen. Die Ansicht, eine Enthaltung seitens eines ständigen Mitgliedes bei der Abstimmung einer materiellen Frage sei mit dem Text des Art. 27 III UN-Charta vereinbar, ist kaum haltbar, auch nicht über eine teleologische Interpretation, welche unter bestimmten Umständen für konstituierende Instrumente angemessen sein mag.[509]

Das Schlichtungstribunal zwischen Frankreich und den Vereinigten Staaten ließ 1963 die Praxis als ein Verfahren zur Modifikation von

---

507 Reports of the ILC on the 2nd Part of its 17th Session and on its 18th Session 1966, GAOR 21st Session, Supplement No. 9 (A/6309/Rev.1), S. 65.
508 Reports of the ILC on the 2nd Part of its 17th Session and on its 18th Session 1966, GAOR 21st Session, Supplement No. 9 (A/6309/Rev.1), S. 65 f.
509 *Gross*, AJIL 62 (1968), S. 315 (328).

Vertragsprovisionen zu, die in einer Passage zitiert wurde seitens der International Law Commission zur Unterstützung von Art. 38:

„This course of conduct may, in fact, be taken into account not merely as a means useful for interpreting the Agreement, but also as something more: that is, as possible source of a subsequent modification arising out of certain actions or certain attitudes having a bearing on the juridical situation of the parties and on the rights that each of them properly claim.“[510]

Das in Art. 38 niedergelegte Prinzip muss folgendermaßen präzisiert werden: Verträge werden niemals nur durch bloße Praxis geändert, sondern nur, wenn auch Einigkeit hinsichtlich der Parteien existiert. Eine solche Übung kann ein Indiz für eine korrespondierende Absicht auf Seiten der Staaten, nicht aber auf Seiten der gesamten internationalen Organisation sein.[511]

Die Vorgehensweise des Sicherheitsrates in der Anwendung des Art. 27 III UN-Charta ist ein ideales Beispiel für eine Vertragsmodifikation durch die Praxis.

Die Beispiele, in denen durch Usus eine in einem Vertrag enthaltene Regel angepasst wird, sind sehr selten, denn in der Regel sieht der Vertrag die Verfahrensweise vor, durch welche er abgeändert oder aufgekündigt werden kann. Nichtsdestoweniger sind solche Modifikationen möglich durch Vereinbarung aller Vertragsparteien, die ausdrücklich oder stillschweigend geschehen können. Diese Beispiele der Vertragsmodifikation betreffen in den meisten Fällen die Entwicklung, Vervollständigung oder Interpretation von Vertragsvorschriften.[512]

Die logische Grundlage dieser Regel ist, dass jedes Mitglied im Sicherheitsrat das Recht hat, seine Position hinsichtlich einer zur Debatte stehenden Resolution zu definieren. So wird es für diese Resolution stimmen, wenn es die Resolution unterstützt oder es wird sich enthalten, wenn es zwar nicht eine Annahme erstrebt, einer solchen auch nicht ablehnend gegenüber steht. Schließlich wird ein Mitglied dagegen stim-

---

510 Reports of the ILC on the 2nd Part of its 17th Session and on its 18th Session 1966, GAOR 21st Session, Supplement No. 9 (A/6309/Rev.1), S. 65 f.

511 *Simma/Brunner/Kaul* Art. 27 Rn 55.

512 *Tunkin*, Droit International Public, S. 94.

men, um seine mangelnde Übereinstimmung auszudrücken. Diese Regel, die sich aus einer Interpretation des Art. 27 UN-Charta der Vereinten Nationen durch den Sicherheitsrat ergibt, entwickelt und vervollständigt den III des Artikels, wurde stillschweigend von den Mitgliedern der Vereinten Nationen angenommen und ist ein integraler Bestandteil der Praxis des Rates.[513]

Eine Modifikation durch eine Erweiterung des Vertrages ist ebenfalls durch „spontanen, unmittelbaren Konsens" möglich. „Spontaner, unmittelbarer Konsens" unter den Staaten stelle den originären, Recht schaffenden Prozess dar, der den formalisierten Quellen des internationalen Rechts vorangehe.[514] Im Gegensatz zu Gewohnheitsrecht könne „spontaneous consent" innerhalb eines Vertrages existieren, da sowohl die materielle Änderung des Rechts als auch die besondere Situation, in der formale Vorschriften über eine Vertragsänderung ignoriert werden, erfasst würden. Eine Vorschrift, die durch spontane Übereinstimmung geändert wurde, stelle eine im vollen Umfang gültige rechtliche Regel der UN-Charta dar. Selbst in dem Fall der informellen Erweiterung eines Vertrages wie der Charta müsste der Ausgangspunkt die formalen Vorschriften des Ergänzungsverfahrens sein.[515] Nur so sei es möglich, zu einer sachgerechten Lösung zu kommen, wer dazu berechtigt sei, das Recht zu ändern, d. h. wessen „spontaner Konsens" tatsächlich ein Ergebnis herbeiführen könne, das genauso rechtlich verbindlich sei wie eine Vertragsergänzung ohne Bedingungen.[516]

Problematisch sind aber auch hier die Voraussetzungen des Art. 108 UN-Charta. Einerseits wird vertreten, das in Art. 108 UN-Charta festgelegte Quorum sei nur auf die ordnungsgemäßen Änderungen der Charta anwendbar. Bliebe diese Regelung unbeachtet, könne eine Entscheidung nur durch alle Vertragsparteien getroffen werden. Wäre ein Mitgliedstaat mit der Änderung nicht einverstanden, unterbliebe eine Änderung der Charta. Hiergegen spricht aber, dass ein Quorum nach Art. 108 UN-Charta auch diesen selbst ändern kann. Art. 108 UN-Charta bleibt in einigen Fällen schlichtweg unbeachtet.[517]

---

513 *Tunkin*, Droit International Public, S. 94 f.

514 *Verdross/Simma*, Universelles Völkerrecht para. 518 ff

515 *Simma/Simma/Brunner/Kaul*, Art. 27 Rn 56.

516 *Simma/Simma/Brunner/Kaul*, Art. 27 Rn 56.

517 *Simma/Simma/Brunner/Kaul*, Art. 27 Rn 57.

Auch nach Ansicht des IGH ist es möglich, ohne Ratifikation Partei eines Vertrages zu werden, der eine Ratifikation verlange, durch „very definite, very consistent course of conduct“, obwohl dies so nicht zu vermuten wäre.[518]

Insbesondere zielten die verfahrensrechtlichen Vorschriften des Art. 108 UN-Charta, das Erfordernis der Ratifikation eingeschlossen, nicht darauf ab, die rechtlichen Interessen von nicht-zustimmenden Staaten zu schützen, sondern die Vereinten Nationen insgesamt, zumal sie darauf ausgerichtet seien, eine rechtliche Gewissheit zu erreichen, die dem „spontaneous agreement“ gleichermaßen zukomme.[519]

Der Einspruch nicht zustimmender Mitgliedsstaaten gegenüber einer Mehrheit im Sinne des Art. 108 UN-Charta hätte keine Konsequenz. Nach internationalem Gewohnheitsrecht könnten diese Staaten, ihre rechtliche Bindung durch beständigen Widerspruch verhindern. Aus der Absicht des Art. 108 UN-Charta könne geschlossen werden, dass die Mehrheit, die für formale Erweiterungen des Vertrages verlangt wird, ebenfalls die Charter informell durch „spontaneous agreement“ erweitern könne.[520] Eine Modifikation der UN-Charter könnte also in analoger Anwendung zu 108 UN-Charta so erfolgen, wenn sie durch die Mehrheit der Mitgliedsstaaten, eingeschlossen die fünf Ständigen, akzeptiert würde.[521]

ccc) Bewertung

Eine Einordnung in Interpretation und Modifikation ist zuweilen sehr schwer, da die Grenze zwischen den beiden nicht eindeutig gezogen werden kann. Auch die Kommission ist sich bewusst, dass „the line may sometimes be blurred between interpretation and amendement of a treaty through subsequent practice“, aber dennoch „legally the processes are distinct“.[522] Der Unterschied zwischen diesen beiden Funktionen der Praxis - Praxis im Sinne eines nachfolgenden Verhaltens der Parteien als

---

[518] North Sea Continental Shelf, Judgment, ICJ Reports1969, S. 3 (25 para. 28).
[519] *Simma/Simma/Brunner/Kaul*, Art. 27 Rn 57.
[520] *Simma/Karl/Mützelburg/Witzel*, Art. 108 Rn 11- 13; *Akehurst*, BYIL 47 (1974), S. 273 (277).
[521] *Akehurst*, BYIL 47 (1974), S. 273 (278).
[522] Reports of the ILC on the 2nd Part of its 17th Session and on its 18th Session, GAOR 21st Session, Supplement No. 9 (A/6309/Rev.1), S. 66, para 1.

ein Mittel der Interpretation und Praxis als ein Prozess, um Vertragsbestimmungen zu modifizieren - liegt genau darin, dass letzteres ein unabhängiges Prinzip ist und das vorherige nicht.[523]

Betrachtet man die Praxis des Sicherheitsrates als Interpretation, so ist das Erfordernis einer umfassenden Durchführung gegeben, insbesondere sind die ständigen Mitglieder mit dieser Praxis - im Gegensatz zu ihrer ursprünglichen Absicht - einverstanden. Zwar wurden zu Beginn der Praxis einige Zweifel an dieser Verfahrensweise laut, nichtsdestoweniger erfolgten keine formalen Anfechtungen. Die Kritik Portugals und Südafrikas 1966 nach Inkrafttreten der Erweiterung des Sicherheitsrates vermag an dieser Situation nichts zu ändern. Zum einen handelt es sich bei Portugal und Spanien um zwei nichtständige Mitglieder, die die Bewertung von Enthaltungen ständiger Mitglieder kritisierten.

Eine Praxis ist grundsätzlich anfechtbar. Sie verlangt die gemeinsame Übereinstimmung aller Parteien, trotzdem kann man sich hierauf nicht verlassen, da immer die Möglichkeit besteht, dass Mitglieder hiervon abweichen, so wie Portugal und Südafrika. Zwar kann ihre Opposition mit Hilfe des Doktrins der Rechtsverwirkung oder Präklusion überwunden werden.[524]

Bei der betreffenden Änderung wurden lediglich die Zahl der nichtständigen Mitglieder erhöht, Änderungen bezüglich der Anzahl und des Status der nichtständigen Mitglieder erfolgten nicht. Die kritisierte Praxis betrifft ausschließlich die Enthaltungen der ständigen Mitglieder – Enthaltungen nichtständiger Mitglieder erlangen nicht dieselbe Bedeutung. Vor diesem Hintergrund ist nicht ersichtlich, warum eine Erhöhung der Anzahl der nichtständigen Mitglieder die über 20 Jahre bestehende Praxis bzgl. der Behandlung von Enthaltungen ständiger Mitglieder in Frage stellen und die im Laufe dieser Zeit im Rat erworbene Verständigung keine Geltung mehr haben soll. Das Erfordernis einer umfassenden Durchführung kann folglich bejaht werden.

Problematisch gestaltet sich aber die Vereinbarkeit mit dem Wortlaut. Die Kommission legte die Priorität auf die „ordinary meaning" einer Vertragsvorschrift. Sie bezog sich auf die Rechtsprechung des Internationalen Court of Justice und erklärte im Kommentar „the textual ap-

[523] *Gross*, AJIL 62 (1968), S. 315 (328).
[524] *Gross*, AJIL 62 (1968), S. 315 (328).

proach to treaty interpretation is regarded by it (the Court) as established law."[525]

Vergleicht man die Fassung des Art. 27 III UN-Charta in den anderen Sprachen, so lautet der französische Text „un vote affirmatif de sept de ses membres dans lequel sont comprises les voix de tous les membres permanents"; der spanische Text „el voto afirmativo de siete miembros, incluso los votos afirmativos de todos los miembros permanentes", der russische Text verwendet die das Wort „bcex" mit der Bedeutung „alle" und mit derselben Bedeutung der chinesische Text „ch'uan t'i".[526] Danach bestehen keine Zweifel, dass der Wortlaut der Charta die Zustimmung aller fünf ständiger Mitglieder verlangt. Da eine Enthaltung eines ständigen Mitglieds nicht vom Wortlaut gedeckt ist, kann die Praxis des Sicherheitsrates nicht als Interpretation beurteilt werden, da diese contra legem wäre.

Aber auch eine Einordnung als Modifikation des Art. 27 III UN-Charta bereitet Schwierigkeiten. Zwar kann hier von einer Zustimmung der Parteien zu dieser Praxis ausgegangen werden, die auch keine Interpretation darstellt, so dass hier durchaus eine Modifikation des Art. 27 III UN-Charta durch die Praxis angenommen werden kann. Auch die Kritik Portugals und Südafrikas im Jahre 1966 vermag daran - wie im Zusammenhang mit der Interpretation dargestellt - nichts zu ändern. Problematisch ist aber, dass die Charta in den Art. 108 und 109 UN-Charta vorsieht, wie eine solche Änderung oder Revision der Charta zu erfolgen hat.

Eine Änderung läge zwar in tatsächlicher, nicht aber in rechtlicher Hinsicht vor. Zu dieser Änderung hätten auch die Mitglieder der Vereinten Nationen, darunter auch die UdSSR vorherig und stillschweigend zugestimmt. In rechtlicher Hinsicht könne dies nicht als Änderung beurteilt werden, da eine solche schriftlich und formell von den Mitgliedern gebilligt sein sollte; insbesondere sieht der Art. 108 UN-Charta die Voraussetzungen für eine Änderung vor. Darin sei impliziert, dass ein anderes Verfahren von Änderungen nicht zulässig sei.[527]

---

525 Reports of the ILC on the 2nd Part of its 17th Session and on its 18th Session, GAOR 21st Session, Supplement No. 9 (A/6309/Rev.1), S. 51 f para. 11.
526 *Gross*, YLJ 60 (1951), S. 209 (210).
527 *Doe*, CanBarRev 28 (1950), S. 902 (906).

Die Praxis des Sicherheitsrates genügt gerade diesen Voraussetzungen nicht. Sie alleine kann das Erfordernis des Art. 27 III UN-Charta nicht verändern.[528] Nichtsdestoweniger ist es dennoch bei einem Einverständnis der Vertragsparteien möglich, Modifikationen durch eine ausdrückliche oder stillschweigende Vereinbarung zuzulassen.[529] Die Praxis der Enthaltung beruht weniger auf der Charta selbst, einem verbindlichen Präzedenzfall oder irgendeiner expliziten und förmlichen Vereinbarung der ständigen Mitglieder, sondern vielmehr auf einer Duldung der entsprechenden Praxis. Enthaltungen stellen also so lange keinen verhängnisvollen Defekt dar, so lange im Sicherheitsrat und insbesondere unter den ständigen Mitgliedern Einigkeit besteht, Enthaltungen nicht als Veto anzusehen.[530] Dies erfordert die fortgesetzte Anordnung der ständigen Mitgliedern, Enthaltungen nicht als Verstoß gegen das Erfordernis des Art. 27 III UN-Charta zu betrachten. Sie kann nicht ohne Zustimmung angenommen oder erweitert werden, sondern muss in jedem Fall zum Ausdruck gebracht werden, sei es ausdrücklich oder konkludent.[531]

Obwohl eine Einordnung der Praxis des Sicherheitsrates im Hinblick auf die Behandlung von Enthaltungen nicht unproblematisch ist, spricht mehr für die Annahme einer Modifikation. Nicht zuletzt ist ein Einstufen als Interpretation aufgrund des abweichenden Wortlautes abzulehnen.

---

[528] *Gross*, YLJ 60 (1951), S. 209 (227).
[529] *Tunkin*, Droit International Public, S. 94.
[530] *Gross*, YLJ 60 (1951), S. 209 (227).
[531] *Gross*, YLJ 60 (1951), S. 209 (226).

VII. Die Nicht-Teilnahme an einer Abstimmung

Die Situation der Nicht-Teilnahme an einer Abstimmung liegt in dem Fall vor, in dem ein Mitglied des Sicherheitsrates während einer Sitzung anwesend ist, aber nicht an der Abstimmung teilnimmt.[532] Auf diese Weise verfuhr Australien zum ersten Mal am 4. April 1946.[533] Am 9. April 1947 nahm das Vereinigte Königreich als erstes ständiges Mitglied an einer Abstimmung nicht teil.[534] Auf diese Weise verfuhren nachfolgend ebenso andere ständige Mitglieder des Sicherheitsrates, am häufigsten die Volksrepublik China.[535]

Diese Verfahrensweise kann sowohl als einer Enthaltung oder auch als einer Abwesenheit entsprechend behandelt werden.

1) Nicht-Teilnahme entspricht einer Enthaltung

Für die Einordnung der Nicht-Teilnahme als Enthaltung spricht, dass das in einer Sitzung anwesende Mitglied bei der Abstimmung eine passive Rolle einnimmt, durch dieses Verhalten zum Ausdruck bringt, dass es die betreffende Resolution weder unterstützen noch verhindern will, obwohl es die Möglichkeit durch seine Stimmabgabe hätte. Dies entspricht dem Verhalten bei einer Enthaltung. Problematisch ist an dieser Ansicht aber, dass hier die lediglich Anwesenheit eines Mitgliedes als „consent in disguise" gewertet wird.[536]

2) Nicht-Teilnahme entspricht der Abwesenheit

Geht man mit der von den Mitgliedern akzeptierten Praxis des Sicherheitsrates davon aus, dass ein ständiges Mitglied, das eine Entscheidung verhindern will, verpflichtet ist, diese in einer Sitzung expressis verbis abzulehnen[537], bedeutet dies, dass die lediglich Nicht-Teilnahme bei einer Abstimmung die Annahme einer Entscheidung nicht verhindert.[538]

---

532 *Simma/Simma/Brunner/Kaul*, Art. 27 Rn 64.

533 SCOR 1st Year, 1st Series, No. 2, 30th Meeting (4 April 1946), S. 95.

534 SCOR 2nd Year, No. 34, 127th Meeting (9 April 1947), S. 727.

535 *Bailey/Daws*, Procedure, S. 258.

536 *Simma/Simma/Brunner/Kaul*, Art. 27 Rn 65.

537 vgl. den Wortlaut der Resolution der Generalversammlung 40 (I), 13 December 1946, („special voting privilege"), UN GAOR 1st Session, 2nd Part, UN Doc.

3) Bewertung

Die Ausgangssituationen bei Enthaltung und Nicht-Teilnahme sind sehr ähnlich. Bei der Enthaltung und der Nicht-Teilnahme sind beide Mitglieder anwesend und wollen sich weder für, noch gegen eine Entscheidung aussprechen. Bei der Enthaltung teilt das Mitglied dies ausdrücklich mit, bei der Nicht-Teilnahme bringt das Mitglied dies durch seine Passivität zum Ausdruck. In beiden Fällen hätte aber das ständige Mitglied die faktische Möglichkeit, sich für oder gegen die Entscheidung auszusprechen. Diese Möglichkeit, seine Meinung zu äußern, hat es bei einer Abwesenheit gerade nicht. Aus diesem Grunde entspricht m. E. die Nicht-Teilnahme einer Enthaltung, nicht einer Abwesenheit.

A/64/Add. 1 S. 64 sowie der Res. 257 (III), 14. April 1949, para. 3 (c) („exercise the veto") UN GAOR 3rd Session, 2nd Part, UN Doc. 900, S. 7.

[538] *Simma/Simma/Brunner/Kaul,* Art. 27 Rn 66.

VIII. Die Abwesenheit

Die Notwendigkeit des Erfordernisses der übereinstimmenden Stimmen der ständigen Mitglieder im Rahmen von nicht verfahrensrechtlichen Entscheidungen hat ein anderes korrelatives Problem aufgeworfen: die Auswirkungen der Abwesenheit eines ständigen Mitgliedes des Sicherheitsrats.[539]

1) Praxis

Eine Abwesenheit eines ständigen Mitgliedes kann unfreiwillig oder freiwillig sein. Eine unfreiwillige Abwesenheit kann dadurch eintreten, dass ein Vertreter den Tagungsort des Sicherheitsrates nicht rechtzeitig erreicht[540] - dies ist aber ein eher seltener Fall.

Freiwillige Abwesenheit liegt dann vor, wenn der Vertreter absichtlich nicht erscheint, also die Sitzungen des Sicherheitsrates boykottiert.

Auf diese Weise verfuhr die UdSSR. Das Problem trat zum ersten Mal im Rahmen des Rückzuges der UdSSR während der Diskussion der iranischen Frage am 26. März 1946 auf. Die UdSSR blieb einigen Sitzungen des Rates im Jahre 1946 fern, als sich dieser mit der Beschwerde des Irans beschäftigte.[541]

Bevor der Präsident des Rates einen Antrag zur Abstimmung stellte, äußerte er sich, dass aufgrund der Tatsache, dass der Antrag „a purely procedural proposal" sei, eine Entscheidung sogar in Abwesenheit der UdSSR getroffen werden konnte.[542]

In einer dieser Sitzungen, am 4. April 1946, wurde eine Resolution angenommen. Vor diesem Hintergrund äußerte sich der Vertreter der Nie-

---

539 *Aréchaga*, Voting, S. 23.

540 *Bailey/Daws*, Procedure, S. 257.

541 SCOR 1st Year, 1st Series, No 2, 27th Meeting (27 March 1946), S. 58; SCOR 1st Year, 1st Series, No. 2, 28th Meeting (29 March 1946), S. 70; SCOR 1st Year, 1st series, No. 2, 29th Meeting (3 April 1946), S. 82; SCOR 1st Year, 1st series, No. 2, 30th Meeting (4 April 1946), S. 97; SCOR 1st Year, 1st Series, No. 2, 40th Meeting (8 May 1946), S. 245; SCOR 1st Year, 1st Series, No. 2, 43rd Meeting (22 May 1946), S. 285.

542 SCOR 1st Year, 1st Series, No. 2, 27th Meeting (27 March 1946), S. 60.

derlande, in ähnlicher Weise, dass es sich um eine prozessuale Frage handele[543] - darüber hinaus am 15. April 1946, dass das Vetorecht ein beschränktes Recht sei und folglich seitens einer Großmacht, die Partei in einer den Sicherheitsrat beschäftigenden Angelegenheit sei, nicht über den Wortlaut der Charta ausgedehnt werden könne, einfach durch Fernbleiben von den Beratungen des Rates.[544]

In einer nachfolgenden Sitzung am 8. Mai 1946 wurde das Thema der Abwesenheit seitens des Vertreters Australiens erneut aufgegriffen und auch eben diese Implikation angegriffen - seine „delegation does not admit that the absence of a member affects the voting procedure“.[545] Eine solche Abwesenheit könne Zweifel der Verfassungsmäßigkeit der Resolution aufbringen. Fraglich sei also, ob ein Mitglied allein durch seine Abwesenheit eine Tätigkeit des Rates verhindern könne - dies würde seiner Meinung nach „a very extensive de facto amendment of the provisions of the Charter“ darstellen und „imply a very serious extension of the power of veto.“[546]

Sir Alexander Cadogan, der Vertreter des Vereinigten Königreiches, kommentierte weiter:

„...as regards the effect of absence upon the action of the Council, I cannnot see that there is really any difference between absence from this table or presence at a table as an abstention from a vote. It seems to me that the general effect is the same.“[547]

Der Sicherheitsrat fuhr fort, zu tagen und Resolutionen zu beschließen. Es gab zwar Unklarheiten hinsichtlich der Frage, ob diese materieller oder verfahrensrechtlicher Natur waren und folglich ob die Sowjetunion, selbst wenn sie anwesend gewesen wäre, dazu berechtigt gewesen wäre, das Veto überhaupt einzusetzen. Nichtsdestoweniger enthielt der Sicherheitsrat durch die Tatsache, dass er in Abwesenheit der UdSSR fortfuhr, dieser das doppelte Veto vor - also die Macht, bzgl. einer Entscheidung, dass eine Resolution verfahrensrechtlicher und nicht materieller Natur war - eine Entscheidung zu treffen, was der sowjetische Delegierte sehr

543 SCOR 1st Year, 1st Series, No. 2, 30th Meeting (4 April 1946), S. 95 f.
544 SCOR 1st Year, 1st Series, No. 2, 32nd Meeting (15 April 1946), S.128.
545 SCOR 1st Year, 1st Series, No. 2, 40th Meeting (8 May 1946), S. 249.
546 SCOR 1st Year, 1st Series, No. 2, 40th Meeting (8 May 1946), S. 250.
547 SCOR 1st Year, 1st Series, No. 2, 40th Meeting (8 May 1946), S. 251.

wahrscheinlich getan hätte. Der Vorschlag, dass der sowjetische Delegierte alleine durch seine Abwesenheit ein Vetorecht ausüben könne, wurde mit der Bemerkung zurückgewiesen, dass eine solche Entscheidung ein „very extensive de facto amendment of the provisions of the Charter darstellen“ würde und „ a very serious extension of the power of veto.“[548]

Nichtsdestoweniger wird in diesem Zusammenhang auch die Ansicht vertreten, dass durch die Abwesenheit der UdSSR diese ein generelles Veto bzgl. aller nicht verfahrensrechtlichen Fragen, die der Sicherheitsrat zu entscheiden haben könnte, abgab.[549] Diese Ansicht ist bei diesem Beispiel problematisch, da die UdSSR im Rahmen der iranischen Frage Streitpartei war und folglich verpflichtet war, sich im Rahmen von allen Entscheidungen nach Kapitel VI gemäß Art. 27 III UN-Charta zu enthalten.[550]

Die UdSSR machte zu keiner Zeit nach ihrer Rückkehr die Unwirksamkeit der in ihrer Abwesenheit getroffenen Entscheidungen geltend.[551]

Problematisch ist, dass in den getätigten Äußerungen anzuklingen scheint, dass nicht-verfahrensrechtliche Entscheidungen in der Abwesenheit von ständigen Mitgliedern nicht getroffen werden können.[552]

Insoweit das Abstimmungsverfahren betroffen war, könnte man davon ausgehen, dass die Annahme der Praxis der freiwilligen Enthaltungen alle Zweifel bzgl. der Auswirkungen einer Abwesenheit eines ständigen Mitgliedes vom Sicherheitsrat geklärt hätte.[553]

Diese Haltung wurde anlässlich der 392. Sitzung des Sicherheitsrates bestätigt.

Obwohl es sich hierbei um einen Fall der Abwesenheit eines nichtständigen Mitgliedes handelt, gibt dieser einen Anhaltspunkt hinsichtlich der

---

548 SCOR 1st Year, 1st Series, No. 2, 40th Meeting (8 May 1946), S. 250.
549 *Koo*, Procedures, Anmerkung 4, S. 291/292.
550 *Aréchaga*, Voting, S. 23.
551 *Kunz*, AJIL 45 (1951), S. 137 (142).
552 *Aréchaga*, Voting, S. 24.
553 *Aréchaga*, Voting, S. 24.

Einstellung der Sicherheitsratsmitglieder wieder hinsichtlich des vergleichbaren Effektes von Enthaltungen und Abwesenheit.[554]

In dieser Sitzung wurde über die Präambel eines Resolutionsentwurfes, der die indonesische Frage betraf, abgestimmt, wobei der Vertreter der Ukraine abwesend war, da er nicht rechtzeitig in Paris eintreffen konnte.[555] Der Vertreter der Vereinigten Staaten fragte, ob ein abwesendes Mitglied als Enthaltung gewertet wurde; hierauf antwortete der Präsident des Sicherheitsrates: „It seems to me that he must be counted as having abstained. I do not see how we could act otherwise." Gegen diese Statement wurde keinerlei Einspruch erhoben.[556] Zwar handelte es sich in diesem Falle um eine unfreiwillige Abwesenheit und darüber hinaus nicht um die Abwesenheit eines ständigen Mitgliedes, trotzdem verdient diese Behandlung Beachtung.[557]

Die Abwesenheit eines Ratsmitgliedes wurde also ebenso behandelt wie eine freiwillige Enthaltung hinsichtlich des Standpunktes der Abstimmung - die Ursache dafür liegt darin, dass sonst der Sicherheitsrat ständig durch den Willen eines ständigen Mitgliedes durchkreuzt werden könnte, welches wiederum durch seine Entscheidung zur Abwesenheit Art. 28 der Charter verletzen würde - ein Problem, das besonders im Jahre 1950 zutage trat.[558]

Keine weitere Abwesenheit eines Sicherheitsratsmitgliedes von größerer Bedeutung trat bis zu der der UdSSR im Jahre 1950 ein, die vom 13. Januar bis zum 1. August andauerte. Der Grund hierfür lag in dem Nichtausschluss des Vertreters Nationalchinas durch den Sicherheitsrat.[559]

---

554 *McDougal/Gardner*, YLJ 60 (1951), S. 258 (280).

555 *Bailey/Daws*, Procedure, S. 257; SCOR, 3rd Year, No. 130, 386th Meeting (17 December 1948), S. 37; SCOR 3rd Year, No 131, 387th Meeting (20 December 1948), S.1-2; SCOR 3rd Year, No. 134, 392nd Meeting (24 Dec 1948), S. 30 f; SCOR 3rd Year, No. 135, 393rd Meeting (27 December 1948), S. 3.

556 SCOR 3rd Year, No. 134, 392nd Meeting (24 December 1948), S. 30.

557 *Liang*, AJIL 44 (1950), S. 694 (701 Fn 25).

558 *Aréchaga*, Voting, S. 24.

559 SCOR, 5th Year, No. 1, 459th Meeting (10 January 1950), S. 1-4; SCOR, 5th Year, No. 2, 460th Meeting (12 January 1950); SCOR, 5th Year, No. 3, 461st Meeting (13 January 1950), S.1-10.

In diesem Zeitraum verabschiedete der Sicherheitsrat u. a. die ersten drei Resolutionen, die militärische Aktionen zur Unterstützung Südkoreas autorisierten.[560]

Der Vertreter der Vereinigten Staaten Gross griff in diesem Zusammenhang in der 461. Sitzung des Sicherheitsrates am 13. Januar 1950 die von Sir Alexander Cardogan zum früheren Zeitpunkt geäußerte Ansicht auf und gab folgende Erklärung ab:

„The absence of the Soviet Union will not prevent us from conducting the business to which we are pledged. It is the view of my Government that the absence of a permanent member from a meeting of the Security Council in no way diminishes its power or its authority to act. The Charter provides in Art. 28 that: „The Security Council shall be so organized as to be able to function continuosly.“ We cannot permit this arbitrary action of our Soviet Union colleague to prevent us from fulfilling our obligation to the Charter.“[561]

Der Sicherheitsrat setzte seine Arbeit in Abwesenheit der UdSSR fort und verabschiedete mindestens zwei, ihrer Natur nach eindeutig, materielle Resolutionen vor den Korea-Resolutionen, deren Rechtmäßigkeit in Zweifel gezogen wurden. Die UdSSR bestritt die Rechtmäßigkeit der Aktivitäten des Rates aufgrund der Abwesenheit eines ständigen Mitgliedes erst nach der Verabschiedung der Korea Resolutionen, indem die UdSSR am 29. Juni 1950 behauptete, dass diese Resolutionen „no legal force“ hätten, da ihnen die „concurring votes of all five permanent members“ fehlten.

Dieser kurze Überblick über die Praxis des Sicherheitsrates macht klar, dass vor den Korea-Resolutionen die Auslegung des Art. 27 III UN-Charta nicht die Stimmen aller fünf ständigen Mitglieder verlangte, sondern nur einmal die derjenigen Mitglieder, die an der Abstimmung teilnahmen.

---

[560] SC Res. 82 (1950), 25 June 1950, in SCOR 5th Year, Resolutions and Decisions 1950, S. 4; SC Res. 83 (1950), 27 June 1950, in SCOR 5th Year, Resolutions and Decisions 1950, S. 5; SC Res. 84 (1950), 7 July 1950, in SCOR 5th Year, Resolutions and Decisions 1950, S. 5 f; SC Res. 85 (1950), 31 July 1950, in SCOR 5th Year, Resolutions and Decisions 1950, S. 6 f.
[561] SCOR 5th Year, No. 3, 461th Meeting (13 January 1950), S. 14.

2) Kritik an dieser Praxis

Kritik an dieser Praxis ist hauptsächlich im Zusammenhang mit den im Juni und Juli 1950 angenommenen Korea-Resolutionen geäußert worden.

Ihre Gültigkeit wurde von einigen Staaten bestritten. Die sowjetische Regierung schrieb in einem Telegramm, datiert vom 29. Juni 1950, in dem sie Bezug auf die am 27. Juni 1950 angenommene Resolution nahm, an den Generalsekretär:

„...the above resolution was passed in the absence of two permanent members of the Security Council, the Union of Soviet Socialist Republics and China, whereas under the United Nations Charter a decision of the Security Council on an important matter can only be made with the concurring votes of all five permanent members of the Council, viz., the United States, the United Kingdom, France, the Union of Soviet Socialist Republics, and China. In view of the foregoing it is quite clear that the said resolution of the Security Council on the Korean question has no legal force."[562]

Ähnlich sah die Argumentation der sowjetischen Regierung bezüglich der Resolution vom 7. Juli 1950 aus.[563] Ihre Ansicht wurde von einigen Staaten unterstützt.[564]

In der 475. Sitzung des Rates am 30. Juni 1950 kommentierte der Vertreter Frankreichs diese Äußerungen so, dass „the delegation of the Soviet Union, by abandoning the Council has abandoned the Charter . When it returns to the one and to the other, it will find again its right of speech, of criticism, of vote and of veto. So long as it has not done so,

---

[562] Doc. S/1517 (29 June 1950), SCOR 5th Year, Supplement June, July and August 1950, S. 29 f.

[563] Doc. S/1596/Rev. 1 (12 July 1950), SCOR 5th Year, Supplement June, July and August 1950, S. 77 f.

[564] hierbei handelte es sich um die Tschechoslowakei, Doc. S/1523 (29 Juni 1950), SCOR 5th Year, Supplement June, July and August 1950, S. 33 f, Polen, Doc. S/1545, (30 June 1950), SCOR 5th Year, Supplement June, July and August 1950, S. 47 f, die Ukrainische SSR, Doc. S/1598 (12 July 1950) SCOR 5th Year, Supplement June, July and August 1950, S. 79 und die Weißrussische SSR, Doc. S/1600 (12 July 1950), SCOR 5th Year, Supplement June, July and August 1950, S. 80.

the USSR Government has no legal or moral basis for contesting the action of the United Nations."[565]

Der Vertreter Kubas verwies auf die Verbindung, die zwischen freiwilliger Enthaltung und freiwilliger Abwesenheit existierten :

„...it is an established practice in the Council, and one that the USSR has accepted on many occasions, that the abstention of a permanent member from participation in decisions of the Council, does not constitute a veto."[566]

In einem Statement, das an demselben Tag herausgegeben wurde, zitierte das Department of State der Vereinigten Staaten verschiedene Präzedenzfälle hinsichtlich der Enthaltungen mit der Folge „every member of the United Nations, including the USSR, accepted as legal and binding decisions of the Security Council made without the concurrence, as expressed through an affirmative vote of all permanent members of the Council."

Darüber hinaus enthielt es die folgende Aussage:

„...the voluntary absence of a permanent member of the Security Council is clearly analogous to abstention. Furthermore, Article 28 of the Charter provides that the Security Council shall be so organized as to be able to function continuosly. This injunction is defeated if the absence of a representative of a permanent member is construed to have the effect of preventing all substantive action by the Council."[567]

3) Rechtliche Einordnung

a) Wortlaut

Wie bei der Enthaltung ist der Wortlaut von Art. 27 III UN-Charta von zentraler Bedeutung. Dieser äußert sich jedoch in keinster Weise - an-

565 SCOR 5th Year, No. 17, 475th Meeting (30 June 1950), S. 8.
566 SCOR 5th Year, No. 18, 476th Meeting (7 July 1950), S. 7.
567 *Liang*, AJIL 44 (1950), S. 694 (704); United States Policy in the Korean Crisis, United States Departement of State, Government Printing Office, Far Eastern Series 34, Publication No. 3922 (Washington, D. C. 1950), S. 61-63; *Doe*, CanBarRev 28 (1950), S. 902 (904).

ders als zumindest bei der obligatorischen Enthaltung - zu dem Problem der Abwesenheit.

Bei der Abwesenheit stellt sich also gleichfalls die Frage nach der Bedeutung von „concurring votes of the permanent members". Vergleicht man - wie auch bei der Enthaltung - den Wortlaut von Art. 18 II und III UN-Charta, der bzgl. der Generalversammlung den Zusatz „present and voting" erhält, so verlangt der Wortlaut des Art. 27 III UN-Charta die Zustimmung der fünf Ständigen.[568] Auch der Wortlaut des Art. 24 I und 28 UN-Charta vermag daran nichts zu ändern. Zwar soll der Sicherheitsrat nach diesen beiden Artikeln jederzeit zu schnellem und wirksamen Handeln in der Lage sein, dies betrifft aber nicht ohne Weiteres auch die Fähigkeit, überhaupt handeln zu können.[569]

b) Geschichte

Hinsichtlich der genauen Bedeutung der Abstimmungsvorschriften gab es auf der Konferenz von San Francisco beträchtliche Verwirrung.[570] Insbesondere die Bedingungen der Übereinkunft der fünf Ständigen und der exakte Grad, bis zu welchem sie versucht hatten, zukünftige Eventualitäten vorwegzunehmen, bleiben im Dunkeln.[571] Vor dem Hintergrund der Jalta-Formel existieren aber Anhaltspunkte dafür, die fünf Ständigen seien hinsichtlich der Bedeutung des Wortes „concurring" übereingekommen, dass dies die positive Übereinstimmung aller ständiger Mitglieder verlange. Eine Weigerung oder ein Scheitern eines ständigen Mitgliedes, abzustimmen, entweder aufgrund von Abwesenheit oder absichtlicher Enthaltung, stelle ein Versagen dar, eine Übereinstimmung mit der verbleibenden Mehrheit des Sicherheitsrates zu erzielen und würde daher dazu dienen, jegliches Handeln durch den Sicherheitsrat in materiellen Angelegenheiten, bei denen kein ständiges Mitglied Streitpartei sei, zu blockieren.[572] Es ist zwar unklar, ob die fünf Großmächte die Möglichkeit einer Abwesenheit überhaupt bedachten,[573] zumindest aber spricht die Geschichte dafür, dass - wie bei der Enthaltung - eine Abwesenheit nicht dem Erfordernis der Jalta-Formel genügen sollte.

---

[568] siehe VI. 2) c) ff) aaa)
[569] *Doe*, CanBarRev 28 (1950), S. 902 (907).
[570] *GHS*, Charter, S. 216 f; *McDougal/Gardner*, YLJ 60 (1951), S. 258 (274).
[571] *McDougal/Gardner*, YLJ 60 (1951), S. 258 (276 f).
[572] *Koo*, Procedures, S. 156.
[573] *McDougal/Gardner*, YLJ 60 (1951), S. 258 (276 f).

c) Generelle Bewertung

aa) Verletzung Art. 27 III UN-Charta

Problematisch ist - ebenfalls wie bei der Enthaltung - die rechtliche Einordnung und Bewertung der Abwesenheit eines ständigen Mitgliedes und ob diese nicht Art. 27 III UN-Charta verletzt.

Nach dem Wortlaut des Art. 27 III UN-Charta sind die „concurring votes" aller fünf ständiger Mitglieder notwendig, um eine gültige Resolution zu verabschieden.[574] Auch bei der Abwesenheit liegt ein Konflikt zwischen der Charta und der Praxis des Sicherheitsrates vor.[575]

Unklar ist, wie dieser zu lösen ist. Ebenso wie bei der Enthaltung werden zwei Ansichten zu Art. 27 III UN-Charta vertreten. Nach einer Ansicht verlangt Art. 27 III UN-Charta die übereinstimmenden Stimmen von allen fünf ständigen Mitgliedern. Eine Enthaltung oder sogar Abwesenheit eines solchen Mitgliedes macht eine gültige Entscheidung unmöglich.[576]

Nach dieser zweiten Interpretation „the concurring votes of the permanent members" kann dies so verstanden werden, i. S. von „the concurring votes of the permanent members who participate in the voting"[577] bzw. „including the votes of the permanent members, present and voting."[578] Dieser Wortlaut wurde aber in San Francisco so nicht beschlossen.[579]

Gleichfalls wird auch hier auf die Artikel 108, 109 UN-Charta zurückgegriffen, in denen spezifisch vorgeschrieben ist, dass die Zwei-Drittel Mehrheit der Mitglieder „all" the permanent members of the Security Council umfassen müsse, und dieser Wortlaut gerade nicht in Art. 27 III UN-Charta gewählt worden sei.

---

574 *Gross*, YLJ 60 (1951), S. 209 (210, 224, 247, 249); *Doe*, CanBarRev 28 (1950), 902 (906).
575 *Doe*, CanBarRev 28 (1950), S. 902 (905).
576 *Kelsen*, United Nations, S. 240 f.
577 *Kelsen*, United Nations, S. 240 f.
578 *Kunz*, AJIL 45 (1951), S. 137 (142).
579 *Schick*, WPQ 3 (1950), S. 311 (322).

Nach einer Ansicht steht diese Praxis des Sicherheitsrates nicht im Einklang mit der Charta. Art. 27 UN-Charta lasse keinen Raum für eine Interpretation hinsichtlich der Absicht der Entwerfenden, darüber hinaus habe der Rat nie die Ansicht zum Ausdruck gebracht, die Bedeutung des Art. 27 UN-Charta sei nicht eindeutig.[580] Auch Art. 28 UN-Charta könne nicht zur Rechtfertigung herangezogen werden. Art. 28 UN-Charta betreffe nur die Fähigkeit des Rates, zu allen Zeiten schnell zu handeln, nicht aber, überhaupt handeln zu können.[581] Daher ginge es zu weit, würde man Art. 28 UN-Charta dahingehend interpretieren, dem Rat zu ermöglichen, wenn der Vertreter eines ständigen Mitgliedes seine Abwesenheit selbst absichtlich herbeiführt, so weiterzumachen, wie er es normalerweise würde.[582]

Diese Ansicht ist nicht unbedenklich. Problematisch ist die Auffassung, der Wortlaut des Art. 27 III UN-Charta habe einen eindeutigen Wortlaut, der jegliche Interpretation unnötig mache[583], mit der Folge, Worte hätten einen „absoluten“ Inhalt. In der Rechtssprache ist es kaum möglich - insbesondere in dem komplexen Bereichen von komplizierten multilateralen Verträgen - von einer absoluten, eindeutigen, klaren und naturgegebenen Bedeutung auszugehen.[584] Ebenso wenig ist es für die zeitgenössischen Interpretatoren möglich, bis ins Detail zu erahnen, was die „wahre“ oder „wirkliche“ Absicht der vereinbarenden Parteien eines früheren Zeitpunktes waren. An einer Vereinbarung von einer gewissen Wichtigkeit, die zwischen zwei oder mehr Staaten getroffen wird, ist eine große Anzahl von Personen beteiligt, von denen jede einzelne auf verschieden Arten und mit verschiedenen Herangehensweisen arbeitet, die kurzfristige und auch langfristige Ziele verfolgt und die die Besonderheiten der Bedingungen und Perspektiven ihrer jeweiligen Zeit berücksichtigt. Genauso wenig, wie es für die Verfasser einer Originalvereinbarung möglich ist, alle in Zukunft auftretenden Eventualitäten zu erfassen und auch alle Mehrdeutigkeiten auszuschließen, ist es späteren Interpreten dieser Vereinbarung, die in einem völlig neuen Kontext arbeiten, möglich, die Subjektivität und die klaren Absichten der ursprünglichen Verfasser für den Fall des Eintrittes neuer Umstände zu erkennen.[585]

---

[580] *Doe*, CanBarRev 28 (1950), S. 902 (906).
[581] *Doe*, CanBarRev 28 (1950), S. 902 (907).
[582] *Doe*, CanBarRev 28 (1950), S. 902 (907).
[583] *McDougal/Gardner*, YLJ 60 (1951), S. 258 (262).
[584] *McDougal/Gardner*, YLJ 60 (1951), S. 258 (262).
[585] *McDougal/Gardner*, YLJ 60 (1951), S. 258 (265).

Internationale Vereinbarungen müssen vorzugsweise gerichtet auf die hauptsächlichen und generellen Ziele, denen sie zu dienen bestimmt sind, ausgelegt werden.[586] Dies gilt insbesondere auch für die Charta, die ihrer Natur nach ein völkerrechtlicher Vertrag ist. Nach Art. 31 I Wiener Übereinkommen über das Recht der Verträge ist ein Vertrag nach Treu und Glauben in Übereinstimmung mit der gewöhnlichen, seinen Bestimmungen in ihrem Zusammenhang zukommenden Bedeutung und im Lichte seines Zieles und Zweckes auszulegen. Auch der betroffene Art. 27 III UN-Charta kann in einem solchen Licht ausgelegt werden, dass sein Wortlaut eine Bedeutung erhält, die die Ziele, für welche die Vereinten Nationen gegründet wurden, eher fördert als vereitelt.[587] Weiterhin sieht Art. 28 I UN-Charta eine Organisation des Sicherheitsrates dergestalt vor, dass er seine Aufgaben ständig wahrnehmen kann. Jedes seiner Mitglieder hat zu diesem Zweck jederzeit am Sitz der Organisation vertreten zu sein.

Gerade diese beiden Artikel indizieren die Erwartung der Mitglieder, der Sicherheitsrat solle kontinuierlich funktionieren - beide müssen in einem Zusammenhang gesehen und nicht jeder für sich einzeln betrachtet werden.[588] Durch Auslegung ist auch bei diesen Vorschriften der Sinn und die Auswirkung genau wie bei Art. 27 III UN-Charta zu ermitteln. Art. 27 III UN-Charta ist in eben diesem Zusammenhang zu sehen.

Wäre irgendein ständiges Mitglied des Rates in der Lage, die kontinuierliche Funktion des Rates zu unterbrechen, allein aufgrund der Anweisung an seinen Vertreter, nicht zu den Sitzungen zu erscheinen, so könnten diese Vorschriften kaum funktionieren oder einen realen Sinn haben.[589] Die Praxis des Sicherheitsrates verleiht allen Artikeln der Charta eine sinnvolle Bedeutung, welche am besten dazu geeignet ist, das Primärziel der Organisation zu fördern.[590] Fraglich ist aber, ob dieses Ziel, die Aufrechterhaltung der Arbeitsweise des Sicherheitsrates auch die Praxis des Sicherheitsrates im Einzelnen zu rechtfertigen vermag. Dafür müsste die Abwesenheit rechtlich wie eine Enthaltung zu bewerten sein.

---

[586] *McDougal/Gardner*, YLJ 60 (1951), S. 258 (267).
[587] *McDougal/Gardner*, YLJ 60 (1951), S. 258 (269).
[588] *Hopkins*, CanBarRev 28 (1950), S. 908 (910).
[589] *Hopkins*, CanBarRev 28 (1950), S. 908 (910).
[590] *Hopkins*, CanBar Rev 28 (1950), S. 908 (910).

bb) Verhältnis zwischen einer Enthaltung und der Abwesenheit eines ständigen Ratsmitgliedes

Im Hinblick auf die Frage, ob die Abwesenheit eines ständigen Mitgliedes wie eine Enthaltung zu behandeln sei, werden verschiedene Positionen vertreten.

aaa) Abwesenheit ist gleich einer Enthaltung und steht nicht einem Veto gleich

Nach der Ansicht, die der Sicherheitsrat angenommen hat - von einem wirksamen Handeln des Sicherheitsrates ausgehend - , verlangt eine materielle Resolution nur die Stimmen derjenigen ständigen Mitglieder, die an einer Sitzung teilnehmen und einen positiven oder negativen Standpunkt beziehen. Weder die Enthaltung noch die Abwesenheit eines ständigen Mitgliedes kann das Passieren einer Resolution verhindern. Hinsichtlich der rechtlichen Auswirkungen bei einer Abstimmung ist eine Abwesenheit genauso anzusehen, als ob eine Enthaltung vorläge. Es scheint so, dass die Abwesenheit eines ständigen Mitgliedes nicht den Sicherheitsrat daran hindert, eine Entscheidung in einer nicht verfahrensrechtlichen Frage zu treffen.[591]

Der Sicherheitsrat hat seine Abstimmungsvorschriften nie so interpretiert, dass die zustimmenden Stimmen aller fünf ständigen Mitglieder verlangt werden, unabhängig davon, ob sie anwesend waren oder nicht. Sogar bevor die UdSSR den Sicherheitsrat im Januar 1950 verließ, waren über vierzig nicht verfahrensrechtliche Entscheidungen durch den Sicherheitsrat verabschiedet worden bei Enthaltung eines oder mehrerer ständiger Mitglieder. Diese Entscheidungen stellen fast vier Fünftel der materiellen Entscheidungen dar, die vom Sicherheitsrat in den 458 Treffen zwischen dem 17. Januar 1946 und dem 29. Dezember 1949 getroffen wurden.

Die Praxis der Enthaltung wurde ursprünglich sogar durch die UdSSR eingeführt. Darüber hinaus wurde nie ein materieller Vorschlag abgelehnt, weil ein ständiges Mitglied sich der Stimme enthalten hatte, und

---

591 *GHS*, Charter, S. 231.

die meisten der Entscheidungen, bei denen sich ständige Mitglieder enthielten, wurden im Sicherheitsrat unangefochten durchgelassen.[592]

Der Präsident des Sicherheitsrates erklärte die Praxis hinsichtlich der Enthaltungen für anerkannt.[593]

Obwohl diese Bemerkungen zwar spezifisch bezogen waren auf die Praxis von Enthaltungen, sind sie aber gleichermaßen in Logik und Taktik anwendbar.

Der Vorschlag, dass Abwesenheit analog zu einer Enthaltung ist, hat Präzedenzfälle zur Unterstützung. Diese sind jedoch nicht sehr zahlreich. Das Fehlen extensiver Präzedenzfälle liegt jedoch nicht an einem Fehlen von Einigkeit bzgl. dieses Punktes unter der Mehrheit der Ratsdelegierten, sondern eher an der Seltenheit mit der das Problem aufgetreten ist. Abwesenheit im Sicherheitsrat ereignete sich vor dem Verlassen des Rates durch die Sowjetunion nur zweimal.[594] In beiden Fällen machten die Mitglieder durch ihre Worte und Handlungen klar, dass nach der Ansicht der Mehrheit die Abwesenheit analog war zu der Enthaltung hinsichtlich der Auswirkungen auf die Arbeit des Rates.[595]

Vor diesem Hintergrund wurden die Aussagen getroffen, in der Praxis des Sicherheitsrates hindere die Abwesenheit eines Mitgliedes, sogar eines ständigen Mitgliedes, diesen Körper nicht daran, eine Resolution anzunehmen. Abwesenheit eines ständigen Mitgliedes würde für ein Äquivalent zur Enthaltung bei einer Abstimmung gehalten werden.[596] Weiter wird der Schluss gezogen, dass „the practice of the Security Council in this respect has been generally accepted."[597]

Die Abwesenheit der UdSSR wurde als rechtlich gleichwertig zu einer Enthaltung gewertet, die die Annahme einer Resolution nicht verhindert. Dabei wurde diese Frage nicht erörtert, sondern das United States Department of State kündigte einfach zu einem späteren Zeitpunkt an „The

---

592 *McDougal/Gardner*, YLJ 60 (1951), S. 258 (279); *Liang*, AJIL 44 (1950), S. 694 (696).
593 SCOR 2nd Year No. 68, 173rd Meeting (1 August 1947), S.1711 f.
594 *Mc Dougal/Gardner*, YLJ 60 (1951), S. 258 (279).
595 SCOR 1st Year, 1st Series, No. 2, 27th Meeting (27 March 1946), S. 60; SCOR 1st Year, 1st Series, No. 2, 40th Meeting (8 May 1946), S. 251
596 *Kelsen*, United Nations, 244 f.
597 *Liang*, AJIL 44 (1950), S. 694 (708).

voluntary absence of a permanent member from the Security Council is clearly analogous to an abstention."[598] Diese Analogie ist jedoch eher wackelig, da der Grund für die Behandlung eines sich enthaltenden Mitgliedes als zustimmend darin liegt, dass der sich enthaltende Staat dieses Ergebnis wünscht. Er ist anwesend, er enthält sich, um den Vorschlag nicht zu blockieren und willigt ein in die Ankündigung des Abstimmungsergebnisses durch den Präsidenten des Sicherheitsrates.[599] Dies ist gerade nicht der Fall bei einer Abwesenheit, insbesondere einer Abwesenheit wie der der Sowjetunion, die als Ziel die Verhinderungen von Handlungen durch den Sicherheitsrat angekündigt hatte.[600] Auch rechtlich ist diese Ansicht kaum vertretbar, da ein Präzedenzfall bzgl. einer Enthaltung nur ein Präzedenzfall bzgl. einer Enthaltung sein kann, nicht bzgl. einer Abwesenheit.[601]

bbb) Abwesenheit ist gleich einer Enthaltung und beide stehen einem Veto gleich

Eine andere Alternative besteht darin, jegliche Entscheidung des Sicherheitsrates, die entweder unter einer Enthaltung oder einer Abwesenheit eines ständigen Mitgliedes zustande gekommen sind, für „illegal" zu halten - und damit einen Großteil der Arbeit des Sicherheitsrates. Begründet wird dies damit, „the language used in Article 27 of the Charter leaves no room for doubt as to the intention of the draftsmen."[602] Die zahlreichen Beispielsfälle, in denen Resolutionen in der Geschichte der Vereinten Nationen bereits verabschiedet wurden, ohne die notwendigen Stimmen aller fünf ständigen Mitglieder werden mit der Begründung beiseite gelassen, dass „mere practice" nicht die „strict requirements" des Wortlautes der Charta ändern könne.[603]
Diese Ansicht ist fragwürdig. Das ausdrückliche Veto selbst hat sich nicht selten als Behinderung einer effektiven Betätigung der Vereinten Nationen gezeigt. Jeder, der ernsthaft den Hauptzielen der Vereinten Nationen ergeben ist, muss zwingende Gründe verlangen, die jedoch

[598] Unites States Politics in the Korean Crisis (United States Departement of State, Far Eastern Series 34, Publication 3922, Washington, D. C., July 1950), Doc. 93, S. 63.
[599] *Schick*, WPQ 3 (1950), S. 311 (321 f).
[600] *Schick*, WPQ 3 (1950), S. 311 (322).
[601] *Kunz*, AJIL 45 (1951), S. 137 (142).
[602] *Doe*, CanBarRev 28 (1950), S. 902 (906).
[603] *Gross*, YLJ 60 (1951), S. 209 (227).

nirgendwo niedergelegt sind, um eine gewaltige und nicht notwendige Ausdehnung des Vetorechtes durch Interpretation zu rechtfertigen. Keine rechtliche Notwendigkeit, und nichts in den Worten der Charter verlangt, dass die Vereinten Nationen sich dem Willen eines einzigen Mitgliedes beugen oder andererseits sich selbst und ihre Ziele, für die sie stehen, zerstören.[604]

Jegliche rationale Basis für einen Vergleich von Enthaltungen und Abwesenheit muss daher in den Zielen und Auswirkungen zu finden sein, welche ein Mitglied verfolgen oder erreichen kann. Ein ständiges Mitglied, das im Sicherheitsrat anwesend ist und welches eine Resolution ablehnt, hat eine Wahl: entweder kann es ein Veto bzgl. dieser Resolution einlegen und die Vorwürfe der Welt riskieren, oder es kann durch seine Enthaltung umgehen, die Verantwortung für die Behinderung übernehmen zu müssen und erlauben, die Resolution passieren zu lassen. Es kann nicht seinen Willen den anderen Mitgliedern aufzwingen und gleichermaßen die Verantwortung dafür vermeiden. Bisher ist noch kein plausibler Grund dafür vorgebracht worden, warum dieser Standard nicht auf ein abwesendes Mitglied übertragen werden sollte. Zu verlangen, dass das Veto auf einer formalen, offenen Weise ausgeübt werden solle, so dass es von aller Welt zur Kenntnis genommen werden könne, legt bestimmte offensichtliche Limitierungen Erpressung und unilateralem Diktat auf. Diese offene Verantwortung in den Ratssitzungen zu verlangen, ist nichts, worüber sich ein ständiges Mitglied vernünftigerweise beschweren könnte. Das ausdrückliche Veto ist mehr als adäquat, um irgendein wirkliches Interesse zu schützen.[605] In den Worten von Ambassador Jessup:

„Clearly it can make no difference in terms of the application of the Charter on this point whether the representative of a permanent member sits at the table and abstains or whether he fails to come at all. The essential difference relates to the question of a member's willingness to discharge its obligations under the Charter. The Soviet Union had the legal power to attend the meeting of the Security Council and, by taking the responsibility before the world, to cast a veto to block Security Council action. The USSR did not have the power to block action by

[604] *McDougal/Gardner*, YLJ 60 (1951), S. 258 (285).
[605] *McDougal/Gardner*, YLJ 60 (1951), S.258 (286).

staying away from the meeting in violation of its obligations under Article 28."[606]

Es stellt eine komplette Fehlinterpretation des Einstimmigkeitsprinzips dar, vorzuschlagen, der Sicherheitsrat solle aufgrund der absichtlichen Abwesenheit eines ständigen Sicherheitsratsmitgliedes gelähmt sein. Es ist keine Einstimmigkeit, sondern unmögliche Anarchie oder Tyrannei, zu verlangen, dass „if unanimity fails, the will of one, however arbitrary, prevails over the will of many, however reasonable".[607]

Das Einstimmigkeitsprinzip wurde niemals auf diese Art und Weise im Fall des Völkerbundes interpretiert - es gibt keinerlei Grund, es in dieser Hinsicht im Fall der Vereinten Nationen zu interpretieren.[608] Richtig verstanden repräsentiert das Prinzip der Einstimmigkeit nicht mehr als eine Anerkennung der vorherrschenden Wichtigkeit für die Zukunft des internationalen Friedens und der Sicherheit der fortsetzenden Übereinkunft unter den Großmächten. Es setzt „an honest and good faith" Bemühungen voraus seitens dieser Mächte, um zu verhindern, dass diese ihre Stärke einsetzen, um die Ziele der Organisation zunichte zu machen.[609]

Nichts in diesem Prinzip schlägt eine so einschränkende Interpretation der Abstimmungsvorschriften der Charta vor, um es den Vereinten Nationen unmöglich zu machen, Maßnahmen zu ergreifen hinsichtlich der Zukunft des internationalen Friedens ohne die komplette Übereinkunft der fünf Hauptmächte. Die Worte des Vier-Mächte Statements in San Francisco sagen nur, dass die ständigen Mitglieder „could not be excepted to assume the obligations to act in so serious a matter as the maintenance of international peace and security in consequence of a decision in which they had not concurred."[610]
Konsequenterweise verletzen diese Resolutionen nicht das Einstimmigkeitsprinzip, wenn dieses Prinzip nicht so zu verstehen ist, dass eine

[606] *Jessup*, Korea, The Department of State Bulletin, Vol. 23 (1950), S. 84 (86).
[607] Benjamin V. Cohen, speaking before the ad hoc Political Committee of the General Assembly in the United Nations, Dept. Of State Pub. No. 3419 (February, 1949), S. 17, 19.
[608] *McDougal/Gardner*, YLJ 60 (1951), S. 258 (273 f).
[609] Benjamin V. Cohen, speaking before the ad hoc Political Committee of the General Assembly in the United Nations, Dept. Of State Pub. No. 3419 (February, 1949), S. 17, 19.
[610] Annex to Doc. 1050 III/1/58, Doc. 852 III/1/37 (1) v. June 8, 1945 in UNCIO XI, S. 713.

Großmacht die anderen Mächte daran hindern kann, ihre Streitkräfte in einem Handlungsverlauf einzusetzen, dem sie zugestimmt haben.[611] Einen solchen Inhalt in die Einstimmigkeit hineinzulegen wird durch nichts in der Geschichte oder der Vernunft verlangt. So kann die Einstimmigkeitsregel in internationalen Konferenzen nicht mehr meinen als das, dass diese, die nicht zustimmen, nicht gebunden sind. Es kann richtigerweise nicht die so oft beigemessene Bedeutung gegeben werden, dass keine gültige Entscheidung getroffen werden kann, wenn nicht alle Parteien übereinstimmen. Offensichtlich würde die Interpretation der Einstimmigkeitsregel in einer Konferenz als Übertragung eines liberum veto auf jeden teilnehmenden Staat der Minorität ein Recht zum Einschreiten gegen die Handlungen der Mehrheit geben.[612]

ccc) Abwesenheit und Enthaltung sind unterschiedlich zu beurteilen

Eine moderatere Alternative besteht in der Argumentation, dass der Wortlaut des Art. 27 III UN-Charta so interpretiert werden kann, dass Entscheidungen im Rahmen von Enthaltungen möglich sind, aber nicht im Rahmen von Abwesenheit.[613] Diese Ansicht führt dazu, dass nur die Rechtmäßigkeit der Resolutionen angegriffen wird, die im Rahmen der Abwesenheit der UdSSR zustande gekommen sind im Frühjahr und Sommer des Jahres 1950 und im Rahmen dieser insbesondere Korea. Große Beständigkeit steht nicht dahinter, der Vertreter einer „objektiven", eindeutigen Interpretation dürfte kaum eine solche Unterscheidung treffen können zwischen Enthaltungen und Abwesenheit. Wenn der Wortlaut „concurring votes of the permanent members" bedeutet, die zustimmenden Stimmen aller fünf Mitglieder - dann kann dies weder der Abwesenheit noch der Enthaltung nachgeben. Wenn andererseits die Sprache des Art. 27 III UN-Charta weit genug ist, eine Ausnahme für den Fall der Enthaltung zuzulassen, dann ist sie auch weit genug, um eine Ausnahme in dem Fall der Abwesenheit zuzulassen.[614]

Diejenigen, die letztlich also eine Unterscheidung hinsichtlich der rechtlichen Konsequenzen zwischen Abwesenheit und Enthaltung ziehen, tun dies nicht so aufgrund wörtlicher Interpretation - sie argumentieren

---

[611] *McDougal/Gardner*, YLJ 60 (1951), S. 258 (285).
[612] *Koo*, Procedures, S. 10.
[613] *Gross*, YLJ 60 (1951), 209 ff, *Schick*, WPQ 3 (1950), S. 311 ff.
[614] *McDougal/Gardner*, YLJ 60 (1951), S. 258 (283).

stattdessen aufgrund von Taktik. Nach dieser Theorie sei eine Enthaltung „tacit consent". Obwohl die Anerkennung von Resolutionen, die trotz Enthaltungen angenommen wurden, eine Ausnahme von Artikel 27 III darstellt, verletze ein solches Respektieren nicht das Prinzip der Einstimmigkeit. Abwesenheit im Gegensatz wird ausgelegt als ausdrücklicher und spezifischer Dissens und habe demnach als dieselben rechtlichen Auswirkungen wie ein formales Veto.[615] Nach den Worten von Gross ist eine Enthaltung „a manifestation of consent in disguise." Dabei handele es sich aber nicht um ein „consent in disguise or otherwise to the resolution in question; rather it is consent to the action which is to result from [it]. Such a manifestation, disguised or implied, cannot be said to exist if the permanent member in question, in official statements in communications, has made the imputation of such consent impossible."[616]

Diese angebliche Unterscheidung ist mehr als zweifelhaft. Zunächst ist es keinesfalls korrekt, eine Enthaltung als „a manifestation of consent in disguise" zu bezeichnen, da eine Enthaltung keinesfalls dem zu entsprechen hat. Eine Enthaltung kann auch dann geschehen, wenn ein Mitglied eine Resolution ablehnt, aber es nicht wagt, sich den Zorn der Weltmeinung zuzuziehen durch eine einseitige Sperrung dieser Resolution. Enthaltende Mitglieder können also tatsächlich in einer genauso großen Opposition entweder zu den Worten einer Resolution oder zu den Konsequenzen, die aus dieser Resolution folgen, stehen wie abwesende Mitglieder.[617] In diesem Zusammenhang sei auf eine Bemerkung des sowjetischen Vertreters verwiesen:

„The United Kingdom representative...at today's meeting has stated our silence means assent with what the United Kingdom representative meant...I have to state that such an interpretation on the part of the United Kingdom representative is to say the least. Naive; a strange, droll interpretation. From my statement it is clear that we diverge from the United Kingdom position... Once again I wish to emphasize that my silence with regard to these questions does not mean assent..."[618]

---

[615] *McDougal/Gardner*, YLJ 60 (1951), S. 258 (283).
[616] *Gross*, YLJ 60 (1951), S. 209 (253).
[617] *McDougal/Gardner*, YLJ 60 (1951), S. 258 (284).
[618] P.M. Chernyshev before the Economic and Financial Committee of the United Nations General Assembly reported in the N.Y. Times, Nov. 4, 1950, p. 4, col. 2: zitiert nach: *McDougal/Gardener*, YLJ 60 (1951), S. 258 (284).

Umgekehrt muss Abwesenheit nicht unveränderbar fehlende Übereinstimmung bedeuten, da ein Mitglied aus vielen Gründen abwesend sein kann, die nicht eine Opposition zu besonderen Resolutionen einschließen. Es mag sein, dass ein Mitglied durch ein generelles walk-out versucht, von anderen Mitgliedern Zugeständnisse zu erzwingen, die völlig unabhängig sind. Eine Unterscheidung zu treffen hinsichtlich der rechtlichen Auswirkungen von Abwesenheit und Enthaltung, abhängig von einem nicht zum Ausdruck gebrachten Zustand von Zustimmung oder Dissens bei der nicht abstimmenden Partei, wäre ebenso gefährlich bei der Anwendung wie es auch unautorisiert durch die Charta ist.[619]

Es sind taktische Erwägungen, aus denen die versuchte Unterscheidung zwischen Abwesenheit und Enthaltung verurteilt wird. Die Praxis, dass Enthaltung kein Veto ist, erlaubt den Vereinten Nationen sehr effektiv zum Ziele der kollektiven Sicherheit zu operieren, zu welchem Zweck sie auch entwickelt wurden.

Im Gegensatz dazu würde eine Entscheidung, dass Abwesenheit ein Veto ist, einem einzigen ständigen Sicherheitsratmitglied durch seine vorsätzliche Weigerung an den Beratungen des Rates teilzunehmen, nicht nur seine eigenen Interessen durch Untätigkeit schützen. Vielmehr würde sie den anderen Mitgliedern seine Meinung aufzwingen hinsichtlich der Frage, ob und wie sie ihre kollektive Gewalt einsetzen sollten und folglich, vielleicht sogar der ganzen Organisation eine Politik der Nutzlosigkeit und Zerstörung diktieren.[620]

Dabei wird ein Unterschied zwischen der Abwesenheit und der Enthaltung aufgrund der Tatsache gemacht, dass eine Enthaltung zwar nicht in Übereinstimmung mit dem Art. 27 III UN-Charta ist, sie aber eine „stillschweigende Übereinkunft“ darstellt, „a manifestation of consent in disguise“ und damit das Einstimmigkeitsprinzip nicht verletzt.[621] Eine weitergehende Interpretation sei noch nicht einmal aufgrund der „rule of effectiveness“, dem Prinzip, das die Vertragsinterpretation fördert, die dem Hauptziel des Vertrages am nächsten kommt, gerechtfertigt.[622] Die Lahmlegung des Rates im Fall der Abwesenheit der Einigkeit der Großmächte sei das „beabsichtigte“ Ergebnis der „Yalta Voting Formu-

---

[619] *McDougal/Gardner*, YLJ 60 (1951), S. 258 (284).
[620] *McDougal/Gardner*, YLJ 60 (1951), S. 258 (285).
[621] *Gross*, YLJ 60 (1951), S. 209 (253).
[622] *Gross*, YLJ 60 (1951), S. 209 (250 f).

la“ – der Rat sei von Anfang an mit diesem Makel oder Fehler belastet gewesen.[623] Dabei mache es keinen Unterschied, dass die Abwesenheit der UdSSR freiwillig gewesen sei - Art. 27 III UN-Charta verkörpere schließlich das Prinzip der Einstimmigkeit der ständigen Mitglieder des Sicherheitsrates und sei nicht betroffen mit den Mitteln oder Umständen, die die Erfüllung dieses Erfordernisses rechtfertigen.[624]

Letztendlich sei es ein Fehler der Verfasser der Charta gewesen, von einer Einigkeit unter den Großmächten auszugehen und seit diese Einigkeit nicht andauerte, sollten die Mitglieder der Vereinten Nationen die Tatsache akzeptieren, dass ihre Organisation nicht funktionieren könne als ein effektives Organ zur Aufrechterhaltung des internationalen Friedens und der Sicherheit.[625]

ddd) Pflicht zur Teilnahme

Im Rahmen des Streites um die Gültigkeit der Korea-Krise kam auch die Frage auf, ob für die fünf Ständigen eine Pflicht zur Teilnahme an den Sitzungen des Sicherheitsrates existiere.

In diesem Rahmen ist insbesondere Art. 28 UN-Charta von Bedeutung. So argumentierten die Vereinigten Staaten vor dem Hintergrund der Korea-Resolutionen dahingehend, dass Art. 28 UN-Charta vorsehe, dass „The Security Council shall be so organized as to be able to function continuosly“. Diese Anordnung gelte aber nicht, wenn die Abwesenheit eines ständigen Mitgliedes so ausgelegt werde, den Effekt zu haben, dass alle materiellen Handlungen durch den Rat verhindert werde.[626] Aufgrund des Art. 27 UN-Charta kann aber auch argumentiert werden, dass die Mitglieder des Sicherheitsrates eine rechtliche Pflicht haben bei den Sitzungen des Rates anwesend zu sein und dass eine entsprechende Abwesenheit eine Verletzung des Art. 28 UN-Charta darstelle. Der Wortlaut des Art. 28 II S. 1 UN-Charta „Each member of the Security Council shall for this purpose be represented at all times at the seat of the Organization“ ist sehr unglücklich formuliert, enthält aber dennoch

---

[623] *Gross*, YLJ 60 (1951), S. 209 (254).
[624] *Gross*, YLJ 60 (1951), S. 209 (254).
[625] *Gross*, YLJ 60 (1951), S. 209 (251).
[626] *Kunz*, AJIL 45 (1951), S. 137 (139); United States Policy in the Korean Crisis (Dept. of State Pub. 3922, Far Eastern Series 34, July 1950) Doc. 95, S. 61-63.

die Worte „for this purpose“, womit gemeint ist „to be able to function continuosly.“[627]

Die ständigen Mitglieder des Sicherheitsrates haben also die Pflicht zur Teilnahme, um die Funktionsfähigkeit des Sicherheitsrates zu gewährleisten.

eee) Bewertung

Fraglich ist aber, ob diese absichtlich herbeigeführte Abwesenheit unter Verletzung der Art. 24 und 28 I UN-Charta, dazu führen kann, dass dem abwesenden ständigen Mitglied nicht mehr zusteht, gegen Maßnahmen zu protestieren, die in seiner Abwesenheit ergriffen wurden. Diese Position wurde im Rat durch den Vertreter Frankreichs zum Ausdruck gebracht:

„The delegation of the Soviet Union, by abandoning the Council, has abandoned the Charter. When it returns to the one and to the other, it will find again its right of speech, of criticism, of vote and of veto. So long as it has not done so, the USSR government has no legal or moral basis for contesting the action of the United Nations.“[628]

Eine Verletzung der Pflicht zur Teilnahme und der Art. 24 und 28 I UN-Charta kann aber nicht dazu führen, dass die anderen ständigen Mitglieder ihrerseits den Art. 27 III UN-Charta verletzen.[629]

Vor allem besteht ein Unterschied zwischen Enthaltung und Abwesenheit, der nicht zuletzt auch die Modifikation der Charta hinsichtlich einer Enthaltung zu rechtfertigen vermag, nicht aber hinsichtlich einer Abwesenheit. Die Charta stellt hinsichtlich der obligatorischen Enthaltung klar, dass diese dem Einstimmigkeitsprinzip nicht entgegensteht - eine Form der Abwesenheit wird nicht erwähnt. Somit wird zumindest hinsichtlich einer Form der Enthaltung eine Aussage getroffen; entsprechend ist es möglich, eine freiwillige Enthaltung ebenso wie eine obligatorische zu behandeln. Darüber hinaus erstrebt das sich enthaltende Mitglied - unabhängig davon, welche Motive seiner Enthaltung zugrun-

---

[627] *Kunz*, AJIL 45 (1951), S. 137 (141).
[628] SCOR 5th Year, No.17, Meeting 475 (30 June 1950), S. 8.
[629] *Gross*, YLJ 60 (1951), S. 209 (249 f).

de liegen - dennoch eine Annahme eines Vorschlages oder einer Resolution, denn sonst wäre es in der Lage, sein Veto auszuüben und würde dies auch aller Voraussicht nach tun. Genau diese Intention kann aber einem Mitglied, das abwesend ist, nicht unterstellt werden[630] - insbesondere nicht, wenn das entsprechende Mitglied noch vor Verlassen des Sicherheitsrates sich dahingehend äußert, es würde „not recognize as legal any decision of the Security Council adopted with the participation of the representative of the Kuomintang group, and will not be guided by any such decision."[631]

Unter den ständigen Mitgliedern besteht ein Einverständnis hinsichtlich des Duldens der Praxis der Enthaltung. Dieses verhindert das Zustandekommen einer Entscheidung bei einer oder mehrerer Enthaltungen so lange nicht, so lange unter den ständigen Mitgliedern die Einigkeit besteht, Enthaltungen nicht als Veto zu betrachten.[632] Eine solche Einigkeit bzgl. einer Abwesenheit, die diesbezüglich ebenfalls eine Modifikation rechtfertigen könnte, existiert nicht unter den Ständigen.

Auch wenn die daraus für die Abwesenheit folgende Konsequenz, nämlich eine Lähmung des Sicherheitsrates wenig erfreulich ist, so ist diese doch das in diesen Fällen gewollte Ergebnis.

Die Vereinbarung von Jalta erkannte an, dass in einer Welt souveräner Staaten, nach dem Zweiten Weltkrieg vier bzw. fünf Staaten hervortraten, die in der Lage waren, gemeinsam aufgrund ihrer Macht die gesamte Welt zu beherrschen. Darüber hinaus hatten sie als Leidtragende, Verbündete und schließlich Sieger eine gemeinsame Basis zur Zusammenarbeit. Der Wortlaut der Jalta-Formel „the preservation of peace and security" bedeutet nichts anderes, als dies nur insoweit, soweit es dem Interesse aller Großmächte entspricht.[633] Der Sicherheitsrat kann also nur dann effektiv handeln, wenn dies alle Großmächte wünschen. Die Jalta-Formel ist darauf angelegt - sollte nur eine der Großmächte Bedenken erheben, sollte hinsichtlich zu ergreifender Maßnahmen der Apparat stillstehen. Aus diesem Grunde kann durch die Vereinten Nationen „international peace and security" nur bei Einigkeit der Großmächte er-

---

[630] so auch *Schick*, WPQ 3 (1950), S. 311 (322).
[631] SCOR 5th Year, No. 3, 461st Meeting (13 January 1950), S. 10.
[632] *Gross*, YLJ 60 (1951), S. 209 (227).
[633] *Koo*, Procedures, S. 117.

reicht werden. Liegt diese Einigkeit nicht vor, so muss der Friede auf einem anderen Wege erzielt werden.[634]

Die Charta geht also davon aus, dass die fünf Großmächte zum Ziele des Friedens zusammenarbeiten können und erkennt an, dass ohne die fünf Großmächte es de facto keine kollektive Handlung durch die Gemeinschaft der Nationen geben kann. In der Abwesenheit von Zusammenarbeit durch die fünf ständigen Mitglieder trifft die Charta keine Vorkehrungen für kollektive Zwangsmaßnahmen. Sie lässt die Welt so, wie sie sie fand.[635]

---

634 *Koo*, Procedures, S. 117.
635 *Schick*, WPQ 3 (1950), S. 311 (322).

IX. Missbrauch des Vetorechts

Grundsätzlich verleitet Macht zum Missbrauch - dies ist nicht anders, wenn durch ein Privileg einem ständigen Mitglied ein Sonderrecht eingeräumt wird, denn das Bestreben, dieses Privileg exzessiv zu benutzen führt zu einer extensiven Auslegung desselben.[636]

In der Ausübung ihrer Machtbefugnisse sind die ständigen Mitglieder nicht völlig frei. Insbesondere zwei Artikel der UN-Charta sind als grundlegende Regeln zu erkennen, die konkrete Richtlinien für die Handlung der Mitglieder darstellen.

Dies ist zum einen Art. 24 II UN-Charta, der den Sicherheitsrat dazu verpflichtet, „to act in accordance with the Purposes and Principles of the United Nations.“ Diese Verpflichtung richtet sich zum einen an das Gesamtorgan Sicherheitsrat. Zum anderen ist sie auch an jedes einzelne Mitglied adressiert, denn die Entscheidungen des Sicherheitsrates sind nur dann „in accordance with the Purposes and Principles of the United Nations“ wenn die Ausübung des Stimmrechtes durch seine Mitglieder von denselben Prinzipien inspiriert wurde.

Die zweite grundlegende Vorschrift ist Art. 2 II UN-Charta, nach der alle Mitglieder „shall fulfil in good faith the obligations assumed by them in accordance with the Purposes of the United Nations.“ Bei Ausübung ihres Abstimmungsrechtes sollen die Mitglieder des Sicherheitsrates stets davon geleitet sein, unter Berücksichtigung dieser zwei Ziele zu handeln.[637] Jede Abstimmung eines Mitgliedes des Sicherheitsrates, die nicht von diesen vorgenannten Zielen geleitet ist, stellt einen Missbrauch der Machtbefugnisse, die die Mitglieder des Rates besitzen, und eine Verletzung der Bestimmungen der Charta dar.[638] Der Wunsch, ein Handeln des Sicherheitsrates aus Gründen nationalen politischen Interesses unmöglich zu machen, stellt eine offensichtliche Verletzung der Charta dar.[639] Die Ausübung von Machtbefugnissen wird illegal, wenn sie in einer missbräuchlichen Art und Weise erfolgt.[640]

---

[636] *Köchler*, Abstimmungsverfahren, S. 29.
[637] *Spiropoulos*, Rev. Hell. 1 (1948), S. 3 (4).
[638] *Spiropoulos*, Rev. Hell. 1 (1948), S. 3 (7).
[639] *Spiropoulos*, Rev. Hell. 1 (1948), S. 3 (8).
[640] *Spiropoulos*, Rev. Hell. 1 (1948), S. 3 (6).

1) Möglichkeiten des Missbrauchs

Ein Missbrauch des Vetos ist jederzeit möglich. Erleichtert wird dies insbesondere bei Unklarheiten der Charta, so wie sie bzgl. des doppelten Vetos oder der obligatorischen Enthaltung auftreten.

a) Art. 39 UN-Charta

Das Problem des Missbrauchs tritt bereits im Rahmen von Art. 39 UN-Charta auf, nach dem der Rat „the existence of any threat to the peace, breach of the peace or act of aggression" feststellt. Diese Feststellung und die Frage bzw. der Beschluss, welche Maßnahmen der Sicherheitsrat ergreifen wird, sind Fragen materieller Art und erfordern für ihre Festlegung die zustimmenden Stimmen von sieben, bzw. mittlerweile neun, zustimmenden Mitgliedern, eingeschlossen die fünf ständigen Mitglieder in Übereinstimmung mit Art. 27 III der Charta. Dieses Erfordernis hat Schwierigkeiten zur Friedensdurchsetzung durch den Sicherheitsrat verursacht. Sollte nämlich ein ständiges Mitglied in den Streit entweder direkt oder indirekt durch Symphatisieren mit einem Betroffenen involviert sein, ist die Friedenserzwingung unmöglich.[641] Die ständigen Mitglieder können den Rat durch Rückgriff auf ihr Vetorecht daran hindern, irgendeine Aktion gegen den Aggressor zu ergreifen. Das Veto kann also die Auswirkungen aller zu einer Maßnahme zustimmenden Stimmen, die von den anderen ständigen Mitgliedern abgegeben wurden, zunichte machen.[642]

b) Das Problem der Verfahrensfragen

Das Hauptproblem im Rahmen des doppelten Vetos ist die Zuordnung zu den verfahrensrechtlichen oder materiellen Angelegenheiten, wodurch der dem Veto unterworfenen Bereich von dem Willen des Interpretierenden abhängig ist. Dem entspricht die Kritik Australiens an der Vier-Mächte-Erklärung von San Francisco: „The permanent member, according to that ruling can say, not only ‚I can veto the decision of the

---

[641] *Batra*, IJIL 18 (1978), S. 76 (78)
[642] *Batra*, IJIL 18 (1978), S. 76 (78).

Council', but I can determine the question which I will veto.'"[643] Auf diese Art und Weise ist eine willkürliche Handhabung möglich.

Gerade vor diesem Hintergrund ist die Vier-Mächte-Erklärung hinsichtlich ihrer Bedeutung umstritten. Der Vertreter Australiens äußerte sich in der 49. Sitzung des Sicherheitsrates dahingehend, dass die Vier-Mächte-Erklärung vom 7. Juni 1945 von der Konferenz von San Francisco zu keiner Zeit in einer offenen Sitzung bestätigt worden sei und dass die Erklärung zum doppelten Veto daher keine Richtlinie bei der Auslegung der Charta sein könne.[644] Darüber hinaus stelle die Vier-Mächte Erklärung nur die Meinung der betreffenden Mächte zu dem damaligen Zeitpunkt dar ohne jegliche Bindung an ihre Aussagen, da in dieser Erklärung kein Vertrag vorliege.[645]

Eine Einschränkung des doppelten Vetos erfolgte anlässlich der Behandlung der Formosa-Frage im Sicherheitsrat in der 507. Sitzung am 29. September 1950. Unter Rückgriff auf die Rule 39 der Provisional Rules of Procedure of the Security Council erklärte der Präsident des Sicherheitsrates eine den prozessualen Charakter bestätigende Abstimmung über die Beiziehung von „Auskunftspersonen" (hier eines Vertreters der Volksrepublik China) bei neun Zustimmungen und einem Veto durch Nationalchina für wirksam. Er begründete seine Ansicht dahingehend:

„I think that if such a situation as this is allowed to stand, a very grave precedent will have been created which may well impede the whole functioning of the United Nations in future."[646]

Der Rückgriff auf das presidential ruling der Rule 30 der Provisional Rules of Procedure verhinderte zum ersten Mal den Versuch einer willkürlichen Handhabung des doppelten Vetos durch ein ständiges Mitglied, das auch gleichzeitig Konfliktpartei war.[647] Eine Rechtfertigung dieser Maßnahme ist aber vor dem Hintergrund problematisch, da die vorläufigen Rules of Procedure keine größere rechtliche Relevanz als die

---

643 SCOR, 1st Year, 1st Series, No. 2, 49th Meeting (26 June 1946), S. 425.
644 SCOR, 1st Year, 1st Series, No. 2, 49th Meeting (26 June 1946), S. 425.
645 *Kelsen*, HLR 59 (1946), S. 1087 (1103 f).
646 SCOR, 5th Year, No. 48, 506th Meeting (29 September 1950), S. 6 ff; SCOR 5th Year, No. 49, 507th Meeting (29 September 1950), S. 5.
647 *Köchler*, Abstimmungsverfahren, S. 30.

Charta haben können und eine versteckte Revision der Charta darstellen.[648]

c) Obligatorische Enthaltung

Auch wurde versucht, die obligatorische Enthaltung zu umgehen, zumal das Veto vor allem in der Situation vorteilhaft ist, wenn die eigenen Interessen betroffen sind. So gab es stets Bestrebungen seitens der UdSSR bei der Konferenz von Dumbarton Oaks, das Vetorecht gerade immer dann Geltung haben zu lassen, wenn eine Großmacht Partei sei.[649] In diesem Bereich haben die ständigen Mitglieder einen Weg eingeschlagen, um ihnen unliebsame Resolutionen verhindern zu können, so dass die Verpflichtung zur Stimmenthaltung seitens der ständigen Mitglieder und somit eine zentrale Vorschrift der Charta unterlaufen wurde.

Die in der Charta niedergelegte Verpflichtung, sich in dem Falle des Beteiligtseins der Stimme zu enthalten und die Erklärung der Vier Mächte sind widersprüchlich. Nach der Vier-Mächte Erklärung unterliegt die Entscheidung darüber, wer Streitpartei sei - nämlich durch die Frage, ob ein „dispute“ oder bloß eine „situation“ vorliege - dem Veto selbst.

Im Laufe der ersten Monate des Jahres 1946 zeigte sich mehr und mehr die Praxis, dass wenn ein kleiner Staat einen „dispute“ mit einer Großmacht hatte und diesen „dispute“ vor den Rat brachte, die Großmacht sich darauf berufen würde, es handele sich nicht um einen „dispute“ und somit ihr Recht, über den „dispute“ abzustimmen behalten würde - ungeachtet dessen, was der kleine Staat oder die Charta darüber aussagt.[650] Bedingt durch das doppelte Veto auch in diesem Bereich läuft die obligatorische Enthaltung völlig leer, da „the Charter provision when the Council is considering the pacific settlement of disputes has not been applied in most cases where a permanent member has been perceived by others to be involved.“[651] Gerade die nichtständigen und kleineren Staaten werden hier mit ihrer eigenen Machtlosigkeit konfrontiert. Diese äußert sich insbesondere in der Situation, in der ein kleinerer Staat einen

---

[648] vgl. unter V. 2) c) fff)
[649] *Schild*, Bretton Woods, S. 156 ff.
[650] *Boyd*, Powder Keg, S. 86.
[651] *Köchler*, Abstimmungsverfahren, S. 32.

Streit mit einer Großmacht hat und diesen dem Sicherheitsrat vorträgt. Die Großmacht wird das Vorliegen eines „disputes“ bestreiten und folglich sein Recht, über die Frage abzustimmen, behalten.[652]

Durch diese Möglichkeit tritt eine Verschärfung der durch das Veto geschaffenen Ungleichheit ein, so dass eine Willkür ermöglicht wird, die von keiner Seite einer Kontrolle unterliegt. 1951 beantragte Ägypten, diese Streitfrage dem Internationalen Gerichtshof vorzulegen, was jedoch von den ständigen Mitgliedern abgelehnt wurde. Dies hat zur Folge, dass der Grundsatz nach dem niemand in seiner eigenen Sache Richter sein kann, keine Beachtung mehr findet. Darüber hinaus hat der Sicherheitsrat so eine bedeutende Legitimitätsgrundlage für seine Entscheidungen verloren.[653]

Eine ähnliche Situation war bereits im Völkerbund anlässlich des türkisch-iranischen Konfliktes aufgetreten. Anlässlich dieses Konfliktes wurde eine advisory opinion des Permanent Court of International Justice zu dem Grundsatz, nach dem Befangenheit zur Stimmenthaltung verpflichtet, eingeholt, die folgende Aussage traf:

„in the case of the settlement of a dispute, the rule of unanimity is applicable, subject to the limitation that the votes cast by representatives of the interested Parties do not affect the required unanimity...The well-known rule that no one can be judge in his own suit holds good.“[654]

Darüber hinaus darf nicht vergessen werden, dass die Charta selbst hinsichtlich der obligatorischen Stimmenthaltung lückenhaft ist, denn sie gilt nur für Beschlüsse nach Kap. VI und Kap. VIII Art. 52 III UN-Charta - sie gelten insbesondere gerade nicht für Kap. VII, also für Maßnahmen, bei denen sie erstrebenswert wären. Diese Einschränkung, die bereits aus der Charta resultiert, wurde durch die Art und Weise der Definition von „dispute“ oder „situation“ verstärkt. Als Folge genießen die ständigen Mitglieder einen beinahe kompletten Schutz vor gegen sie gerichtete Maßnahmen. Ihnen ist ein Missbrauch der UN-Charta für ihre eigenen machtpolitischen Interessen gestattet.[655]

---

[652] *Boyd*, Powder Keg, S. 86.
[653] *Köchler*, Abstimmungsverfahren, S. 33.
[654] PCIJ Series B, No. 12, 21 November 1925, Advisory Opinion concerning Art. 3 Para 2 of the Treaty of Lausanne (Frontier between Turkey and Irak), S. 31 f.
[655] *Köchler*, Abstimmungsverfahren, S. 33.

2) Frühes Bewusstsein für dieses Problem

Ein Bewusstsein für dieses Problem stellte sich schon früh in den Vereinten Nationen ein, da bereits auf der Konferenz von San Francisco Kritik an der Jalta-Formel geübt wurde. In ihrem „Statement by the Delegations of the Four Sponsoring Governments on Voting Procedure in the Security Council" vom 7. Juni 1945 gaben sie eine Antwort, die eine sehr extensive Auslegung des Vetos vorsah. Sie dehnten über die dort getroffenen Interpretationen den Anwendungsbereich des Vetos und damit ihre Lenkmöglichkeiten weit aus.

Diese weitreichende Ausdehnung ihrer Machtbefugnisse versuchten die vier Mächte unter Verweis auf eine „freiwillige Selbstkontrolle" abzumildern, die de facto jedoch nie eintrat.

So lauteten ihre Antworten auf die Fragen: „It is to be assumed, however, that the permanent members any more than the non-permanent members would use their ‚veto' power wilfully to obstruct the operation of the Council."[656] Darüber hinaus wird in den Antworten ausdrücklich das „doppelte Veto" institutionalisiert, indem die Klärung der Vorfrage, ob eine Angelegenheit prozessualer oder inhaltlicher Natur sei, selbst dem Veto unterworfen wird[657], also de facto zur inhaltlichen Frage erhoben wird.

Dergestalt erhoben sich die vier Mächte zu den autoritativen Interpreten der Charta und errichteten ein Interpretationsmonopol zum Zweck der Ausweitung des Anwendungsbereiches des Vetos.[658] In der Vier-Mächte-Erklärung deklarierten die ständigen Mitglieder ausdrücklich, dass sie ihr Veto-Recht, welches ihnen als ein besonderes Recht zugestanden war, nicht benutzen würden, um willentlich die Arbeit des Rates zu behindern.[659]

Die ständigen Fünf, die vereint waren in ihren Bemühungen, die Achsenmächte zu bekämpfen, waren sich der Divergenz ihrer Interessen be-

[656] Annex to Doc. 1050 III/1/58, Doc. 852 III/1/37 (1), June 8, 1945 in UNCIO XI, S. 713.
[657] Annex to Doc. 1050 III/1/58, Doc. 852 III/1/37 (1), June 8, 1945 in UNCIO XI, S. 712.
[658] *Köchler*, Abstimmungsverfahren, S. 22.
[659] Annex to Doc. 1050 III/1/58, Doc. 853 III/1/37 (1) v. June 8, 1945 in UNCIO XI, S. 713.

wusst und befürchteten, dass hinsichtlich der Lenkung der Welt nach dem Krieg Uneinigkeit entstehen könnte. Diese Zwietracht zwischen dem sowjetischen Block und den westlichen Mächten, angeführt von den Vereinigten Staaten von Amerika, wurde offensichtlich. Jede Seite betrachtete die hegemonialen Aspirationen des anderen. Die Mächte waren nicht davon überzeugt, dass die Probleme durch Diskussionen und Kompromisse gelöst werden könnten. Sie befürchteten, eine Lösung, die ihren Interessen und ihrem Einfluss nachteilig sein könnte, könne ihnen durch die Mehrheit auferlegt werden.[660] Aus diesem Grunde wollte jeder das letzte Wort haben hinsichtlich der Angelegenheiten, die vor den Sicherheitsrat kamen, und so sicherten sie sich das Vetorecht für die ständigen Mitglieder.[661] Hinter dem angeblichen kollektiven Verantwortungsbewusstsein lagen tatsächliche Machtinteressen.[662]

3) Die Reaktion der Generalversammlung

Die Generalversammlung stand diesem Vorgehen bereits sehr früh kritisch gegenüber und befasste sich mit dem Thema des Vetos und dessen Missbrauch entsprechend.

a) Resolution 40 (I) vom 13. Dezember 1946

Bereits am 13. Dezember 1946 verabschiedete sie die Resolution 40 (I) vor dem Hintergrund der Differenzen über die Auslegung des Art. 27 UN-Charta. In dieser Resolution wies sie auf die Gefahr einer Blockierung des Sicherheitsrates durch einen Missbrauch des Vetos hin und appellierte an die ständigen Mitglieder „dringend“, alle Anstrengungen zu unternehmen, um zu verhindern, dass der Gebrauch des besonderen Abstimmungsprivileges seiner ständigen Mitglieder den Sicherheitsrat darin blockiere, unverzügliche Entscheidungen zu treffen. Darüber hinaus wurde dem Sicherheitsrat die baldige Annahme von mit der Charta zu vereinbarenden Verfahren empfohlen, die dazu beitragen sollten, die

---

[660] *Annousamy*, IJIL 40 (2000), S. 538 (543).
[661] *Annousamy*, IJIL 40 (2000), S. 538 (544).
[662] *Köchler*, Abstimmungsverfahren, S. 22.

Schwierigkeiten bei der Anwendung von Art. 27 UN-Charta zu verringern.[663]

b) Resolution 117 (II) vom 21. November 1947

Bereits am 21. November 1947 beschäftigte sich die Generalversammlung erneut in der Resolution 117 (II) mit dem Abstimmungsverfahren im Sicherheitsrat. Ein Interim-Komitee wurde beauftragt, Probleme des Abstimmungsverfahrens im Sicherheitsrat zu behandeln und sich zu diesem Zweck mit einem vom Sicherheitsrat zu bestimmenden Komitee zu beraten.[664]

Ein solches Komitee wurde vom Sicherheitsrat aber niemals gebildet, so dass zu keiner Zeit offizielle Konsultationen stattfanden und das Interim-Komitee seinen Bericht ohne solche Beratungen veröffentlichte. In diesem Bericht „The Problem of Voting in the Security Council“[665] untersuchte das Komitee 98 mögliche Entscheidungen oder Entscheidungsarten, die vom Sicherheitsrat angenommen werden könnten. Das Komitee versuchte Entscheidungen einzuteilen bzgl. der Frage, ob eine Entscheidung verfahrensrechtlicher oder materieller Natur sei, und damit, ob das Veto im Abstimmungsverfahren anwendbar sei. Die Entscheidungen einer weiteren Kategorie sollten nach dem Mehrheitsbeschluss der Mitglieder gefasst werden.[666]

Das Dokument enthält darüber hinaus den Versuch der Definition des Begriffs „dispute“.[667] Das Interim-Komitee empfiehlt der Generalversammlung, den Sicherheitsrat dazu anzuhalten, so wenig wie möglich von dem Vetorecht Gebrauch zu machen. So solle die Minderheit der Ständigen bei fehlender Einigkeit nur dann eine Entscheidung fordern, „when they consider the question of vital importance to the United Nati-

---

[663] GA Res. 40 (I), 13. December 1946, UN GAOR 1st Session, 2nd Part, UN Doc. A/64/Add. 1, S. 64 f.

[664] GA Res. 117 (II), 21 November 1947, UN GAOR 2nd Session 1947, UN Doc A/519, S. 23.

[665] UN Doc. A/578, 15 July 1948, GAOR 3rd Session, Supplement No. 10, S. 1 ff.

[666] UN Doc. A/578, Part I, 15 July 1948, GAOR 3rd Session, Supplement No. 10, S. 2.

[667] UN Doc. A/578, Part I, II, 15 July 1948, GAOR 3rd Session, Supplement No. 10, S. 7.

ons as a whole“ , wobei sie hierfür ihre Gründe angeben sollen .[668] Ferner wird von den Ständigen gefordert, „that they will not exercise their veto against a proposal simply because it does not go far enough to satisfy them.“[669]

Das Interim-Komitee regte bereits zu diesem frühen Zeitpunkt in der Geschichte der Vereinten Nationen gegenüber der Vollversammlung eine Prüfung an, ob ein Einberufen einer Sondersitzung mit dem Ziele die Charta nach Art. 109 UN-Charta zu ändern, sinnvoll sei.[670]

c) Resolution 267 (III) vom 14. April 1948

Mit der Resolution 267 (III) vom 14. April 1948 kam die Generalversammlung den Empfehlungen des Interim-Komitees nach. Sie übernahm die Aufforderung an den Sicherheitsrat, bei gewissen Entscheidungen das Veto nicht auszuüben, dies insbesondere dann nicht, wenn bei einer Abstimmung bereits sieben - mittlerweile wären es neun - positive Stimmen abgegeben worden seien. Das sollte vor allem bei folgenden Entscheidungen gelten:

- bei der Frage, ob ein „dispute“ vorliege oder nicht
- bei der Aufnahme neuer Mitglieder in die Vereinten Nationen
- bei der Frage, ob eine Frage prozessualer oder materieller Natur sei, um das sog. doppelte Veto zu umgehen

Nicht zuletzt forderte die Vollversammlung entsprechend den Vorschlägen des Interim-Kommitees die ständigen Mitglieder auf, ihr Veto restriktiv auszuüben, nicht zuletzt, um zu verhindern, dass der Sicherheitsrat hinsichtlich seines Ansehens und seiner Effektivität Schaden nehme.[671] Die ständigen Mitglieder sind diesen Empfehlungen nicht gefolgt.[672] Auf die Resolution der Generalversammlung antwortete der Prä-

---

[668] UN Doc. A/578, Part IV A 3 c, 15 July 1948, GAOR 3rd Session, Supplement No. 10, S. 17.
[669] UN Doc. A/578, Part IV A 3 d, 15 July 1948, GAOR 3rd Session, Supplement No. 10, S. 17.
[670] UN Doc. A/578, Part IV B, 15 July 1948, GAOR 3rd Session, Supplement No. 10, S. 17.
[671] GA Res. 267 III vom 14. 4. 1948, UN GAOR 3rd Session, 2nd Part, UN Doc. 900, S. 7 ff.
[672] *Köchler*, Abstimmungsverfahren, S. 25.

sident des Sicherheitsrates mit eine Erklärung bzgl. der Abstimmungen vom 18. Oktober 1948, man habe sich unter Berücksichtigung der Empfehlungen der Generalversammlung um eine Vereinbarung mit den ständigen Mitgliedern bemüht. Ein Zustandekommen sei aufgrund der ablehnenden Haltung der UdSSR gescheitert.[673]Der sich langsam entwickelnde Ost-West-Konflikt machte sich bereits in der Vorfrage, ob eine Entscheidung überhaupt dem Veto unterliege, bemerkbar.[674]

d) Resolution 296 (IV) Teil K vom 22. November 1949

Die Vollversammlung forderte mit der Resolution 296 (IV) Teil K vom 22. November 1949 die ständigen Mitglieder auf, im Rahmen von Empfehlungen von Staaten für die UN-Mitgliedschaft, das Veto nicht auszuüben.[675] Doch auch diese Resolution zeigte keine Wirkung - bis zum Jahre 1968 wurde allein bei dieser Frage mindestens dreißigmal ein Veto eingelegt.[676]

e) Resolution 377 (V) vom 3. November 1950 – „Uniting for Peace"

aa) Inhalt und Voraussetzungen für die Anwendbarkeit

Da der Sicherheitsrat auf die vorangegangenen Empfehlungen in keinster Weise reagiert hatte, die Bemühungen der Generalversammlung sich insoweit als bisher nicht erfolgreich herausgestellt hatten und in dem Bewusstsein, dass lediglich die zufällige Abwesenheit der UdSSR dem Sicherheitsrat es ermöglicht hatte, Entscheidungen und Maßnahmen im Zusammenhang mit der Korea- Krise zu treffen, verabschiedete die Generalversammlung am 3. November 1950 die Resolution 377 (V), bekannt unter ***„Uniting for Peace"***.

Sinn dieser Resolution war, darauf hinzuwirken, dass ein Verfahren installiert werden sollte, durch das im Falle eines Vetos, das zu einer

---

673 SCOR 4th Year, No 48, 452nd Meeting (18 October 1949), S. 2.
674 *Köchler*, Abstimmungsverfahren, S. 25.
675 GA Res. 296 (IV), 22 November 1949, UN GAOR 4th Session, UN Doc. 1251, S. 18 ff.
676 *Bailey*, Voting, S. 50; *Köchler*, Abstimmungsverfahren, S. 25.

Lähmung des Sicherheitsrates führen würde, die Generalversammlung zu einer Notsitzung zusammengerufen werden konnte.[677]

Die Resolution entstand vor dem Hintergrund der Lähmung des Sicherheitsrates, verursacht durch das häufig eingelegte Veto, und die daraus resultierende Lahmlegung der Vereinten Nationen bzgl. Maßnahmen kollektiver Sicherheit. Darüber hinaus hatten alle vorherigen Resolutionen keine Wirkung gezeigt.[678]

Das Ziel der Resolution war, den Mechanismus der Vereinten Nationen zur Friedenssicherung zu verbessern.[679] Da insbesondere die Vereinigten Staaten anstrebten, dass die Vereinten Nationen zu einem entschlossenen Handeln in der Lage sein sollten, regten sie im September 1950 „Uniting for Peace" an.[680] Die USA hielten die Generalversammlung für das geeignete Organ, ein entschlossenes Handeln durchzusetzen, nicht zuletzt auch, da zu der damaligen Zeit die Mehrheit der Generalversammlung von westlichen Staaten gestellt wurde.

Die USA brachten in die Generalversammlung ein „discussion paper" ein, Grundlage der späteren Resolution 377 (V). Nachdem dieses in dem First Committee der Generalversammlung diskutiert worden war, wurde die „Uniting for Peace" Resolution seitens Frankreichs, Kanadas, den Philippinen, der Türkei, Uruguay, den Vereinigten Staaten und des Vereinigten Königreiches in die Generalversammlung eingebracht und am 3. November 1950 mit 52 zu 5 Stimmen angenommen, bei 2 Enthaltungen.[681]

Die Resolution „Uniting for Peace" setzt sich aus drei einzelnen Resolutionen zusammen. Resolution A, die ihrerseits aus einer recht langen Präambel sowie fünf Hauptteilen A bis E besteht, ist die wichtigste.[682]
Die Präambel hebt die Pflicht der Vereinten Nationen hervor, den Weltfrieden und die internationale Sicherheit aufrechtzuerhalten. Zwar habe der Sicherheitsrat die Hauptverantwortlichkeit zur Aufrechterhaltung des Friedens und der internationalen Sicherheit, seine ständigen Mitglieder hätten aber die Pflicht, Einstimmigkeit anzustreben und Zurückhaltung

---

677 *Bailey*, Voting, S. 50.
678 *McDougal/Gardner*, YLJ 60 (1951), S. 258 (288).
679 *Andrassy*, AJIL 50 (1956), S. 563 (563).
680 *Hiscocks*, Sicherheitsrat, S. 193.
681 *Volger*, Geschichte, S. 81.
682 *Nolte*, Uniting for Peace, Rn 4.

bei der Ausübung des Vetorechtes auszuüben. Die Initiative nach Art. 42 UN-Charta zu handeln stehe zwar nur dem Sicherheitsrat zu. Gleichzeitig stellt die Präambel der Resolution fest, das Versagen des Sicherheitsrates bei der Erfüllung seiner Aufgaben könne nicht die Mitgliedsstaaten von ihrer Verpflichtung entbinden, den Frieden und die Sicherheit aufrechtzuerhalten. Insbesondere könne ein Versagen des Sicherheitsrates nicht der Generalversammlung die Rechte entziehen oder ihre Verantwortung unter der Charta schmälern. Die Generalversammlung selbst erachte die Ziele der Organisation als den obersten Standard bei Fragen der Kompetenz.[683]

Als bedeutendster Teil der Resolution A ermöglicht Teil A die Befugnis, bei Friedensbrüchen bzw. -bedrohungen und einer gleichzeitigen Lähmung des Sicherheitsrates aufgrund des Vetos, Empfehlungen hinsichtlich Kollektivmaßnahmen abzugeben, auch bzgl. des Gebrauchs bewaffneter Kräfte, auf die Generalversammlung zu übertragen, ferner mit Mehrheit der Generalversammlung oder einfacher Mehrheit ohne Vetorecht des Sicherheitsrates Empfehlungen für Kollektivmaßnahmen, darunter auch für den Gebrauch bewaffneter Kräfte, abzugeben sowie binnen 24 Stunden eine Notstandssondertagung der Generalversammlung einzuberufen.[684]

Die Teile B und D haben die Einrichtung einer Friedensbeobachtungskommission und eines Ausschusses für gemeinsame Maßnahmen zum Gegenstand. Teil C fordert die Mitgliedsstaaten auf, innerhalb ihrer nationalen Streitkräfte, Einheiten einzurichten und bereitzustellen, die als UN Streitkräfte eingesetzt werden können.

Teil E hebt hervor, ein dauerhafter Friede könne nur dann garantiert werden, wenn die Prinzipien und Ziele der UN-Charta sowie die Entscheidungen der UN-Organe respektiert und erfüllt würden.[685]

Die Teilresolutionen B und C appellieren an den Sicherheitsrat und insbesondere seine ständigen Mitglieder, effektive Maßnahmen gegen die

---

[683] GA Res. 377 (V) A Präambel, 3 November 1950, UN GAOR 5th Session, Suppl. 20 UN Doc. A/1775, S. 10.

[684] GA Res. 377 (V) A, 3 November 1950, UN GAOR 5th Session, Suppl. 20 UN Doc. A/1775, S. 10.

[685] GA Res. 377 (V) A, 3 November 1950, UN GAOR 5th Session, Suppl. 20 UN Doc. A/1775, S. 10 f.

Bedrohung des internationalen Friedens und der Sicherheit zu ergreifen und ihre Bemühungen diesbezüglich zu steigern.[686]

Für ein Handeln der Generalversammlung nach „Uniting for Peace" müssen drei Faktoren vorliegen:

1) Der Sicherheitsrat muss in seinen Bemühungen, seiner in Art. 24 UN-Charta normierten Hauptverantwortung für die Wahrung des Weltfriedens und der internationalen Sicherheit versagt haben. Aus der Resolution geht aber nicht eindeutig hervor, wer über das Scheitern des Sicherheitsrates befindet. Das ist insbesondere dann problematisch, wenn der Sicherheitsrat gar keine Maßnahmen ergriffen hat. Klar ist die Position, wenn der Sicherheitsrat selbst eine Notstandssondertagung zusammenruft und/oder den Konflikt der Generalversammlung vorlegt. Nicht zuletzt hat die Generalversammlung das Recht, über ein Versagen des Sicherheitsrates zu entscheiden. Sie kann ihre Agenda selbst bestimmen und durch einfache Mehrheit eine Notstandssondertagung nach Uniting for Peace zusammenrufen.[687]

2) Der Grund für das Versagen des Sicherheitsrates muss auf der fehlenden Einstimmigkeit zwischen den ständigen Mitgliedern beruhen. Die Generalversammlung kann also dann nicht handeln, wenn die ständigen Mitglieder sich einig sind, bzgl. eines bestimmten Konfliktes keinerlei Maßnahmen zu ergreifen. Der Sicherheitsrat muss sich zuerst mit der Problematik beschäftigt haben - nur so wird die nach Art. 24 UN-Charta vorrangige Verantwortung des Sicherheitsrates gewahrt.[688]

3) Nicht zuletzt muss eine Bedrohung, ein Bruch des Friedens der eine Angriffshandlung gegeben sein, also die grundsätzliche Bedingung für jede Maßnahme des Sicherheitsrates nach dem Kapitel VII der Charta. Die Generalversammlung ist in ihrem Handeln nach „Uniting for Peace" auf Konflikte des Kapitel VII beschränkt; ein Konflikt, der ein Handeln des Sicherheitsrates nach Kapitel VI auslösen würde, reicht für ein Tätigwerden nach „Uni-

---

686 GA Res. 377 (V) A, 3 November 1950, UN GAOR 5th Session, Suppl. 20 UN Doc. A/1775, S. 12.
687 *Nolte*, Uniting for Peace, Rn 11.
688 *Nolte*, Uniting for Peace, Rn 12.

ting for Peace“ nicht aus. Ob diese Voraussetzung gegeben ist, darüber entscheidet die Generalversammlung.[689]

Die Tätigkeit der Generalversammlung beschränkt sich aber auf Empfehlungen. Die Generalversammlung hat kein Entscheidungsrecht. Sie kann also gerade nicht Zwangsmaßnahmen verbindlich anordnen.[690]

Die Uniting for Peace Resolution fand in einer Reihe von Konflikten Anwendung, u. a. im Korea- Krieg (1950), in der Suez-Krise (1956), dem Aufstand in Ungarn (1956), in Libanon und Jordanien (1958), in der Kongo- Krise (1960), im Mittleren Osten (1967), im Konflikt Indien-Pakistan (1971), im Konflikt mit Afghanistan (1980), Namibia (1981) und der Frage der besetzten arabischen Gebiete (1982).[691]

bb) Reaktionen auf „Uniting for Peace“

Die UdSSR und ihre Verbündeten bestritten die Rechtmäßigkeit der Resolution, vor allem des Teiles A der Resolution A. Hauptsächlich stützte sich die Kritik auf die fehlende Kompetenz der Generalversammlung, eine solche Resolution anzunehmen und gleichfalls auch ihr entsprechend zu handeln. Art. 24 UN-Charta übertrage die alleinige Kompetenz auf den Sicherheitsrat; dies ergebe sich aus der Formulierung „primary responsability“ sowie aus den Kapiteln VI und VII. Die Resolution schwäche die Position des Sicherheitsrates und stelle de facto eine Änderung der Charta dar, die aber nur nach Art. 108 und 109 UN-Charta erfolgen könne.[692]

Die Vereinigten Staaten und die Staaten, die „Uniting for Peace“ unterstützen, sehen diese Resolution als eine authentische Interpretation der Charta an. Ihre rechtliche Grundlage ergebe sich aus den Art. 10, 11 und 14 UN-Charta sowie aus dem implied-power Doktrin.[693]

In diesem Zusammenhang ist fraglich, wie sich die Beschränkungen, die sich aus Art. 12 UN-Charta ergeben, auswirken. Nach Art. 12 UN-

689 *Nolte*, Uniting for Peace, Rn 13.
690 *Unser*, Uno, S. 45.
691 *Schindlmayr*, JHIL 3 (2001), S. 218 (231); *Harris*, Cases and Materials, S. 894.
692 *Woolsey*, AJIL 45 (1951), S. 129 (133).
693 *Nolte*, Uniting for Peace, Rn 14.

Charta muss die Generalversammlung den Vorrang des Sicherheitsrates respektieren. So lange der Sicherheitsrat eine Frage, die in seinen Kompetenzbereich fällt erörtert, so lange darf die Generalversammlung keine Empfehlungen, die mit derselben Frage zusammenhängen, abgeben. Diesen Vorbehalt respektiert die „Uniting for Peace“ Resolution. Nach dem Wortlaut der Resolution darf die Generalversammlung einen Konflikt nur erörtern, wenn der Sicherheitsrat dies bereits getan hat und in seinen Bemühungen gescheitert ist.[694] Entsprechend verweist die Resolution die Generalversammlung auf die Vorrangstellung des Sicherheitsrates, ungeachtet der Tatsache, dass die spätere Praxis der Generalversammlung diese Vorrangstellung nicht immer berücksichtigt hat.[695]

Im Ergebnis stand der Generalversammlung die Kompetenz für die „Uniting for Peace“ Resolution zu. Dies resultiert aus Art. 10 UN-Charta. Die Resolution überträgt auch nicht Kompetenzen auf die Generalversammlung, die ihr nicht bereits nach der Charta zustehen. Die Generalversammlung hat im System des Peace-Keeping eine eingenständige Rolle, „Uniting for Peace“ sorgt für ein spezifisches Verfahren zur schnelleren und effektiveren Handlung der Generalversammlung. Gleichzeitig wird damit der Organisation die Möglichkeit, einzugreifen und zu handeln eingeräumt.[696]

Mit „Uniting for Peace“ schufen die Mitglieder der Vereinten Nationen für den Fall des Versagens des Sicherheitsrates eine subsidiäre Möglichkeit zur Friedenssicherung.[697] Die Annahme von „Uniting for Peace“ durch die Generalversammlung stellt einen Wandel in der Reaktion der Vereinten Nationen auf Friedensbedrohungen dar.

Ursprünglich wurde auf die Einstimmigkeit der Großmächte im Sicherheitsrat gesetzt, nachdem diese aber nicht mehr oder nur schwer zu erzielen war, wurde eine andere Möglichkeit im Rahmen der Charta gesucht, den Vereinten Nationen zu ermöglichen, aufgrund von Empfehlungen freiwilliger Handlungen durch die Mitglieder, ihrer Aufgabe nachzukommen. Dies stellt eine Entwicklung innerhalb der Charta dar, um aufgrund einer neuen Situation angemessen reagieren zu können.[698]

---

694 GA Res. 377 (V) A, 3 November 1950, UN GAOR 5th Session, Suppl. 20 UN Doc. A/1775, S. 12.
695 *Nolte*, Uniting for Peace, Rn 16.
696 *Nolte*, Uniting for Peace, Rn 19.
697 *Prößdorf*, Uniting for Peace, S. 84.
698 *McDougal/Gardner*, YLJ 60 (1951), S. 258 (290).

Heute ist die Rechtmäßigkeit der Resolution anerkannt, zumindest hinsichtlich der Verfahrensregelungen, die sie trifft.[699] Nichtsdestoweniger hat „Uniting for Peace“ seine Bedeutung zunehmend verloren, bedingt durch die Veränderung der Mehrheiten in der Generalversammlung.[700] Darüber hinaus hat sich gleichermaßen auch die Beziehung zwischen den ständigen Mitgliedern verändert, da z. Zt. von „Uniting for Peace“ der Ost-West-Konflikt dominierend war. Heute treten andere Konflikte an diese Stelle, nicht zuletzt auch Spannungen zwischen der sog. ersten und dritten Welt.

Aufgrund der wachsenden Kooperation des Sicherheitsrates in Bezug auf die Einstimmigkeit ist der Sicherheitsrat nicht an der Ausübung seiner Verantwortlichkeit gehindert, so dass „Uniting for Peace“ in dieser Situation überflüssig geworden ist.[701]

---

699 Volger, Geschichte, S. 82.
700 Volger, Geschichte, S. 83.
701 Nolte, Uniting for Peace, Rn 23; Unser, UNO, S. 45.

X. Art. 106 UN-Charta

Eine weitere besondere Position, die ebenfalls die Notwendigkeit eines gemeinschaftlichen Handelns der fünf Ständigen betont, weist die Übergangsregelung des Art. 106 UN-Charta den fünf Ständigen zu.[702]

1) Inhalt und Hintergrund

Gemäß Art. 43 UN-Charta können Sonderabkommen zur Ausübung der in Art. 42 UN-Charta zugewiesenen Verantwortlichkeit geschlossen werden. Für den Zeitraum, bis solche Sonderabkommen in Kraft treten, sieht Art. 106 UN-Charta eine Übergangsbestimmung vor. Diese beruht auf dem Paragraphen 5 der Moskauer Erklärung .[703] Art. 106 UN-Charta übernimmt diesen Gedanken unter Erweiterung des Kreises auf Frankreich. Damit sind die in Art. 106 UN-Charta ermächtigten Mitglieder mit dem Kreis der fünf ständigen Sicherheitsratsmitglieder identisch.[704]

Die fünf Ständigen haben aufgrund der Tatsache, dass die militärischen Sonderabkommen nicht abgeschlossen sind, die Pflicht, den Frieden durch den Einsatz von Streitkräften aufrecht zu erhalten.[705] Ihre Einigkeit vorausgesetzt, können sie anstelle des Sicherheitsrates die nach ihrer Ansicht hierfür erforderlichen Maßnahmen nach Art. 42 UN-Charta ergreifen.[706]

Der Ziffer 5 der Moskauer Erklärung und damit Art. 106 UN-Charta liegen die Vorstellungen von Präsident Roosevelt zugrunde. Nach seiner Vorstellung war es die Aufgabe der Großmächte, nach Kriegsende den Weltfrieden zukünftig zu garantieren.[707] Aufgrund und mit Hilfe ihrer

---

702 *Fink*, Kollektive Friedenssicherung, S. 225.

703 Nr. 5 der Moskauer Erklärung lautet: „That for the purpose of maintaining international peace and security pending the re-establishment of law and order and the inauguration of a system of general security they will consult with each other and, as occasion requires, with other members of the United Nations with a view to joint action on behalf of the community of nations." zitiert nach: *von Mangoldt/Rittberger*, Vereinte Nationen, Bd. 1 I/1, S. 8.

704 *Heinz/Philipp/Wolfrum*, VN 1991, S. 121 (125 f).

705 *Wortley*, BYIL 23 (1946), S. 95 (107).

706 *Fink*, Kollektive Friedenssicherung, S. 225; *Heinz/Philipp/Wolfrum*, VN 1991, S. 121 (125 f).

707 *Russel/Muther*, History, S. 96 ff.

konzentrierten Macht sollten diese die Hauptverantwortung, wenn nicht sogar die alleinige Verantwortung zur Wahrung des Weltfriedens tragen.[708] In der Übergangszeit sollten die vier Großmächte USA, UdSSR, das Vereinigte Königreich und China - später auch Frankreich - sich über gemeinsame, im Namen der Organisation zu treffende Maßnahmen beraten.[709]

Die Erklärung von San Francisco vom 7. Juni 1945 entspricht bzw. wiederholt und bestätigt diese Idee. Diesem Gedanken, der die Einstimmigkeit der fünf Großmächte als unbedingte Voraussetzung für die Sicherung des Weltfriedens festschreibt, trägt die Erklärung Rechnung, als dass ohne die Einstimmigkeit der fünf Ständigen keine Sanktionsmaßnahmen ergriffen werden sollen. Darüber hinaus unterwirft sie jegliche Entscheidung und Maßnahme, die die „chain of events“ auslösen und damit zu militärischen Sanktionsmaßnahmen führen könnte, der Einstimmigkeit der ständigen Mitglieder, mit dem Vorbehalt, dass sich am Streit beteiligte Parteien enthalten sollten.[710] Damit geht die Erklärung von San Francisco in dem Umfang, in dem sie die Einstimmigkeit der Ständigen auch bei den Vorfragen verlangt, viel weiter als § 5 der Moskauer Erklärung bzw. Art. 106 UN-Charta und stellt insofern an die Einstimmigkeit erhöhte Anforderungen, indem sie diese schon auf einer niedrigeren Ebene, nämlich der der Vorfrage, als unbedingtes Erfordernis verlangt.

Art. 106 UN-Charta sollte - wie bereits aus den Plänen von Dumbarton Oaks ersichtlich wurde - nur bis zu dem Inkrafttreten der Sonderabkommen gelten.[711] Die Kompetenz der Ständigen zu gemeinsamen Zwangsmaßnahmen sollte sich nur auf die in Art. 42 UN-Charta niedergelegten Maßnahmen beziehen und auch nur bis zu dem Zeitpunkt andauern, bis die in Art. 43 UN-Charta niedergelegten Militärabkommen in Kraft getreten sind.[712] Auf der Konferenz von San Francisco wurde ein unabsehbares Ende dieses Zeitraumes befürchtet, zumal unklar sei, ob dies einen Abschluss von Abkommen seitens aller Mitgliedsstaaten

---

[708] *Volger*, Geschichte, S. 9.

[709] *Simma/Geiger*, Art. 106 Rn 2.

[710] Annex to Doc. 1050 III/1/58, Doc. 852 III/1/37 (1) June 8, 1945 in UNCIO XI, S. 712.

[711] *Simma/Geiger*, Art. 106 Rn 5.

[712] *Simma/Geiger*, Art. 106 Rn 8, 10.

voraussetze. Ferner sei nicht geregelt, wer über das Ende dieses Zeitraumes entscheide.[713]

Der Wortlaut des Art. 106 UN-Charta trägt dem Rechnung. Die Entscheidung über das Ende der Übergangszeit ist entsprechend dem Wortlaut des Art. 106 UN-Charta vom Sicherheitsrat insgesamt und nicht von den fünf Großmächten alleine zu treffen.[714] Nichtsdestoweniger müssen sie auch hierzu ihr Einverständnis erteilen (Art. 27 III UN-Charta).

Ein Militärabkommen i. S. des Art. 43 UN-Charta ist noch nicht geschlossen worden, so dass die Übergangszeit nicht beendet ist und den Ständigen die Kompetenz aus der Übergangsbestimmung zusteht. Dies betrifft aber nur solche Zwangsmaßnahmen gemäß Art. 42 UN-Charta, die eben diese Militärvereinbarungen verlangen. Voraussetzung ist hierfür wiederum das Vorliegen einer Situation nach Art. 39 UN-Charta und darüber hinaus auch ein Beschluss über die Erforderlichkeit der militärischen Maßnahmen.

2) Art. 106 UN-Charta in der Praxis

Art. 106 UN-Charta hat zu keiner Zeit in der Praxis Relevanz erreicht.[715] Nichtsdestoweniger hat der Sicherheitsrat Resolutionen beschlossen, die die Anwendung bewaffneter Gewalt zum Gegenstand haben. Dieses Problem hat sich in der Praxis hinsichtlich der Sicherheitsratsresolutionen 83 (Korea), 221 (Südrhodesien) und vor allem 678 (Irak) gestellt.[716] Als Grundlage dieser Resolutionen kommt Art. 42 UN-Charta in Betracht, nach dem der Sicherheitsrat militärische Sanktionsmaßnahmen ergreifen kann.[717]

Fraglich ist, ob die Tatsache, dass bis heute keine Sonderabkommen abgeschlossen worden sind, den Sicherheitsrat daran hindert, Zwangsmaß-

---

[713] *Simma/Geiger*, Art. 106 Rn 10.
[714] *Russel/Muther*, History, S. 682 f.
[715] *Simma/Geiger*, Art. 106 Rn 14.
[716] SC Res. 83 (1950), 27 June 1950, in SCOR 5th Year, Resolutions and Decisions 1950, S. 5; SC Res. 221 (1966), 9 April 1966, in SCOR 21st Year, Resolutions and Decisions 1966, S. 5 f; SC Res. 678 (1990), 29 November 1990, in SCOR 45th Year, Resolutions and Decisions, S. 27 f.
[717] *Fink*, Kollektive Friedenssicherung, S. 229.

nahmen nach Art. 42 UN-Charta zu verhängen, bzw. eine Resolution auf Art. 42 UN-Charta zu stützen.

Teilweise wird die Ansicht vertreten, eine Resolution könne Art. 42 UN-Charta nur unter der Voraussetzung als Grundlage haben, dass Sonderabkommen existierten und der Rat dementsprechend die Mitgliedsstaaten verbindlich auffordern könne, ihm Streitkräfte zur Durchführung der militärischen Sanktionsmaßnahmen zur Verfügung zu stellen.[718]

Nach der anderen Ansicht liegt in der Resolution 83 (Korea) erstmalig eine Anordnung nach Art. 42 UN-Charta vor, die sich in den Resolutionen 221 und 678 wiederholte.[719]

Aufgrund der Tatsache, dass bislang keine Sonderabkommen i. S. des Art. 43 UN-Charta abgeschlossen worden seien, könnten zwar keine verbindliche Anordnung militärischer Zwangsmaßnahmen erfolgen, zu der die Mitglieder verpflichtet seien. Dem stehe jedoch nicht entgegen, zur Anwendung militärischer Maßnahmen bereiter Staaten, diese zu empfehlen.[720] Dem entspreche Art. 48 II UN-Charta, nach dem die Beschlüsse von den Mitgliedern der Vereinten Nationen unmittelbar durchgeführt werden können. Sie müssen also nicht der Letztverantwortlichkeit des Sicherheitsrates unterliegen.[721]

Auf Art. 48 II UN-Charta selbst kann die Befugnis des Rates aber kaum gestützt werden. Sinn und Zweck des Art. 48 II UN-Charta ist es, die Verbindlichkeit von Maßnahmen des Sicherheitsrates, die dieser nach Kapitel VII beschließt, festzulegen. Die Empfehlung bzw. Ermächtigung, militärische Zwangsmaßnahmen durchzuführen, ist für die Mitglieder der Vereinten Nationen nicht verbindlich.[722]

---

[718] *Simma/Frowein/Krisch* Art. 42 Rn 20; *Berber*, Völkerrecht III, S. 109; *Brunner*, NZWehrr 34 (1992), S. 1 (12); *Dinstein*, AJPIL 48 (1995), S.1 (10, 12).
[719] *Fink*, Kollektive Friedenssicherung, S. 230, 598 .
[720] *Goodrich*, Korea, S. 114; *Brammer*, Conflicts, Korea, Rn 17; *Higgins*, Peacekeeping, Vol. II, S. 176 f; *Wengler*, Völkerrecht II, S. 1235; *Bowett*, United Nations Forces, S. 32 ff; *Franke*, AVR 18 (1979/80), S. 149 (152); *Franck/Patel*, AJIL 85 (1991), S. 63 (70 ff); *Hiscocks*, Sicherheitsrat, S. 192.
[721] *Oppenheim*, International Law, Vol II, S. 170, *Fink*, Kollektive Friedenssicherung, S. 230.
[722] *Fink*, Kollektive Friedenssicherung, S. 236.

Die Tatsache, dass Sonderabkommen i. S. von Art. 43 UN-Charta nicht geschlossen worden sind, schließt militärische Sanktionen gemäß Art. 42 UN-Charta nicht aus. Gemäß Art. 42 S. 2 UN-Charta können solche Maßnahmen auch die „Luft-, See- oder Landstreitkräfte von Mitgliedern der Vereinten Nationen einschließen", also Militäroperationen von Mitgliedsstaaten.

Aus der Unterscheidung zwischen Art. 42 S. 1 und 2 UN-Charta ist zu folgern, dass die Maßnahmen des Sicherheitsrates nach Satz 1, die durch die gemäß Art. 43 UN-Charta zur Verfügung gestellten Streitkräfte der Mitglieder ausgeführt werden, verbindlich sind. Demgegenüber unterfallen die unverbindlichen Empfehlungen und Ermächtigungen dem Art. 42 S. 2 UN-Charta.[723]

Dem Sicherheitsrat ist es also möglich, nach Art. 42 S. 2 UN-Charta, Mitgliedern militärische Sanktionen zu empfehlen oder dahingehende Ermächtigungen auszusprechen. Dem wird durch den Wortlaut der entsprechenden Resolutionen Rechnung getragen, da der Sicherheitsrat entsprechend einer Ermächtigung die Formulierungen „recommends" (Res. 83, Korea)[724], „call upon" (Res. 221, Südrhodesien)[725] und „authorizes" (Res. 678, Irak)[726] verwendet. So sind keine militärischen Abkommen i. S. von Art. 43 UN-Charta notwendig, um dem Sicherheitsrat Streitkräfte zur Verfügung zu stellen.

Diese Situation war den Gründern der Vereinten Nationen bei der Diskussion um Art. 106 UN-Charta bewusst, denn sie hielten die Zwangsmaßnahmen für unabdingbar für die Aufrechterhaltung des internationalen Friedens und der Sicherheit, gleichzeitig existierten aber die Sonderabkommen im Sinne des Art. 43 UN-Charta nicht. Durch die Ermächtigung der Mitgliedsstaaten ist ein Rückgriff auf Art. 106 UN-Charta weder nötig noch möglich.[727] Durch das zur Verfügung Stellen

[723] *Fink*, Kollektive Friedenssicherung, S. 236.
[724] SC Res. 83 (1950), 27 June 1950, in SCOR 5th Year, Resolutions and Decisions 1950, S. 5.
[725] SC Res. 221 (1966), 9 April 1966, in SCOR 21st Year, Resolutions and Decisions 1966, S. 5 f.
[726] SC Res. 678 (1990), 29 November 1990, in SCOR 45th Year, Resolutions and Decisions, S. 27 f.
[727] *Simma/Geiger*, Art. 106 Rn 13.

von Streitkräften seitens der Mitgliedsstaaten kann das Problem der noch nicht abgeschlossenen Sonderabkommen beseitigt werden.[728]

Diese Vorgehensweise ist gleichermaßen mit Art. 106 UN-Charta vereinbar.

Art. 106 UN-Charta liegt ebenfalls der Gedanke der Einstimmigkeit der Großmächte zugrunde. Jede Maßnahme, die also in Übereinstimmung der Großmächte durchgeführt wird - auch und gerade bei fehlenden Sonderabkommen i. S. des Art. 43 UN-Charta - soll zulässig sein, bis sich die Vorgehensweise nach Kapitel VII gefestigt hat.[729]

Auch in anderen Fällen war die Bedeutung des Art. 106 UN-Charta sehr gering.

Die United Nations Palestine Commission wies 1948 darauf hin, sie könne ihre in der Teilungsresolution der Generalversammlung[730] vorgesehene Aufgabe nicht wahrnehmen, wenn nicht Streitkräfte von angemessener Stärke zur Verfügung gestellt werden würde. Kolumbien regte im Sicherheitsrat an, die fünf Ständigen sollten sich gemäß Art. 106 UN-Charta beraten in Bezug auf gemeinsame, im Namen der Vereinten Nationen zu treffende Maßnahmen, zur Verhinderung einer Bedrohung oder eines Friedensbruches oder einer Angriffshandlung, die sich im Rahmen der Durchführung der Teilungsresolution ergeben könnte.[731] Mit seiner Resolution forderte der Sicherheitsrat die fünf Ständigen zwar zu Konsultationen auf, erwähnte aber Art. 106 UN-Charta in diesem Zusammenhang nicht, sondern machte zum Thema der Resolution mögliche Instruktionen, die der Sicherheitsrat der Palästinakommission zum Zwecke der Durchführung der Teilungsresolution.[732]

---

728 *Klein*, AVR 29 (1991), S. 421 (428).

729 *Fink*, Kollektive Friedenssicherung, S. 598.

730 GA Res. 181 (II), 29 November 1947 in UN GAOR 2nd Session UN Doc. A/519, S. 131 f.

731 *Simma/Geiger*, Art. 106 Rn 15; *GHS*, Charter, S. 631.

732 SC Res. 42 (1948), 5 March 1948, SCOR 3rd Year, Resolutions and Decisions 1948, S. 14.

Die UdSSR versuchte 1950, „Uniting for Peace“ unter Berufen auf Art. 106 UN-Charta zu verhindern.[733] Ebenfalls beim Einsatz von Friedenstruppen (Kongo, UNEF) machte die UdSSR die besondere Kompetenz der ständigen Ratsmitglieder nach Art. 106 UN-Charta geltend.[734]

In den Diskussionen um eine Revision der Charta wurde vorgeschlagen, Art. 106 UN-Charta aufzuheben, da er überflüssig sei.[735]

---

[733] *Simma/Geiger*, Art. 106 Rn 16; *GHS*, Charter, S. 632; *CP/Ghébali*, S. 1415 f; GAOR, 5th Session, Ist Committee, 368-369th Meeting, Oct. 18-19, 1950, S. 156 ff; GAOR, 5th Session, 302nd Plenary Meeting, November 3, 1950, S. 341 ff.
[734] *Simma/Geiger*, Art. 106 Rn 16; *GHS*, Charter, S. 632; *CP/Ghébali*, S. 1416.
[735] *Simma/Geiger*, Art. 106 Rn 17.

XI. Die Reform des Sicherheitsrates

1) Reformbestrebungen

Die UN-Charta lässt neben dem völkerrechtlichen Postulat der souveränen Gleichheit gleichzeitig in der Charta eine faktische Ungleichheit zwischen den Staaten durch die Sonderstellung im Sicherheitsrat zu. Diese „elitäre Struktur“ war bereits seit der Gründungskonferenz Anlass zu Kritik und stets Ansatzpunkt für Reformbestrebungen.[736] Zwar existieren durchaus Stimmen, die die Position der Fünf für überbewertet und ihre dominierende Position für einen Mythos halten,[737] dies erscheint bei einer Berücksichtigung ihrer Kooperation und ihres Einflusses, den sie auf das Zustandekommen von Entscheidungen haben, wenig haltbar.[738] So wird ihre Position aus den Reihen der UN-Mitglieder stets als eine „serious exception to the principle of sovereign equality of UN members “[739] kritisiert.

Aufgrund der ersten Erweiterungsdebatte wurden 1963 die nichtständigen Sitze im Sicherheitsrat durch Beschluss der Generalversammlung von elf auf fünfzehn erhöht und damit auch gleichzeitig das Beschlussquorum neu definiert. Mit der Resolution 1991 (XVIII) regelte die Generalversammlung die Verteilung der nichtständigen Sitze auf die verschiedenen Regionen.[740]

Eine zweite Erweiterungsdebatte wurde 1979 von Indien während der 34. Generalversammlung angeregt.[741] Diese Erweiterungsdebatte erstrebte eine Anpassung an das ursprüngliche Verhältnis der Mitgliederanzahl in Generalversammlung und Sicherheitsrat. Dies wäre insbesondere für die Entwicklungsländer, die in der Generalversammlung in der Mehrheit sind, vorteilhaft.[742]

---

736 *Proidl*, Reform, S. 281.
737 *Wood*, ICLQ 45 (1996), S. 150 (153).
738 *Andreae*, Warteschleife, S. 22.
739 *Bruha*, Security Council, Rn 15.
740 GA Res. 1991 (XVIII), 17 December 1963 in GAOR 18th Session Supplement No. 15 (A/5515).
741 UN Doc. A/34/ L. 57 (11 December 1979) mit Add. 1 (14 December 1979).
742 *Proidl*, Reform, S. 281.

Beantragt wurde, vier zusätzliche nichtständige Sitze einzurichten und diese auf Lateinamerika, Afrika und Asien zu verteilen.[743] Der Antrag Indiens sowie ein Zusatzantrag Lateinamerikas, der eine Erweiterung von sechs nichtständigen Sitzen vorsah, wurden auf die 36. Generalversammlung vertagt. Auf dieser Generalversammlung strebte man unter der Leitung Indiens, Nigerias und Algeriens eine Veränderung der Sitzverteilung im Sicherheitsrat zugunsten der Dritten Welt an.[744]

Nach dem Vorschlag sollten Afrika fünf, Asien vier und Lateinamerika drei Sitze zustehen, während die übrigen Regionen keine neuen Sitze erhalten sollten. Zwar wurde das Thema seit 1979 jedes Jahr in die Agenda aufgenommen, die Generalversammlung nahm aber erst im Jahre 1992 eine Resolution zu diesem Thema an.[745]

Die Arbeit des Sicherheitsrates erhielt eine neue Bedeutung und auch großes Interesse, nach dem Ende des Ost-West Konfliktes und der hierdurch erfolgten Lahmlegung.[746] Seit diesem Zeitpunkt existiert eine neue Kooperation zwischen den fünf Ständigen, die sich für das Beilegen von Konflikten und Krisen einsetzen. Gleichzeitig stieg seitdem die Anzahl der friedenssichernden Einsätze, der formellen und informellen Sitzungen und die Anzahl der verabschiedeten Resolutionen.[747]

Aufgrund dieser Entwicklung, durch die der Sicherheitsrat in der internationalen Politik an Bedeutung gewonnen hat, ist das Interesse an ihm - und damit auch gleichzeitig das Interesse an einer Vertretung in ihm und Mitgestaltung seiner Politik - stetig gewachsen. Nicht zuletzt wollen die Entwicklungsländer nicht durch von im Sicherheitsrat von den Großmächten getroffenen Entscheidungen dominiert werden.[748] Gleichzeitig stieg die Zahl der UN-Mitglieder aufgrund des Zerfalls der osteuropäischen Staatenordnung und des daraus resultierenden Entstehens neuer Staaten stark an.[749] Mittlerweile haben die Vereinten Nationen 191 Mitglieder.[750]

---

[743] UN Doc. A/34/ L. 57 (11 December 1979) mit Add. 1 (14 December 1979); *Schaefer*, VN 1981, S. 199 (200).
[744] *Schaefer*, VN 1981, S. 199 (200).
[745] *Bailey/Daws*, Procedure, S. 383.
[746] *Andreae*, Warteschleife, S. 37.
[747] vgl. Tabelle bei *Sucharipa-Behrmann*, AJPIL 47 (1994), S. 1 (2).
[748] *Andreae*, Warteschleife, S. 37.
[749] *Andreae*, Warteschleife, S. 37.
[750] Stand vom 1. Januar 2004, vgl. Vereinte Nationen, 2004, S. 37.

Nicht zuletzt hierdurch bekommt die Forderung nach einer Anpassung des Verhältnisses der Mitglieder in Sicherheitsrat und Nationalversammlung neues Gewicht.[751]

a) Kritik an der Zusammensetzung

Seit ihrer Gründung haben sich die Vereinten Nationen stark verändert. Die Charta jedoch hat kaum Änderungen erfahren.[752] Nicht zuletzt daher rührt das Bestreben, die Zusammensetzung des Sicherheitsrates zu ändern, um statt der Welt von 1945 die Welt von heute widerzuspiegeln.[753] Die Notwendigkeit für diese Art von Wandel rührt in großem Maßstab von der Notwendigkeit des Sicherheitsrates, Schritt zu halten mit dem Wachstum in der UN-Mitgliedschaft und den veränderten globalen Machtverhältnissen.[754]

Die Kritik an der Zusammensetzung des Sicherheitsrates zielt dabei insbesondere auf einen Ruf nach Demokratisierung ab, da die meisten Staaten die starke Position der Ständigen ablehnen.[755] Als Argument wird die fehlende demokratische Legitimation angeführt, da die fünf Ständigen nicht gewählt wurden.[756] Darüber hinaus wird kritisiert, dass in einer Gemeinschaft, die eine Vertretung der gesamten Welt sei, die Situation möglich sei, dass ein einziger Staat ultimativ über ein gesamtes Thema entscheide könne.[757] Die ständige Mitgliedschaft sei objektiv kaum zu rechtfertigen, zumal der Lauf der Welt seit Gründung der Vereinten Nationen gezeigt habe, dass nichts ständig sei.[758] So seien die Zusammensetzung des Rates und seine Arbeitsmethoden veraltet - eine Ansicht, die selbst die Charta unterstützt, da die in Art. 23 I UN-Charta aufgeführten ständige Mitglieder in zwei Fällen nicht mehr mit der Realität übereinstimmen. Darüber hinaus bereite der Kreis der ständigen Mitglieder zunehmend Probleme bei der Rechtfertigung, zumal Staaten mit großem globalem politischen und wirtschaftlichem Einfluss außen vorgelassen seien. Nicht zuletzt fehle auch die regionale Ausgewogen-

---

[751] *Andreae*, Warteschleife, S. 37.
[752] *Kourula/Kanninen*, LJIL 8 (1995), S. 337 (342).
[753] *Darrow*, Aust. YBIL 16 (1995), S. 285 (288).
[754] *Darrow*, Aust. YBIL 16 (1995), S. 285 (299).
[755] *Kühne*, EA 1994, S. 685 (689).
[756] *Eitel*, FW 74 (1999), S. 126 (128).
[757] *Annoussamy*, IJIL 40 (2000), S. 538 (544).
[758] *Darrow*, Aust. YBIL 16 (1995), S. 285 (301).

heit, da nur Europa, Nordamerika und Asien über China ständig vertreten seien.[759] An der Gründung der Vereinten Nationen seien nur wenige Länder aus der südlichen Hemisphäre beteiligt gewesen. Dies habe sich grundlegend geändert, mittlerweile seien ungefähr zwei Drittel dieser Mitgliedstaaten aus diesem Gebiet, so dass der Sicherheitsrat zugunsten des Nordens einseitig besetzt sei.[760]

Nur ein Land der fünf Ständigen sei ein Entwicklungsland, nämlich China. Aus dem Süden stamme keines der fünf Ständigen, dabei würden gerade ehemalige Kolonialstaaten und kommunistische Staaten, die unter Armut und ethnischer Gewalt litten, die Mehrzahl der Mitglieder der Vereinten Nationen darstellen.[761] Dies habe gleichermaßen Auswirkungen auf die ursprünglich von der Charta vorgesehene Kräftebalance. Die Generalversammlung habe eine Erweiterung von ursprünglich 51 Gründerstaaten auf mittlerweile 191 Staaten erfahren[762] unter gleichzeitiger Veränderung ihrer Struktur. Demgegenüber herrschten im Sicherheitsrat immer noch dieselben Grundstrukturen vor.[763]

Die Zusammensetzung des Sicherheitsrates entspreche den Machtverhältnissen von 1945, die in diesem Organ eingefroren seien.[764] Ganze Kontinente und bedeutende Wirtschaftsmächte mit weitreichenden Einflüssen seien nicht ausreichend vertreten, so dass diese Zusammensetzung nicht mehr mit der heutigen geopolitischen Realität in Einklang stehe.[765] Insbesondere sei die Verteilung von Macht in der Weltpolitik keine unveränderliche, sondern gerade eben eine variable Größe.[766] Die jetzige Zusammensetzung des Sicherheitsrates reflektiere nicht die weltpolitischen Realitäten angemessen[767]– vor allem das Vereinigte Königreich, Frankreich und Russland zehrten noch von ihrer Bedeutung in der Vergangenheit.[768] Gerade diesen drei Staaten käme nicht länger die Be-

---

[759] *Winkelmann*, MPYB 1997, S. 37.
[760] Report of the Secretary General, UN Doc. A/48/264, 20 July 1993; *Kühne*, EA 1994, S. 685 (692 Fn 10).
[761] *Russet/O'Neill/Sutterlin*, Logjam, S. 157.
[762] *Rüb*, FAZ Sonntagszeitung v. 28. 9. 2003 (Politik 3).
[763] *Schaefer*, VN 1981, S. 199 (201).
[764] *Schaefer*, VN 1981, S. 199 (201); *Wagner*, EA 1993, S. 533 (535); *Czempiel*, Reform, S. 58.
[765] *Andreae*, Warteschleife, S. 1.
[766] *Maull*, EA 1994, S. 603 (603).
[767] *Kühne*, EA 1994, S. 685 (685).
[768] *Kühne*, EA 1994, S. 685 (686); *Czempiel*, VN 1992, S. 5 (5).

deutung zu, die sie innehatten, als sie zu den ständigen Mitgliedern wurden.[769] In der heutigen Zeit könne diese besondere Position nicht mehr unter Berufen auf die Siegermächte des Zweiten Weltkrieges gestützt werden. Auch der Besitz von Kernwaffen könne heute kaum allein für den politischen Einfluss eines Staates in der Welt eine Rolle spielen. Triftige Argumente, die eine Aufrechterhaltung der Position der fünf Ständigen rechtfertigen könnten, und damit eine Grundlage der in der Charta normierten Sonderstellung, existierten nicht mehr. Zwischen der Normierung in der Charta und der Wirklichkeit bestehe eine Diskrepanz.[770]

b) Veränderung der Aufgaben

Nach dem Willen der Gründer der Vereinten Nationen galt als wichtigste Aufgabe des Sicherheitsrates, zwischenstaatliche Kriege zu verhindern; diese sind jedoch heute nicht mehr die weltpolitische Gefahr Nummer eins.[771]

Im Laufe der Zeit seit Gründung der Vereinten Nationen haben sich neue und gleichzeitig sehr komplexe Konflikte herauskristallisiert, die eine Bedrohung des internationalen Friedens und der Sicherheit darstellen.[772] Durch die Veränderung der politischen Lage der Welt steht die Staatengemeinschaft vor Konfliktsituationen, die bisher entweder verdeckt waren oder die neu zutage getreten sind.

Die neuen Herausforderungen, auf die der Sicherheitsrat sich einstellen muss, sind:

- die ursprüngliche Befürchtung eines neuen Weltkrieges ist einer Ausweitung zwischenstaatlicher, ethnischer und religiöser u. ä. Konflikte sowie Bürgerkriegen gewichen[773],
- die ethnischen und nationalen Konflikte werden zunehmend von massiven Menschenrechtsverletzungen, ethnischen Säuberungen und Völkermord begleitet[774],

---

[769] *Annousamy*, IJIL 40 (2000), S. 538 (539).
[770] *Seidel*, AVR 33 (1995), S. 21 (44 f).
[771] *Kühne*, EA 1994, S. 685 (687).
[772] *Sucharipa-Behrmann*, AJIL 47 (1994), S. 1 (1).
[773] *Kaiser*, EA 1993, S. 541 (542); *Kühne*, EA 1994, S. 685 (687).
[774] *Andreae*, Warteschleife, S. 17; *Kaiser*, EA 1993, S. 541 (542).

- die Zunahme des internationalen Waffenhandels, u. a. auch mit Massenvernichtungswaffen, und des internationalen Terrorismus[775],
- weitreichende Verelendung in den Gebieten der Dritten Welt,
- Verfall der politischer Autorität sowohl in den Gebieten der Dritten Welt als auch in früheren sozialistischen Ländern, der mit zunehmender Kriminalität, Unregierbarkeit bis hin zur Anarchie einhergeht[776],
- die Zunahme grenzüberschreitender Natur- und Umweltkatastrophen und ökologischer Krisen[777], die ihrerseits Hungersnöte auslösen können[778],
- die zunehmende Migration, verursacht u. a. durch die Bevölkerungsexplosion in armen Gebieten der Welt, durch Flüchtlingsströme aufgrund von Kriegen, Unterdrückung und anderer Katastrophen.[779]

Aufgrund der zunehmenden wirtschaftlichen Verflechtung und Interpendenz der Staaten[780] werden die Vereinten Nationen mit weiteren und neuen Herausforderungen konfrontiert. Wenn sie ihrem Ziel der Friedenswahrung gerecht werden wollen, erfordern diese Konflikte ein Einschreiten seitens der internationalen Gemeinschaft und ihre Bewältigung durch die Einrichtung und Stärkung der richtigen Organisationen.[781]

Dabei verlangen die Vielgestaltigkeit und Intensität dieser Konflikte ein verstärktes multilaterales Handeln, um ihre Verbreitung zu verhindern und einzuschränken.[782]

Betrachtet man die Konflikte näher, so fällt eine Veränderung der Rolle der Vereinten Nationen auf. Die Staatengemeinschaft tendiert nicht mehr dazu, massive Menschenrechtsverletzungen, „ethnische Säuberungen“ oder Völkermord als innere Angelegenheit zu betrachten und aufgrund dieser Bewertung untätig zu bleiben. Vielmehr bewertet der Sicherheitsrat diese Vorkommnisse zunehmend als Bedrohung des internationalen Friedens und der Sicherheit, so dass der Sicherheitsrat diesbezüglich handeln und seine ihm ureigenen Aufgaben wahrnehmen kann. Zwar hat

---

[775] *Kühne*, EA 1994, S. 685 (687).
[776] *Kaiser*, EA 1993, S. 541 (543).
[777] *Kühne*, EA 1994, S. 685 (687).
[778] *Aström*, Reform, S. 161 (161).
[779] *Kaiser*, EA 1993, S. 541 (543).
[780] *Kaiser*, EA 1993, S. 541 (543).
[781] *Aström*, Reform, S. 161 (161).
[782] *Kaiser*, EA 1993, S. 541 (544).

der Sicherheitsrat auf diese Weise den Weg für die „humanitäre Intervention“ geebnet, gleichzeitig muss er aber auch Kriterien für eben solche Eingriffe erarbeiten, die nach der bisherigen Behandlung als innere Zuständigkeit eines Staates angesehen wurden.[783] Nicht zuletzt haben zwischenstaatliche Konflikte oft ihren Ursprung in nationalen, ethnischen, religiösen und sozialen Kontroversen. Aus diesem Grunde ist der Sicherheitsrat durchaus dazu berechtigt, wenn nicht sogar dazu verpflichtet, einzugreifen, um Auswirkungen auf die internationale Staatengemeinschaft zu verhindern.[784]

Eine weitere neue Aufgabe, vor der die Organisation, und insbesondere der Sicherheitsrat gestellt werden, resultiert aus dem Zerfall der staatlichen politischen Autorität in einigen Gebieten. Aufgrund der Auswirkungen auf die Sicherheit der internationalen Staatengemeinschaft müssen die Vereinten Nationen zunehmend auch für politische Ordnung sorgen und über ihre neutrale Vermittlerrolle hinauswachsen.[785]

Diese neue Situation stellt Ansprüche von großer Tragweite an den Sicherheitsrat. Zum einen benötigt er zur Erfüllung seiner Aufgaben höhere Ressourcen personeller, materieller, logistischer und finanzieller Art[786], zum anderen muss der Sicherheitsrat, um seine Resolutionen wirksam durchsetzen zu können, sich auch auf eine breite Akzeptanz als rechtmäßiges, im Namen der Völkergemeinschaft handelndes Organ unter den Staaten stützen können. Gerade an dieser Akzeptanz des Sicherheitsrates seitens der Entwicklungsländer mangelt es. Nicht zuletzt führen der erhöhte Bedarf an Ressourcen, der zu einer erhöhten finanziellen Belastung einzelner Mitgliedsstaaten führt, sowie fehlende Akzeptanz des Sicherheitsrates zu dem Bestreben verschiedener Staaten nach mehr Einflussnahmemöglichkeiten im Sicherheitsrat.[787]

2) Die Open Ended Working Group

Zwar stand die Reform des Sicherheitsrates seit 1979 auf der Agenda der Generalversammlung, ohne aber wirkliche Bedeutung zu erlangen.[788]

---

783 *Kaiser*, EA 1993, S. 541 (544).
784 *Aström*, Reform, S. 161 (167).
785 *Kaiser*, EA 1993, S. 541 (544).
786 *Andreae*, Warteschleife, S. 17.
787 *Andreae*, Warteschleife, S. 17 f.
788 *Paul*, Security Council Reform, www.globalpolicy.org/security/pubs/secref.htm.

Das änderte sich 1992 aufgrund des Endes des Ost-West-Konfliktes und der neuen Kooperation der ständigen Mitglieder.[789] Im Jahre 1992 forderte die Bewegung der Blockfreien, bestehend aus 113 Mitgliedern, die Zusammensetzung des Sicherheitsrates sowie das Vetorecht zu überdenken.[790] Da der Ruf nach einer Reform des Sicherheitsrates stärker wurde, nahm die Generalversammlung die „Erweiterung des Sicherheitsrates" im Herbst 1992 auf ihre Tagesordnung.[791]Mit der Resolution 47/62 vom 11. Dezember 1992 beauftragte die Generalversammlung den Generalsekretär „to invite the Members of the UN to submit ...written comments on a possible review of the membership of the Security Council".[792]

Innerhalb des nachfolgenden Jahres reichten 80 Staaten Vorschläge ein, die mit der Situation des Sicherheitsrates unzufrieden waren.

Mit der Resolution 48/26 vom 3. Dezember 1992 setzte die Generalversammlung eine „Open-Ended Working Group on the Question of the Equitable Representation on and Increase in the Membership of the Security Council and other Matters Related to the Security Council" ein.[793] Diese sollte sich mit der Reform des Rates befassen und konkrete Vorschläge erarbeiten. Als Gründe für die Reform nannte die Generalversammlung „the substantial increase in the membership of the United Nations, especially of developing countries, as well as the changes in international relations"[794] und betonte „the need to continue to enhance the efficiency of the Security Council" sowie „the importance of reaching general agreement".[795]

---

[789] *Bailey/Daws*, Procedure, S. 384; *Paul*, Security Council Reform, www.globalpolicy.org/security/pubs/secref.htm.

[790] *Proidl*, Reform, S. 281.

[791] *Proidl*, Reform, S. 281.

[792] GA Res. 47/62, 11 December 1992, GAOR 47th Session, Vol. I, Suppl. No. 49 (A/47/49), S. 25.

[793] GA Res. 48/26, 3 December 1993, GAOR 48th Session, Vol. I, Suppl. No. 49 (A/48/49), S. 29.

[794] GA Res. 48/26, 3 December 1993, GAOR 48th Session, Vol. I, Suppl. No. 49 (A/48/49), S. 29.

[795] GA Res. 48/26, 3 December 1993, GAOR 48th Session, Vol. I, Suppl. No. 49 (A/48/49), S. 29.

Hauptpunkte der Reform sollten sein:

- die Zahl der Sitze im Sicherheitsrat zu erhöhen und damit den Zuwachs an Mitgliedern zu berücksichtigen,
- die veränderte Situation der Welt und die neuen Aufgaben des Sicherheitsrates einzubeziehen,
- die Effektivität des Sicherheitsrates zu wahren,
- Möglichkeit einer Mehrheitsentscheidung.[796]

Im Zeitraum von Januar bis September 1994 fanden 22 Sitzungen der Working Group statt. Dabei erfolgten die Diskussionen zu sechs verschiedenen Punkten: equitable representation, other matters, effective and efficient functioning, decision-making, election and terms of office and modalities for bringing changes into effect.[797]

Zu einem konkreten Resümee gelangte die Working Group nicht[798], sondern legte der Generalversammlung einen vorläufigen Bericht vor, es existiere „a convergence of views that the membership of the Council should be enlarged, there was also agreement that the scope and nature of such enlargement require further discussion."[799] Diesen Bericht nahm die Generalversammlung im September 1994 an.[800]

Im Zeitraum von Januar bis September 1995 tagte die Working Group in elf formellen und 21 informellen Sitzungen. In internen „non-papers" erfolgte die Einteilung möglicher Punkte einer Reform in zwei Gruppen („cluster I" und „cluster II").

Gruppe I beinhaltete neben grundsätzlichen Fragen zur Erweiterung des Sicherheitsrates, insbesondere die mögliche zukünftige Anzahl und Zusammensetzung ständiger und nichtständiger Mitglieder, Kriterien zur Vergabe ständiger Sitze sowie das Thema des Abstimmungsverfahrens.[801] Gruppe II hatte hauptsächlich Fragen hinsichtlich der Arbeits-

---

[796] GA Res. 47/62, 11 December 1992, GAOR 47th Session, Vol. I, Suppl. No. 49 (A/47/49), S. 25; GA Res. 48/26, 3 December 1993, GAOR 48th Session, Vol. I, Suppl. No. 49 (A/48/49), S. 29.
[797] *Winkelmann*, MPYB 1997, S. 35 (44).
[798] *Winkelmann*, MPYB 1997, S. 35 (44).
[799] GAOR 48th Session, Suppl. No. 47, Doc. A/48/47, 2 September 1994, S. 2.
[800] GA Decision 48/498, 14 September 1994, GAOR 48th Session Vol. II Supplement No. 49 A (A/48/49/Add. 1), S. 59.
[801] *Andreae*, Warteschleife, S. 167.

methoden des Sicherheitsrates zur Erhöhung der Transparenz sowie seine Kooperation mit anderen Organen und Beteiligten zum Gegenstand.[802] Eine Veröffentlichung der aktualisierten „non-papers" erfolgte als die „Observations on Cluster I and II".[803] Darüber hinaus präsentierten einzelne Staaten und Staatengruppen in Form von „working papers" und „submissions" die ersten offiziellen Reformvorschläge.[804]

Im Zeitraum Oktober 1995 bis Oktober 1996 konkretisierten sich die Diskussionen, nicht zuletzt aufgrund des 50. Jahrestages der Vereinten Nationen im Oktober 1995, die Generaldebatten im Rahmen der Eröffnung der 50. und 51. Generalversammlung sowie der im September 1996 präsentierte dritte und letzte Bericht der Working Group, der erstmalig alle potentiellen Reformelemente enthielt.[805]

Im Rahmen der Feierlichkeiten zum 50. Jahrestag der Vereinten Nationen nahm die Generalversammlung am 24. Oktober eine Erklärung an, nach der die Mitgliedsstaaten und die Beobachter der Vereinten Nationen „will give to the twenty-first century a United Nations equipped, financed and structured to serve effectively the peoples in whose name it was established."[806] Darüber hinaus sollte „the Security Council [...], inter alia, be expanded and its working methods continue to be reviewed in a way that will further strengthen its capacity and effectiveness, enhance sit representative character and improve sit working efficiency and transparency; as important differences on key issues continue to exist, further in-depth consideration of the issues is required."[807] Damit wurden diverse Punkte des Berichtes der Working Group auf politischer Ebene bekräftigt.[808]

---

802 *Andreae*, Warteschleife, S. 167.

803 UN Doc. A/49/965 (18 September 1995), S. 39.

804 *Winkelmann*, MPYB 1997, S. 35 (45).

805 *Winkelmann*, MPYB 1997, S. 35 (48).

806 Declaration on the Occasion of the Fiftieth Anniversary of the United Nations, 24 October 1995, GA Res. 50/6 (9 November 1995), GAOR 50th Session, Vol. I, Supplement 49 (A/50/49), S. 13.

807 Declaration on the Occasion of the Fiftieth Anniversary of the United Nations, 24 October 1995, GA Res. 50/6 (9 November 1995), GAOR 50th Session, Vol. I, Supplement 49 (A/50/49), S. 15.

808 Report of the Open-ended Working Group on the Question of Equitable Representation on and Increase in the Membership of the Security Council and Other Matters Related to the Security Council, GAOR; 49th Session, Supplement No. 47, UN Doc. A/49/47 (February 1996, originally issued 15 September 1995).

a) Hauptthemen der Open-Ended Working Group, die die Mitgliedschaft im Sicherheitsrat und das Abstimmungsverfahren betreffen

Die zentralen Punkte der Gruppe I, mit denen sich die Open-Ended Working Group beschäftigte, waren zum einen die Größe und Zusammensetzung des Rates sowie sein Abstimmungsverfahren.

aa) Größe und Zusammensetzung des Rates

Im Hinblick auf die Größe und Zusammensetzung des Rates wurden verschiedene Vorschläge gemacht und erläutert hinsichtlich ständiger als auch nichtständiger Mitglieder.

aaa) Ständige Mitglieder

Diese Vorschläge lassen sich in solche bzgl. der jetzigen ständigen Mitglieder und solche bzgl. möglicher neuer ständiger Mitglieder unterteilen.

aaaa) Änderungen, die die bestehenden ständigen Mitglieder betreffen

Die ständigen Fünf stehen der Diskussion um die ständigen Sitze und ihrer eventuellen Neubesetzung sehr ablehnend gegenüber. Das generelle Infragestellen der ständigen Mitgliedschaft geht auf die Überlegung zurück, Deutschland einen ständigen Sitz zuzuteilen.[809] Dies würde zu einer Besetzung des Rates mit drei ständigen Mitgliedern aus Westeuropa führen. Die Entwicklungsländer und das „Committee on Foreign Affairs and Security of the European Parliament“ verlangen einen einzigen ständigen Sitz für die Europäische Union. Frankreich und das Vereinigte Königreich lehnen dieses Ansinnen kategorisch unter Betonen ihrer „besonderen Verantwortung“[810] ab.

---

[809] *Bailey/Daws*, Procedure, S. 386.
[810] *Kaul*, VN 1998, S. 6 (8)

Darüber hinaus führen sie Titel V des Maastricht-Vertrags, den Bestimmungen über eine Gemeinsame Außen- und Sicherheitspolitik der Union, an. Zwar normiere Art. 19 II S. 3 EUV, dass die „Mitgliedstaaten, die ständige Mitglieder des Sicherheitsrates sind, [...] sich bei der Wahrnehmung ihrer Aufgaben [...] für die Standpunkte und die Interessen der Union einsetzen [werden]". Das geschehe aber „unbeschadet ihrer Verantwortlichkeiten aufgrund der Charta der Vereinten Nationen". Eine kollektive ständige Mitgliedschaft sei gar nicht vorgesehen.[811] Während der Beratungen der Working Group wurde zunehmend klar, dass Veränderungen bzgl. der ständigen Mitglieder zu dem Zeitpunkt absolut unrealistisch seien, zumal die Ständigen für jede Veränderung ihrer Position stimmen müssten. Auch wurden Modifikationen der mit der ständigen Mitgliedschaft verbundenen Sonderstellung erwogen. Die blockfreien Staaten (Non-Aligned Movement, kurz: NAM) sahen u. a. ein Vetorecht nur im Rahmen von Kapitel VII der Charta vor, ferner sollten zum Ablehnen einer Resolution mindestens zwei Staaten von ihrem Vetorecht Gebrauch machen müssen. Auch wurde angeregt, das Veto nicht bei der Ernennung des Generalsekretärs oder bei der Aufnahme neuer Mitgliedsstaaten zu verwenden.

Das Hauptproblem in diesem Zusammenhang ist die Frage nach der freiwilligen oder obligatorischen Natur der Beschränkung. Eine formelle oder informelle Vereinbarung, gewisse Fragen als verfahrensrechtliche zu behandeln, und sie damit vom Veto auszunehmen, würde keine Charta-Änderung erfordern.[812]

bbbb) Zusätzliche ständige Mitglieder

Eine Reihe von Vorschlägen betrifft eine Erweiterung um ständige Sitze, die sowohl Vertretern aus den Industriestaaten als auch den Entwicklungsländern zukommen sollen.[813] Uneinigkeit besteht hinsichtlich der

---

[811] *Bailey/Daws*, Procedure, S. 387.
[812] *Bailey/Daws*, Procedure, S. 387.
[813] Modelle der Gruppe der Kleinen und Mittleren Staaten: UN Doc. A/49/965 (18 September 1995), S. 69; Kubas: UN Doc. A/AC.247/5 (e)(15. September 1995), in UN-Doc. A/49/965, S. 77 ff, Monacos: UN Doc. A/AC.2471996/CRP.12 vom 17. 6. 1996, GAOR 50th Session,Supplement No. 47, Report of the Open-Ended Working Group (A/50/47/Rev. 1), Annex XI; Australiens: UN Doc A/AC.247/1996/CRP.16 vom 27. 3. 1996, GAOR 50th Session, Supplement No. 47, Report of the Open-Ended Working Group (A/50/47/Rev. 1), Annex XIII; der Bewegung der Blockfrei-

Anzahl der neu zu schaffenden ständigen Sitze - die Vorschläge reichen von zwei bis fünf.[814]

Einige Vorschläge sehen die Einrichtung geteilter oder sogar rotierender Sitze vor.[815] Die Erweiterung durch Sitze, die bestimmten Regionen zuteil werden, mit einer Rotation unter diesen Mitgliedern wurde seitens vieler Entwicklungsländer vorgeschlagen, aber auch von Kanada.[816] Die Methode der Rotation sollte der Region überlassen werden.[817] Auch kam u. a. durch die Syrische Arabische Republik, durch Kolumbien und den Sudan[818] die Idee zur Sprache, ständige Sitze den politischen Gruppen wie der Arabischen Liga, der AU oder der Non-Aligned Movement (NAM) zuzuteilen.

cccc) Mögliche Kandidaten für neue ständige Mitglieder

Im Zuge der Formierung des Sicherheitsrates wurde zwar viel über die Kriterien diskutiert, nach denen die Nichtständigen ausgewählt werden sollten, während die Entscheidung über die fünf Ständigen als eine politische betrachtet wurde.

Auch im Zuge einer Reform wird, obwohl viele Gesichtspunkte für die Auswahl neuer Mitglieder unterbreitet wurden, die letzte Entscheidung eine überwiegend politische bleiben. Die gegenwärtig zweit- und dritt-

---

en: UN-Doc. A/AC.247/5 (i) (13 February 1995) in UN Doc. A/49/965 (18 September 1995), S. 94 f; der Ukraine, Arbeitspapier der Ukraine UN Doc. A/AC.247/1996/CRP. 20 vom 11. 7. 1996, GAOR 50th Session, Supplement No. 47, Report of the Open-Ended Working Group (A/50/47/Rev. 1) Annex XVIII.

814 *Winkelmann*, MPYB 1997, S. 35 (61 f).

815 Modelle der OAU (OAU Dok. NY/OAU/POL/84/Rev.2 vom 29. 9. 1994, in der OEWG, UN Doc. A/AC.247/1996/CRP.6 vom 25. 4. 1996), GAOR 50th Session, Supplement No. 47, Report of the Open- ended Working Group (A/50/47Rev.1), Annex IV; Malaysias, Arbeitspapier UN Doc. A/AC.247/1996/CRP.18 vom 3. 7. 1996, GAOR 50th Session, Supplement No. 47, Report of the Open-ended Working Group (A/50/47/Rev. 1) Annex XVI) und Norwegens, Arbeitspapier UN Doc. A/AC.247/1996/CRP.19 vom 25. 3. 1996, GAOR 50th Session, Supplement No. 47, Report of the Open-Ended Working Group (A/50/47/Rev.1) Annex XVII.

816 UN Doc. A/48/246/Add 1, 26 July 1993, S. 6 para 8.

817 *Sucharipa-Behrmann*, AJPIL 47 (1994), S. 1 (7).

818 Syrische Arabische Republik: UN Doc. A/48/PV 61, S. 2 (23 November 1993); Kolumbien: UN Doc. A/48/PV 62 (3 December 1993), S.17; Sudan: UN Doc. A/48/246/Add. 1 (26 July 1993), S. 20 para 5

größten Beitragszahler zum UN-Haushalt, Japan und Deutschland[819], wurden von vielen Staaten im Hinblick auf einen ständigen Sitz unterstützt, so z. B. durch die USA, die Niederlande, Jordanien und Rumänien.[820] Darüber hinaus wurde auch vorgeschlagen, einen zusätzlichen ständigen Sitz einem bedeutenderen Land aus jeder regionalen geographischen Region zuzuteilen, so z. B. von Brasilien oder Costa Rica.[821]

Nicht zuletzt argumentierte man aufgrund ethnischer Zugehörigkeit. Syrien brachte vor dem Hintergrund der Forderung nach einem Sitz für die arabische Gruppe den Vorschlag ein, nach ethnischer bzw. kultureller Zusammengehörigkeit Sitze zu verteilen anstatt nach geographischen Kriterien.[822] Fraglich ist jedoch, wie eine solche Verteilung konkret aussehen sollte.[823] Ethnische Zugehörigkeiten und kulturelle Zugehörigkeiten haben zu zahlreicheren Konfrontationen in dem späten 20. Jahrhundert geführt als das bei geographischen Streitigkeiten der Fall war.[824]

Im Rahmen einer möglichen Erweiterung verlangte die arabische Gruppe, die 12 % der Mitglieder der Vereinten Nationen ausmacht, ebenfalls neben zwei nichtständigen Sitzen einen ständigen Sitz mit den gleichen Rechten wie die bisherigen ständigen fünf Mitglieder.[825]

bbb) Nichtständige Mitglieder

Die Erwägungen bzgl. neuer nichtständiger Mitglieder lassen sich in drei große Gruppen unterteilen. Nach einer Variante findet keine Erhöhung der Sitze für ständige Mitglieder statt, sondern nur der der nichtständigen unter Beibehaltung der bisherigen Wahlkriterien. Nach der zweiten Variante wird der Rat ebenfalls nur um nichtständige Mitglieder erwei-

---

[819] *Knapp*, FW 73 (1998), S. 465 (467).

[820] USA: UN Doc. A/48/246 (20 July 1993), S. 92 para 5 b; Niederlande UN Doc. A/48/246 (20 July 1993), S. 66 para 4; Jordanien UN Doc A/48/246/Add. 1 (26 July 1993), S. 9 para 4 a; Rumänien: UN Doc. A/48/246/ Add 3 (4 October 1993), S. 9 para 4.

[821] UN Doc. A/48/246, 20 July 1993, S. 14 para 7 und S. 24 para 2 b.

[822] Press Release, United Nations, General Assembly Continues Debate on Security Council Reform with Focus on Changing Veto, Permanent Membership GA/9692 (20 December 1999), http://www.un.org/News/Press/docs/1999/19991220.ga9692.doc.html.

[823] *Kelly*, SHLR 31 (2000), S. 319 (334).

[824] *Kelly*, SHLR 31 (2000), S. 319 (334).

[825] *Proidl*, Reform, S. 284.

tert, wobei hier verschiedene Kriterien hinsichtlich ihrer Wahl zur Anwendung kommen sollen.[826] Die dritte Variante sieht eine Erweiterung der nichtständigen und ständigen Sitze vor, wobei hinsichtlich der Nichtständigen die bisherigen Kriterien beibehalten werden sollen, oder bzgl. aller oder zumindest einiger neue Kriterien zur Anwendung kommen sollten. Wie diese neuen Kriterien konkret aussehen sollten war Gegenstand großer Diskussionen. Auszugehen ist davon, dass der geographische Aspekt bei der Vergabe nichtständiger Sitze gleichermaßen wie die insgesamte geographische Verteilung sowohl der ständigen als auch der nichtständigen Sitze, im Rahmen der Erweiterung des Sicherheitsrates von grundlegender Bedeutung ist.[827]

ccc) Semi-ständige Mitgliedschaft oder verlängerte Mitgliedschaft

Insbesondere Italien präsentierte einen Rotationsvorschlag, der semipermanente Sitze vorsah. Entsprechend dieses Vorschlages sollten sich dreißig große und mittelgroße Staaten durch ein rotierendes System auf zehn neuen nichtständigen Sitzen unter Beibehaltung des Wiederwahlverbotes des Art. 23 II UN-Charta verteilen.[828]

ddd) Größe des Sicherheitsrates

Über eine Vergrößerung des Sicherheitsrates bestand eine weitgehende Einigkeit im Sicherheitsrat, nicht zuletzt aufgrund des geänderten Verhältnisses zwischen den Mitgliedern in den Vereinten Nationen und denen des Sicherheitsrates.

Im Jahre 1945 vertraten 11 Mitglieder im Sicherheitsrat 51 Mitglieder in den Vereinten Nationen (Verhältnis 1: 5), im Jahre 1965 vertraten 15 Mitglieder des Sicherheitsrates 113 Mitglieder (Verhältnis 1: 8), während im Jahre 1994, kurz vor dem 50. Jahrestag der Vereinten Nationen 184 Mitglieder unverändert von 15 Sicherheitsratsmitgliedern vertreten wurden (Verhältnis 1: 12).[829]

---

826 *Bailey/Daws*, Procedure, S. 387.
827 *Bailey/Daws*, Procedure, S. 387; *Kelly*, SHLR 31 (2000), S. 319 (357).
828 *Fassbender*, Reform, S. 259.
829 *Sucharipa-Behrmann*, AJPIL 47 (1994), S. 1 (6).

Die angestrebte Größe des Sicherheitsrates variierte in den Vorschlägen; einige Staaten strebten um die 30 Plätze an, die Mehrheit erwog jedoch eine Erweiterung von 20 auf 25 Sitze.[830] Eine Erweiterung in diesem Rahmen führt zu einer überschaubaren und realistischen Größe des Sicherheitsrates, der eine rationelle Arbeitsweise zulässt, aber zur gleichen Zeit eine wirkungsvolle Repräsentation bei einem Verhältnis von 1: 8.[831] Das zentrale Problem liegt jedoch darin, die Handlungsfähigkeit des Rates zu erhalten.

Gemäß Art. 24 UN-Charta sorgt der Sicherheitsrat für schnelles und wirksames Handeln der Vereinten Nationen zur Aufrechterhaltung des internationalen Friedens und der Sicherheit im Namen aller Mitglieder der Vereinten Nationen. Aus dieser Aufgabe könnte geschlossen werden, für die Größe des Rates sei zum einen eine angemessene Repräsentation, zum anderen eine effektive Arbeit von Bedeutung. Der Sicherheitsrat müsse also so groß sein, um eine angemessene Vertretung der Mitglieder sicherzustellen, aber dennoch so klein, um effektiv handeln zu können. Ausschlaggebend in der Praxis für die Repräsentativität des Rates hat sich mehr die Legitimität seines Handelns als die Größe und Zusammensetzung seiner Mitglieder erwiesen.

Das Erfordernis, schnell und wirksam handeln zu können, fordert ein effektives Organ. Je kleiner die Mitgliedschaft, desto leichter ist dies zu erreichen. Nichtsdestoweniger trägt auch der Willen der Mitglieder zur Kooperation zu einem schnellen und wirksamen Handeln bei. Eine größere Wirksamkeit der Arbeit des Sicherheitsrates kann gleichfalls durch größere politische, finanzielle oder militärische Ressourcen erzielt werden.[832]

bb) Abstimmungsverfahren

Die große Mehrheit in den Äußerungen der Mitglieder, die sich äußerten, vertraten die Meinung, neuen ständigen Mitgliedern solle kein Vetorecht zustehen.[833] Um die Stärke des herkömmlichen Vetos einzuschränken, wurden verschiedene Vorschläge unterbreitet.

---

[830] *Proidl*, Reform, S. 282.
[831] *Sucharipa-Behrmann*, AJPIL 47 (1994), S. 1 (6).
[832] *Bailey/Daws*, Procedure, S. 388.
[833] *Sucharipa-Behrmann*, AJPIL 47 (1994), S. 1 (8)

So wird erwogen, das Vetorecht gänzlich aufzuheben und statt dessen eine qualifizierte Mehrheit zu verlangen.[834] Darüber hinaus existieren Vorschläge, die das Veto zwar grundsätzlich beibehalten, aber neu gestalten wollen, indem sie das Veto auf bestimmte Bereiche beschränken, ein „double" oder „triple veto" durch zwei bzw. drei ständige Mitglieder verlangen, oder die Möglichkeit vorsehen, bei nur einem einzigen eingelegten Veto dieses abzulehnen, ferner ein Überstimmen des Vetos durch eine qualifizierte Mehrheit in der Generalversammlung zuzulassen oder die Pflicht für Streitparteien festzuschreiben, bei der Feststellung im Rahmen von Art. 39 UN-Charta sich zu enthalten.[835]

Weitere Vorschläge gehen dahin, den Einsatzbereich des Art. 27 III UN-Charta zu verändern und einen größeren Spielraum für Entscheidungen mit einfacher Mehrheit zu schaffen.[836]

In diesem Zusammenhang stellt sich ebenfalls die Frage nach der Ausdehnung des Vetos auf die neuen ständigen Mitglieder und die Limitierung des Vetos auf die bestehenden Mitglieder. Grundsätzlich wird abgelehnt, den neuen ständigen Ratsmitgliedern das Veto zuzugestehen, aufgrund seiner undemokratischen Natur und der Möglichkeit des Missbrauchs.[837] In diesem Zusammenhang machten die fünf ständigen Mitglieder auf die Unantastbarkeit ihrer eigenen Privilegien aufmerksam.[838] So wird eine „Zwei-Klassen-Gesellschaft" bzgl. der ständigen Mitglieder, nämlich solche mit und solche ohne Veto-Recht befürwortet.[839] Die USA haben sich zu der Frage, ob neuen ständigen Mitgliedern auch ein Veto-Recht gewährt werden solle, nicht geäußert.[840]

Die Working Group setzte sich ebenfalls mit der Frage der gesamten notwendigen zustimmenden Stimmen auseinander. Je größer das Ver-

---

[834] *Kelly*, SHLR 31 (2000), S. 319 (340).
[835] *Fassbender*, Reform, S. 266, 268, 269.
[836] *Winkelmann*, MPY 1997, S. 35 (77).
[837] UN Press Release, United Nations, Assembly President Proposes Increase in Security Council Membership to 24 by adding 5 Permanent, 4 Non-Permanent members, GA/9228 (20 March1997), http://www.un.org/News/Press/docs/1997/19970320.ga9228.html; Press Release, United Nations, General Assembly Continues Debate on Security Council Reform with Focus on Changing Veto, Permanent Membership GA/9692 (20 December 1999), http://www.un.org/News/Press/docs/1999/19991220.ga9692.doc.html.
[838] *Proidl*, Reform, S. 282.
[839] *Heberlein*, ZRP 1994, S. 358 (363).
[840] UN Doc. A/48/264, 20 July 1993, S. 91.

hältnis von ständigen zu nichtständigen Mitgliedern im Sicherheitsrat ist, umso eher können die nichtständigen Mitglieder gemeinsam ihr „verstecktes Veto“ ausüben, also eine Entscheidung durch Gegenstimmen, Enthaltung oder Nichtteilnahme verhindern. Auf diese Weise könnte bei einer Erhöhung nichtständiger Sitze sogar die Situation eintreten, dass Mitgliedsstaaten aus der südlichen Sphäre in der Lage wären, gemeinsam ein „verstecktes Veto“ auszuüben.[841]

cc) Periodische nochmalige Prüfung

Die Auffassungen über den Sinn und den Nutzen einer periodischen nochmaligen Überprüfung, insbesondere ob eine solche einer Lösung förderlich wäre, divergieren sehr stark. Für eine solche erneute Prüfung spricht, dass dadurch eine Erweiterung des Rates als weniger endgültig erscheinen würde. Eine solche Klausel müsste den Zeitpunkt sowie den Umfang der Überprüfung genau festlegen, insbesondere unter Berücksichtigung der jetzigen und eventuellen neuen ständigen Mitglieder.[842]

b) Vorschlag von Razali

Der Präsident der 51. Generalversammlung Ismail Razali präsentierte am 20. März 1997 der Working Group eine Gesamtlösung in Form eines Resolutionsentwurfes.[843] Darin waren alle Punkte einer Reform des Sicherheitsrates, das Problem der Erweiterung, das Abstimmungsverfahren, insbesondere das Veto und die Arbeitsmethoden des Rates enthalten.[844]

Nach seinem Plan sollte der Rat um fünf ständige und vier nichtständige Mitglieder erweitert werden. Die fünf zusätzlichen ständigen Sitze sollten je einer auf Afrika, Asien und Lateinamerika und die Karibik entfallen, die beiden anderen auf die Industriestaaten. Die vier nichtständigen

---

[841] *Bailey/Daws*, Procedure, S. 390.
[842] *Bailey/Daws*, Procedure, S. 390.
[843] UN Doc. A/AC.247/1997/CRP. 1, 20 March 1997, GAOR 51st Session, Supplement No. 47 (A/51/47) Annex II.
[844] UN Press Release, United Nations, Assembly President Proposes Increase in Security Council Membership to 24 by adding 5 Permanent, 4 Non-Permanent members, GA/9228 (20 March1997), http://www.un.org/News/Press/docs/1997/19970320.ga9228.html.

Sitze sollten auf die Regionen Afrika, Asien, Osteuropa und Lateinamerika und die Karibik entfallen. Aufgrund der Tatsache, dass die meisten Mitgliedsstaaten das Veto ablehnten, sollte das Veto der bisherigen Ständigen nur unter Kapitel VII angewendet werden können, während den neuen Ständigen kein Vetorecht zustehen sollte. Damit eine Entscheidung des Sicherheitsrates zustandekäme, würden 15 der 24 Mitglieder für den entsprechenden Vorschlag stimmen müssen. Diese Reform sollte zehn Jahre nach ihrem Inkrafttreten von einer Konferenz i. S. des Art. 109 UN-Charta überprüft werden.[845] In den Reformbestrebungen und -bemühungen der neunziger Jahre ist der Vorschlag von Razali der einzige, der einen mehrheitsfähigen Konsens darstellt.[846] Nichtsdestoweniger wird die unterschiedliche Behandlung der neuen und der ursprünglichen ständigen Mitglieder stark kritisiert.[847] Nach der Veröffentlichung fand die Überarbeitung nicht innerhalb der Working Group statt, sondern in einer Gruppe um Razali. Razali strebte an, mit Hilfe informeller Konsultationen eine neue Grundlagenresolution zu entwerfen, um sie Ende September 1997 der Generalversammlung zu präsentieren, damit sie bis zum Ende desselben Jahres verabschiedet werden konnte. Dabei sollte zunächst das Abstimmungsverfahren im Sicherheitsrat, insbesondere das Vetorecht, keine Regelung erfahren. Vielmehr sollte eine durch die Mitgliedsstaaten eingesetzte „High-Level-Working Group" sich mit dem Problem befassen und zwei Jahre nach Annahme der Grundlagenresolution der Generalversammlung einen Bericht präsentieren.[848] Erreicht werden konnte eine Einigkeit jedoch nicht. Die USA, das Vereinigte Königreich und auch Russland weigerten sich, ihre Zustimmung zu einem Sicherheitsrat mit mehr als 20 oder 21 Sitzen zu geben. Der überarbeitete Vorschlag sah ebenfalls 24 Sitze im Sicherheitsrat vor. Es erscheint zwar durchaus möglich, dass das Reformmodell von Razali in der Generalversammlung von einer Zwei-Drittel-Mehrheit akzeptiert worden wäre, aufgrund der fehlenden Einigkeit wurde dieser Entwurf nicht eingebracht. Im September 1997 wurde die Arbeitsgruppe um Razali aufgelöst.[849]

---

[845] UN Press Release, United Nations, Assembly President Proposes Increase in Security Council Membership to 24 by adding 5 Permanent, 4 Non-Permanent members, GA/9228 (20 March1997), http://www.un.org/News/Press/docs/1997/19970320.ga9228.html.

[846] *Winkelmann*, Reformstau, S. 57 (S. 69).

[847] *Andreae*, Warteschleife, S. 179.

[848] *Andreae*, Warteschleife, S. 180.

[849] *Andreae*, Warteschleife, S. 180.

Die 53. Generalversammlung beschloss im Herbst 1998 einstimmig auf Initiative Italien, Argentiniens, Kanadas und Pakistans, jegliche Entscheidung hinsichtlich einer Sicherheitsratsreform nur mit einer Zustimmung von mindestens zwei Dritteln der zum damaligen Zeitpunkt 185 Mitglieder umfassenden Generalversammlung zu treffen. Aufgrund der festgelegten qualifizierten Mehrheit, die mehr Stimmen als die in der Generalversammlung sonst übliche Zwei-Drittel-Mehrheit verlangt, werden solche Pläne, wie von Razali angestrebt, kaum durchsetzbar sein.[850]

c) Fehlende Konsensfähigkeit

Nach Auflösen der Gruppe um Razali bemühten sich einzelnen Gruppen, auf Grundlage der Entwürfe Razalis weiterzuarbeiten. Neben anderen versuchten die „P 3 + 2 Gruppe", zusammengesetzt aus den drei westlichen Sicherheitsratsmitgliedern sowie Deutschland und Japan, einen gemeinsamen Konsens zu finden. Gleiches versuchte die „Gruppe der 10"[851], die dem Razali-Plan sehr zugetan war, zu erreichen. Dieses Bemühen blieb erfolglos.[852]

Übereinstimmung herrscht nur bzgl. grundlegender Elemente, nämlich der Vergrößerung des Sicherheitsrates und der Überarbeitung seiner Arbeitsmethoden, um ihn repräsentativer und effektiver zu gestalten.[853] Verlangt wird zwar, ihn der gegenwärtigen politische Situation anzupassen, über die Ausgestaltung herrscht keine Einigkeit. Insofern führten die Bemühungen in den diversen Arbeitsgruppen nur zu Diskussionen über die verschiedenen Standpunkte. Von seinen hohen Ansprüchen zugunsten von Kompromissen möchte kein Staat abrücken, um nähere Verhandlungen zu ermöglichen.[854]

---

[850] *Proidl*, Reform, S. 286 f.

[851] Ursprünglich bestand diese Gruppe aus Belgien, Estland, Irland, Ungarn, Österreich, Slowenien und der Tschechischen Republik; später beigetreten sind Australien, Bulgarien und Portugal.

[852] *Andreae*, Warteschleife, S. 186 f.

[853] vgl. UN Doc. A/49/965 (15 September 1995), S. 5 ff.

[854] *Andreae*, Warteschleife, S. 188.

3) Ausblick und Bewertung

Das größte Hindernis beim Finden eines gemeinsamen Nenners liegt darin, dass die einzelnen Regierungen in erster Linie nationale Interessen in der Außenpolitik verfolgen und erreichen wollen.[855] Da jegliche Erweiterung der Charta nicht umgesetzt und in Kraft treten kann, ohne Zustimmung der fünf Ständigen, müssen Vorschläge, sollen sie eine realistische Chance haben, die Billigung der fünf Ständigen haben.[856]

Die nationalen und regionalen Interessen und Konflikte, die schon 1979 deutlich wurden, sind in den Reformbestrebungen bis heute relevant. Die fünf Ständigen, ausgenommen China, weisen Änderungen des Sicherheitsrates und insbesondere ihres Status von sich. Sie befürchten, eine Vergrößerung des Sicherheitsrates erschwere sein Handeln, wodurch die Autorität der Vereinten Nationen leide.[857]

Für die USA treten die Vereinten Nationen immer dann in den Mittelpunkt ihres Interesses und erhalten dann Bedeutung, wenn sie den Zielen der amerikanischen Außenpolitik entgegenkommen und dem Erreichen dieser Ziele und Interessen dienen.[858] Seit Ende des Ost-West-Konfliktes und dem Untergang der UdSSR haben die USA die Möglichkeit, als letzte Supermacht im Sicherheitsrat dort eine leitende Position einzunehmen und die Legitimierung der Vereinten Nationen für ihre eigenen außenpolitischen Zwecke zu nutzen.[859] So betonen die USA, eine potentielle Änderung der Charta, die die Zustimmung der Länder, die ein sowohl wirtschaftliches und militärisches Durchsetzen von Entscheidungen des Sicherheitsrates ermöglichen, nicht berücksichtige, läge fernab der Realität.[860] Diese Argumentation beruht auf dem Gedanken, dass Entscheidungen im Sicherheitsrat nur mit Zustimmung der Staaten ge-

---

[855] *Kelly*, SHLR 31 (2000), S. 319 (331).

[856] *Kourula/Kanninen*, LJIL 8 (1995), S. 337 (342).

[857] vgl. Frankreich in der Generalversammlung, GAOR 35th Session, Plenary Meetings, Vol. 3, Verbatim Record 81st Meeting, UN Doc. A/35/PV.81 (4 December 1980), S. 1396; vgl. die UdSSR, das Vereinigte Königreich und die USA in der Generalversammlung, GAOR 35th Session, Plenary Meetings, Vol. 3, Verbatim Record 82nd Meeting, UN-Doc. A/35/PV.82 (4 December 1980), S. 1402 ff.

[858] *Münzing*, UNO, S. 127; Puchala, PSQ 97 (1982-1983), S. 571 (586 ff).

[859] *Andreae*, Warteschleife, S. 191.

[860] vgl. die USA in der Generalversammlung, GAOR 35th Session, Plenary Meetings, Vol. 3, Verbatim Record, 82nd Plenary Meeting, UN-Doc. A/35/PV. 82 (4 December 1980), S. 1406 f.

troffen werden können, die auch für deren Umsetzung sorgen und über die erforderlichen Ressourcen verfügen.[861] Bei einer Veränderung der Mehrheitsverhältnisse im Sicherheitsrat würden die westlichen Sicherheitsratsmitglieder USA, das Vereinigte Königreich und Frankreich häufiger auf ihr Veto zurückgreifen müssen. Auch soll seitens der Entwicklungsländer nicht die Möglichkeit bestehen, Entscheidungen, bei denen unter den fünf ständigen Sicherheitsratsmitgliedern Einigkeit herrscht, verhindern zu können.[862]

Nachdem Frankreich und das Vereinigte Königreich allen Reformvorhaben sehr ablehnend gegenüberstanden, stehen sie dem Vorhaben nun aufgeschlossener gegenüber.

Frankreich und dem Vereinigten Königreich ermöglicht der Sitz im Sicherheitsrat die Möglichkeit, auf die Arbeit diese Organs und damit auf die Behandlung der Konflikte Einfluss zu nehmen. Der ständige Sitz ist das einzige Relikt der früheren Großmachtstellung.[863] Vor allem Frankreich kann sich nur schwer mit seiner verlorengegangenen Rolle als Großmacht abfinden und beharrt auf seiner Position in der internationalen Politik.[864] Frankreich selbst nimmt keine dominierende Stelle in der Weltpolitik ein, so dass es über den Sicherheitsrat und seine ständige Mitgliedschaft versucht, eine solche zu erlangen.[865] Das Vereinigte Königreich demgegenüber möchte die eingetretene Kooperation nicht gefährden, zumal jegliche Reformdebatte neue Forderungen verschiedener Staaten nach sich ziehen werde.[866] Nicht zuletzt fürchtet auch das Vereinigte Königreich um seine herausgehobene Position als ständiges Mitglied, die für seine Außenpolitik nicht unbedeutend ist.[867]

Letztlich rührt die Reformbereitschaft der beiden europäischen Staaten - und damit die Bereitschaft einem größeren Sicherheitsrat zuzustimmen - daher, weitere Diskussionen um die Rechtmäßigkeit ihrer eigenen ständigen Mitgliedschaft zu verhindern und insbesondere der, um einen ständigen Sitz der EU.[868]

---

[861] *Andreae*, Warteschleife, S. 34.
[862] *Andreae*, Warteschleife, S. 34.
[863] *Andreae*, Warteschleife, S. 200.
[864] *Smouts*, France, S. 186 (S. 188, 190, 211, 212, 228, 229).
[865] *Smouts*, France, S. 186 (S. 190, 202, 212).
[866] *Andreae*, Warteschleife, S. 201.
[867] *Andreae*, Warteschleife, S. 204.
[868] *Andreae*, Warteschleife, S. 208.

Das Vereinigte Königreich lehnt jede Veränderung des Vetorechtes der jetzigen fünf Ständigen ab.[869] Frankreich demgegenüber möchte im Falle einer Erweiterung um neue ständige Mitglieder, diesen die gleichen Privilegien wie den „alten" Ständigen zugestehen, um keine „zwei Klassen" bei den ständigen Mitgliedern einzuführen.[870] Auch hier liegt der Hintergrund für dieses Ansinnen in der Angst vor einer Schmälerung der eigenen Autorität, zumal aufgrund einer solchen Differenzierung verstärkt Forderungen nach einem generellen Abschaffen des Vetos geäußert würden .[871]

Russland befürchtet, eine Charta-Änderung hinsichtlich der Erweiterung des Sicherheitsrates ziehe zahlreiche neue Forderungen bzgl. Änderungen nach sich.[872] Auf russischer Seite besteht kein großes Interesse an Veränderungen im Sicherheitsrat, da auch dieses ständige Mitglied seinen internationalen Einfluss gewahrt haben möchte.[873]

China befürwortet zwar offiziell eine Reform des Sicherheitsrates zugunsten der Entwicklungsländer, kann aber zur selben Zeit auf den Schutz seiner Privilegien im Sicherheitsrat durch die übrigen ständigen Mitglieder vertrauen.[874] China ergreift in den Debatten Vereinten Nationen oft verbal Partei für die Anliegen der Staaten der Dritten Welt, sein Abstimmungsverhalten im Sicherheitsrat seit 1990 steht damit nicht im Einklang. China hat zu keiner Zeit versucht, eine Resolution zu blockieren, in der Zwangsmaßnahmen nach Kapitel VII verhängt wurden. Darüber hinaus hat es sich auch nicht bemüht, durch eigene Resolutionsentwürfe in diesen Regionen eine friedliche Lösung zu erzielen.[875]

Die ständigen Mitglieder sind nicht gewillt, irgendeine Veränderung des Vetos hinzunehmen[876], oder - mit Ausnahme Frankreichs - neuen ständi-

---

[869] vgl. das Vereinigte Königreich in der Generalversammlung, GAOR, 53rd Session, 65th Plenary Meeting, UN Doc. A/53/PV.65 (20 November 1983), S. 32 ff.
[870] vgl. Frankreich in der Generalversammlung, GAOR 52nd Session, 64th Plenary Meeting, UN Doc. A/52/PV.64 (5 December 1997), S. 15 f.
[871] *Andreae*, Warteschleife, S. 206.
[872] vgl. die UdSSR in der Generalversammlung, GAOR, 35th Session, 82nd Pleanry Meeting, Vol. 3, Verbatim Records, UN Doc A/35/PV.82 (4 December 1980), S. 1403 ff.
[873] *Andreae*, Warteschleife, S. 212.
[874] *Schaefer*, VN 1981, S. 199 (S. 200).
[875] *Thalakada*, China's Voting Pattern, S. 86; *Andreae*, Warteschleife, S. 214.
[876] *Bailey*, The Security Council, S. 304 (324).

gen Mitgliedern ein Veto zu gewähren. Dem entspricht der mehrheitliche Wille der Mitglieder der Vereinten Nationen, die das Vetorecht generell und erst recht seine Erweiterung ablehnen, da sie eine Ausübung zu ihren Ungunsten befürchten.[877]

Die Zahl der eingelegten Vetos ist zwar im Vergleich zu früher deutlich zurückgegangen, jedoch spielt es auf eine subtilere Art und Weise eine Rolle und hat nichts an Bedeutung verloren. Die Ständigen streben danach, Geschlossenheit zu zeigen. So wird das Veto nicht während der Ratssitzungen eingesetzt, sondern vielmehr bereits im Vorfeld in den informellen Sitzungen angekündigt. Dergestalt kann ein Staat sehr wirksam Einfluss auf den Inhalt, auf die Schärfe oder Klarheit einer Resolution nehmen, dabei seine Interessen verfolgen und trotzdem den Schein der Kooperation aufrechterhalten. Auf diese indirekte Weise wird das Veto viel effektiver eingesetzt als in den Fällen, in denen ein ständiges Mitglied in einer öffentlichen Sitzung ein Veto einlegt.[878]

[877] *Andreae*, Warteschleife, S. 10.
[878] *Eitel*, FW 74 (1999), S. 126 (S. 136).

XII. Vereinbarkeit der Hegemonialstellung mit dem Völkerrecht

Das Verhältnis zwischen Hegemonie und dem Prinzip der Staatengleichheit ist problematisch. Vor allem ist fraglich, ob und inwiefern beides miteinander vereinbar ist. Die Gleichheit der Staaten und die Hegemonie, die in der Politik ein Faktum ist, stehen in einem Spannungsfeld.

1) Die Gleichheit der Staaten

Die Charta selbst statuiert in Art. 2 Nr. 1, dass die Organisation auf dem Grundsatz der souveränen Gleichheit aller Staaten beruht.

Die Idee der Gleichheit in der Theorie des internationalen Rechtes geht auf die klassische Lehre der Naturalisten zurück.[879] Die Gleichheit der Staaten folge aus der Natur des Völkerrechtes und sei ein Grundrecht der Staaten.[880] Nach den Naturalisten seien die Menschen in ihrem „state of nature“, vor Erreichen eines politischen Status einander gleich. Folglich seien Staaten, die sich in einem „state of nature“ befänden, einander gleich.[881]

Der Begriff der souveränen Gleichheit wurde in San Francisco so definiert:

1. alle Staaten sind gleichberechtigt,
2. ihnen gebühren die Rechte, die der vollen Souveränität immanent sind,
3. die Persönlichkeit des Staates wird ebenso geachtet, wie die territoriale Integrität und die politische Unabhängigkeit,
4. die Staaten sollen im Rahmen der internationalen Ordnung nach Treu und Glauben ihre internationale Verpflichtungen erfüllen.[882]

---

879 *Brierly*, Law, S. 130; *Schaumann*, Gleichheit, S. 2.
880 *Leibholz*, AVR 10 (1962/63), S. 69.
881 *Brierly*, Law, S. 131.
882 UN Doc. 1123, I/8 20 June 1945, UNCIO, VI, S. 65 (69) sowie Restricted UN Doc. 944 I/1/34 (1), June 13, 1945, UNCIO VI, S. 446 (457).

Ausgangspunkt der Gleichheit der Staaten ist die jedem Staat zukommende Bedeutung. Durch die verschiedenen Staaten mit den ihnen zustehenden Bedeutungen zeichnet sich die internationale Gemeinschaft aus. Der Gleichheitsgedanke steht sowohl in rechtlicher als auch in politischer Hinsicht im Gegensatz zu einer auf den Machtverhältnissen beruhenden Ordnung, also einer Hegemonie. Dadurch erlangt dieser Gedanke seine Bedeutung.[883] Auch wenn den verschiedenen Staaten unterschiedlich starke Rechtspositionen zustehen und dies zunächst nicht im Widerspruch zu der rechtlichen Gleichheit der Staaten zu stehen scheint, so festigt sich in diesen verschiedenen rechtlichen Positionen dennoch die Forderung nach einer Hegemonialstellung. Eben dieser widerspricht die Gleichheit der Staaten.[884]

Rechtsgleichheit meint die Gleichheit, Rechte zu besitzen und die Gelegenheit, diese auch auszuüben.[885] Dieses Prinzip ist ein im Völkerrecht bedeutender Rechtsgrundsatz. Er ist für die Staaten bindend und begründet Rechte und Pflichten.

Hinter der völkerrechtlichen Forderung nach rechtlicher Gleichbehandlung der Staaten steht das Prinzip, dass ein Rechtssatz von allgemeiner Gültigkeit auf alle, die ihm unterfallen, in gleichem Maße anzuwenden ist. Entsprechend müssen im zwischenstaatlichen Bereich die Staaten ihr Verhalten nach allgemein geltendem Völkerrecht ausrichten und nicht entsprechend ihres tatsächlichen Kräfteverhältnisses. Vor allem dürfen die stärkeren und mächtigen Staaten nicht aus ihrer Stellung bei den weniger mächtigen einen Vorteil ziehen in Bezug auf ihre Ansprüche und ihr Entgegenkommen.[886] Gleichheit meint also die Anerkennung der Rechtspersönlichkeit anderer Staaten, ohne Rücksicht auf ihre Fähigkeiten.

In Bezug auf den Inhalt und die Setzung von Rechten ist das Prinzip der Rechtsgleichheit anders zu werten. Nach einer Ansicht sollen entsprechend dem Völkerrecht allen Staaten die gleichen Rechte zustehen und auch zustehen müssen.[887] Der Grundsatz der Gleichheit kann die Bedeutung haben, alle Staaten seien faktisch gleich, also hätten alle diesel-

---

[883] *Schaumann*, Gleichheit, S. 150.
[884] *Schaumann*, Gleichheit, S. 150.
[885] *Triepel*, Hegemonie, S. 212.
[886] *Triepel*, Hegemonie, S. 215.
[887] *Triepel*, Hegemonie, S. 216.

be politische, militärische oder wirtschaftliche Macht. Seit jeher existieren in Bezug auf diese Faktoren Unterschiede zwischen den Staaten. Seit dem Zweiten Weltkrieg ist ein weiterer Faktor hinzugekommen, nämlich die Unterscheidung nach den Atommächten und solchen, die keine atomaren Waffen haben.

Diese Differenzierung hat völkerrechtlich keine Relevanz, sondern auf diesem Gebiet wird eine rechtliche Gleichheit gefordert. Auch das Völkerrecht gesteht nicht allen Staaten dieselben Rechte und Pflichten zu.[888] Vielmehr müssen Staaten mit denselben Gegebenheiten auch dieselben Rechte und Pflichten haben. So gilt auch im Völkerrecht, dass wesentlich Gleiches gleich und wesentlich Ungleiches ungleich zu behandeln ist. Besondere Rechte oder andere Differenzierungen müssen gerechtfertigt sein.[889] Problematisch wird aber dieser Grundsatz in Bezug auf Verträge, denn hier ist eine unterschiedliche Behandlung von wesentlich Gleichem durchaus zulässig und möglich. Überträgt man dies auf das allgemeine Völkerrecht, trifft dieser Grundsatz nur die Aussage, gleiche Bedingungen müssten die gleichen rechtlichen Auswirkungen haben, nicht aber, unter welchen Voraussetzungen eine Gleichheit existiert.[890]

Jedoch kann nicht vom Völkerrecht verlangt werden, außer einer „equality before the law" noch eine „equality in law" zu schaffen. In den zwischenstaatlichen Beziehungen ist keine absolute, sondern stets nur eine relative Gleichheit möglich.[891]

Solange der Vorrang bzw. die Führung eines Staates von den anderen Staaten freiwillig anerkannt wird, können keine völkerrechtlichen Gründe diese echte Hegemonie hindern. Das Prinzip der Rechtsgleichheit wird nicht dadurch betroffen, dass sich die Machtposition der Großmächte mit ihrer Forderung nach Lenkung und jedes Mitglied der internationalen Staatenwelt mit ihrem Streben nach der Sicherung der innen- und außenpolitischen eigenen Rechte begegnen.

Die Rechtssubjekte, die in der völkerrechtlichen Gemeinschaft Inhaber von Rechten und Pflichten sind, sind die Staaten. Das gilt auch für eine Großmacht, der als Staat zwar umfangreichere Kompetenzen als einem

---

888 *Delbrück/Wolfrum*, Völkerrecht, Bd I/1, § 26 S. 234.
889 *Schaumann*, Gleichheit, S. 53, 57.
890 *Delbrück/Wolfrum*, Völkerrecht, Bd I/1, § 26 S. 235.
891 *Triepel*, Hegemonie, S. 217.

schwächeren Staat zustehen, die aber keine höhere rechtliche Position innehat. Daraus kann folgen, dass in der internationalen Gemeinschaft gleiche Rechtssubjekte unterschiedliche Rechte und Pflichten innehaben können. Zu einem Rangverhältnis führt dies jedoch nicht. Jeder souveräne Staat ist ein Mitglied der internationalen Völkerrechtsgemeinschaft und hat - unabhängig davon, ob er Großmacht ist oder nicht - seine eigenen Kompetenzen.[892]

Unklarheit herrscht auch hinsichtlich der Bedeutung von Gleichheit in den internationalen Organisationen. Zunächst ist hier wiederum zu vermuten, jeder Staat habe die gleichen Rechte und Pflichten sowie die gleiche Abstimmungsbefugnis, nämlich pro Staat eine Stimme. Vor diesem Hintergrund erscheint fraglich, ob diese Gleichheit nicht mit der Gerechtigkeit unvereinbar ist. Der Gleichheitsgrundsatz wird auch dadurch verletzt, dass wesentlich Ungleiches gleich behandelt wird.[893]

Der Inhalt des Prinzips der Staatengleichheit wird durch den formalen Gehalt definiert. Dieser wird durch eine formal gleiche Stimmwertung und die freiwillige Übernahme völkerrechtlicher Verpflichtungen deutlich. Da im Völkerrecht aber auch heute noch der Konsens eine nicht zu vernachlässigende Rolle spielt, sind Entscheidungen, die für die Staaten eine bindende Wirkung haben sollen, bei internationalen Zusammenkünften in der Regel einstimmig zu fassen oder, bei Mehrheitsentscheidungen, von sämtlichen Teilnehmerstaaten zu ratifizieren. Auch wenn eine solche Arbeitsweise in der Praxis ungünstig sein mag, kann aufgrund der Gleichheit der Staaten das Prinzip der Einstimmigkeit nur durch das der Mehrheit ersetzt werden, wenn die Staaten sich mit einer Mehrheitsentscheidung einverstanden erklärt und auf die Einstimmigkeit verzichtet haben. Die Mitgliedsstaaten der Vereinten Nationen haben für die Generalversammlung die Mehrheitsentscheidung gewählt.[894]

Das Einstimmigkeitsprinzip resultiert aus der Gleichheit und Unabhängigkeit der Staaten.[895]

Diese beiden Grundsätze sind völkerrechtlich anerkannt. Sie können nur durch das Einverständnis der beteiligten Staaten begrenzt werden.[896]

---

892 *Mosler*, Grossmachtstellung, S. 38.
893 *Schaumann*, Gleichheit, S. 53.
894 *Leibholz*, AVR 10 (1962/63), S. 72.
895 *Korte*, Grundrechte, S. 244 (256); *Engelhardt*, AVR 10 (1962/63), S. 377 (381).

Eben diese Zustimmung, sich den Entscheidungen der Mehrheit zu beugen und die rechtliche Gleichheit nicht beizubehalten, gewährt die Staatengemeinschaft zunehmend.[897] Das war bereits beim Völkerbund so, anschließend in einem größeren Umfang bei den Vereinten Nationen. Bei den Vereinten Nationen zeigen sich die besonderen Rechte, wie das Einstimmigkeiterfordernis der Ständigen im Sicherheitsrat, sehr deutlich durch den Aufbau der Organisation.[898] Das originäre völkerrechtliche Einstimmigkeitsprinzip hat seinen Hintergrund in der Gleichheit und wahrt die Unabhängigkeit der Staaten.[899]

De facto werden viele völkerrechtliche Entscheidungen und Beschlüsse unter dem Einfluss und Druck der Großmächte getroffen und gefasst. Rechtlich aber kann auf das Einverständnis der schwächeren Staaten nicht verzichtet werden. Dieses Einverständnis wird oft mit der Forderung nach einem Begrenzen der Macht seitens der herrschenden Staaten verbunden. Damit ein Durchbrechen der absoluten Stimmengleichheit nicht zu offensichtlich zutage tritt, werden manchen Staaten besondere Privilegien zuteil.[900] So erhalten gewisse Staaten ein besonderes Stimmrecht, z. B. indem man einem Staate mehrere Stimmen gewährt. In den Vereinten Nationen erhielt die UdSSR durch die Aufnahme der Ukraine und Weißrusslands als eigenständige Mitglieder zwei zusätzliche Stimmen, die ihr formal betrachtet gar nicht zustanden.[901]

Fragwürdiger ist die Auswirkung der besonderen Stellung der Großmacht auf die Maßnahmen zum Erhalt des Weltfriedens und der internationalen Sicherheit. Obwohl dieser gemäß Art. 1 Nr. 1 UN-Charta das oberste Ziel der Charta ist und gemäß Art. 2 Nr. 1 UN-Charta nach dem Grundsatz der souveränen Gleichheit der Mitglieder zu handeln ist, können die fünf Ständigen fast uneingeschränkt auf diese Möglichkeiten einwirken. Vorausgesetzt, eine Kollektivhegemonie verlange prinzipiell eine Übereinstimmung der Mitglieder, kommt die Völkerbundsatzung dem mehr entgegen als die UN-Charta.[902] Die Großmächte, die für beständig erachtet wurden, sollten das Fundament der jeweiligen Organisation sein. Die in Art. 2 Nr. 1 UN-Charta propagierte souveräne

896 *Leibholz*, AVR 10 (1962/63), S. 69 (72).
897 *Bülck*, Strukturwandel, S. 28 f.
898 *Engelhardt*, AVR 10 (1962/63), S. 377 (381).
899 *Korte*, Grundrechte, S. 244 (256).
900 *Schaumann*, Gleichheit, S. 129.
901 *Leibholz*, AVR 10 (1962/63), S. 73, *Schaumann*, Gleichheit, S. 129.
902 *Bilfinger*, Süddt. JZ 4 (1949), S. 30 (32).

Gleichheit, auf der die Vereinten Nationen beruhe, stellt einen abstrakten Rechtsgrundsatz dar.[903]

Der Grundsatz der Gleichheit und der Souveränität werden in Verträgen, u. a. auch in Art. 2 Nr. 1 UN-Charta, stets zusammen genannt. Die beiden Begriffe entsprechen einander sehr stark. Unter Souveränität versteht man, nicht unter die Gewalt eines anderen Staates zu fallen, sondern vielmehr, unabhängig zu sein.[904]

Völkerrechtlich souverän sind diejenigen, die auf einem bestimmten Territorium höhere Mächte nicht anerkennen. Ihnen steht zu, innerhalb dieses Gebietes und nach außen hin, endgültige Entscheidungen zu treffen und gleichfalls Streitigkeiten zu bereinigen. Souveränität bedeutet also, hinsichtlich eines bestimmten Bereiches abschließend Entscheidungen zu treffen. Die Inhaber einer solchen Souveränität sind in der Lage, sich auch gegen das Recht durchzusetzen und Konflikte auszulösen.[905]

Das oft gleichzeitig mit dem Selbstbestimmungsrecht der Völker erscheinende Prinzip der souveränen Gleichheit entspricht der Staatengleichheit. Es bezeichnet die Souveränität eines Staates und damit regelmäßig die gleiche rechtliche Stellung aller Staaten in der völkerrechtlichen Gemeinschaft.[906] Die Prinzipien, die die Souveränität zum Ausdruck bringen, so z. B das Interventionsverbot, können auch als solche des Gleichheitsgrundsatzes betrachtet werden. Daher existiert in der Beziehung der Staaten untereinander eine tatsächliche rechtliche Gleichheit.[907] Praktisch hat dieses Prinzip durch die internationalen Organisationen des Völkerbundes und der Vereinten Nationen Bedeutung erlangt. In der jüngeren Geschichte der Vereinten Nationen wurde der Grundsatz der souveränen Gleichheit zu dem Schlagwort der weniger mächtigen und kleineren Staaten, um ihre Ansprüche auf Einfluss durchzusetzen.[908]

---

903 *Delbrück/Wolfrum*, Völkerrecht, Bd. I/1, § 26, S. 13, 238, 239.
904 *Delbrück/Wolfrum*, Völkerrecht, Bd. I/1, § 26, S. 236.
905 *Leibholz*, AVR 10 (1962/63), S. 71.
906 *Bilfinger*, Süddt. JZ 4 (1949), S. 30 (32).
907 *Delbrück/Wolfrum*, Völkerrecht, Bd I/1, § 26, S. 236.
908 *Bilfinger*, Süddt. JZ 4 (1949), S. 30 (32).

Eine Differenzierung zwischen einer Souveränität im rechtlichen und im politischen Sinne ist nicht vorzunehmen, denn Souveränität ist vielmehr ein politischer als ein rechtlicher Terminus.[909]

Das grundsätzliche Zugeständnis der souveränen Gleichheit an die weniger mächtigen Staaten und die Wahl zeitlich begrenzter nichtständiger Mitglieder in den Rat kann im Vergleich mit der Sonderrolle der Ständigen nur den Schein einer Demokratie darstellen. Ihrem Grundgedanken nach ist die Souveränität absolut. In der Realität ist sie jedoch nur relativ und erfährt Einschränkungen im Grad ihrer Ausprägung.[910]

Eine Hegemonie der Großmächte weist jedoch nicht die Beständigkeit auf, die eine Betrachtung als Rechtsprinzip rechtfertigen würde. Eine solche Bewertung stünde im Gegensatz zu dem relativen Souveränitäts- und Gleichheitsgedanken, der in die internationalen Verträge jüngeren Datums seinen Eingang gefunden hat.[911] Insbesondere kann keine grundsätzliche Norm dahingehend existieren, dass Entscheidungen der Großmächte, die Grundlagen von Verträgen betreffen, sowie ihre Einwirkungsmöglichkeit beim Entstehen von Gewohnheitsrecht, auch dritten Staaten gegenüber bindend Recht schaffen können.[912] Gleichermaßen können nicht Veränderungen im politischen Bereich als dem Völkerrecht zuwiderlaufen angesehen werden, da durch sie die Balance der Großmächte beeinträchtigt würde.[913]

2) Die Gleichheit der Staaten in Völkerbund und Vereinten Nationen

a) Die Gleichheit der Staaten in der Praxis

Auch wenn durch die Idee der Gleichheit das Gemeinsame in der Verbindung der Staaten zutage bringt, zeigen Geschichte und Gegenwart etwas anderes: de facto dominiert in der internationalen Gemeinschaft

[909] *Leibholz*, WbVR I, S. 694 (695).
[910] *Bilfinger*, Süddt. JZ 4 (1949), S. 30 (32).
[911] *Delbrück/Wolfrum*, Völkerrecht, Bd I/1, § 26, S. 239.
[912] *Schaumann*, Gleichheit, S. 148.
[913] *Delbrück/Wolfrum*, Völkerrecht, Bd I/1, § 26, S. 239.

nicht der Gedanke, der Egalität, sondern vielmehr der der Hegemonie. Die Großmächte haben diesbezüglich einen überragenden Einfluss.[914]

Seit dem Ende des 19. Jahrhunderts ging insbesondere der angelsächsische Raum gegen die Lehre von der Staatengleichheit vor. Man argumentierte, die Staatengleichheit verzerre die faktischen Machtverhältnisse zwischen den Großmächten und den kleineren Staaten. Die faktischen Machtverhältnisse müssten berücksichtigt werden, insbesondere dürfe das Prinzip der Staatengleichheit nicht beibehalten werden, sondern es sei an der Zeit und angemessen, der Vorherrschaft der Großmächte auch eine rechtliche Basis zu geben.

Diese Bestrebungen konnten sich bisher nicht durchsetzen. Während des 19. Jahrhunderts setzte sich der Grundsatz der Staatengleichheit durch, obwohl die Heilige Allianz und das Europäische Konzert den damaligen Großmächten ermöglichte, ihre Herrschaft in Europa auszuüben.[915] Diese besondere Position nehmen sie seit Anfang des 19. Jahrhunderts ein, da seit dem Wiener Kongress 1814 die politischen Geschicke Europas wesentlich von fünf Staaten - nämlich Österreich, Großbritannien, Preußen, Russland und Frankreich, bekannt als Europäisches Konzert der Großmächte - gelenkt wurden.[916] Eine rechtliche Bedeutung kam der Hegemonie der Großmächte zu diesem Zeitpunkt nicht zu, geschweige denn, dass sich eine organisierte supranationale Autorität daraus entwickelte.[917]

Erst mit dem Sonderrecht der Principal Allied and Associated Powers im Völkerbund und der fünf ständigen Mitglieder der Vereinten Nationen wird die Position der Großmächte, die geraume Zeit eine politische Vorrangstellung ausgeübt haben, legalisiert.[918]

Großmächte in unterschiedlicher Zusammensetzung haben stets in der politischen und historischen Realität eine überaus bedeutende Rolle innegehabt[919], so dass aufgrund des Fortbestandes und auch der Effektivität sich die Frage nach einem dem zugrundeliegenden rechtlichen

---

914 *Delbrück/Wolfrum*, Völkerrecht, Bd I/1, § 26, S. 237.
915 *Leibholz*, WbVR I, S. 694 (694).
916 *Anand*, EaJIL 2 (1970), S. 34 (34).
917 *Anand*, EaJIL 2 (1970), S. 34 (35); *Dickinson*, Equality, S. 308.
918 *Brierly*, Law, S. 132; *Bilfinger*, Süddt. JZ 4 (1949), S. 30 (32).
919 *Krüger*, FS für Bilfinger, S. 169 (170).

Grundsatz, nämlich der Hegemonie der Großmächte, stellte.[920] Von manchen wurde die Pentarchie als eine rechtliche Einrichtung betrachtet.[921] Auch nach dem Zweiten Weltkrieg wurde vertreten, die Kollektivhegemonie der Großmächte habe eine Verpflichtung im Rechtsleben zu erfüllen. Die Kollektivhegemonie wurde damals zwar noch nicht als Institution angesehen, die in ihrem Bestand und ihren Kompetenzen in der internationalen Praxis etabliert war, sondern ihre Konsolidierung wurde als von ihrer Arbeit und dem Zusammenwirken der Großmächte untereinander abhängig angesehen. Ihr Lenken der internationalen Staatengemeinschaft galt als noch zwischen Politik und Recht angesiedelt.[922]

Obwohl Politik beim Durchsetzen von Völkerrecht eine gewichtige Rolle spielt und auch das Völkerrecht politische Fakten nicht unberücksichtigt lassen kann, ist dennoch zwischen Recht und Politik zu trennen - beides darf nicht miteinander vermengt werden.[923] Die Großmächte erreichten zwar zuerst mit der Völkerbundsatzung, später noch extremer durch ihre besondere Position im Sicherheitsrat in der UN-Charta, dass ihre Vormachtsstellung zu einer festen Einrichtung gemacht wurde. Dies geschah aber nur aufgrund internationaler Verträge.[924]

Grundsätzlich bewegt sich der Bereich, in dem Unterschiede zwischen den Staaten erlaubt, wenn nicht sogar erforderlich sind, im Spannungsverhältnis zwischen dem Verbot von Willkür und Diskriminierung, die ein Bestandteil des Völkerrechtes sind, und bestimmten positiven Merkmalen, die sich aus dem Völkerrecht folgern lassen.[925]

b) Völkerbund und Vereinte Nationen

aa) Gemeinsamkeiten

Die Charta bezieht sich weder auf den Völkerbund noch auf seine Sprache. Nichtsdestoweniger weisen diese beiden Organisationen in einigen Grundsätzen eine gewisse Übereinstimmung auf:

---

[920] *Delbrück/Wolfrum*, Völkerrecht, Bd I/1, § 26, S. 239.
[921] *Dickinson*, Equality, S. 138 f.
[922] *Mosler*, Großmachtstellung, S. 37 f.
[923] *Delbrück/Wolfrum*, Völkerrecht, Bd I/1, § 26, S. 239.
[924] *Delbrück/Wolfrum*, Völkerrecht, Bd I/1, § 26, S. 239, Fn 19.
[925] *Grewe*, Spiel der Kräfte, S. 18.

Wie es bei den Vereinten Nationen der Fall ist, war das oberste Ziel des Völkerbundes die Gewährleistung des internationalen Friedens und der Sicherheit, sowie die Durchführung von Maßnahmen, um dies zu verwirklichen. Darüber hinaus beruhte auch der Völkerbund auf der Einigkeit der Großmächte im Rat, sowie einer Versammlung der gesamten Mitglieder und einem Sekretariat. Gleichfalls wie der Völkerbund stimmen die Vereinten Nationen internationale wirtschaftliche und soziale Aktivitäten aufeinander ab und richtete spezialisierte Geschäftsstellen ein.

bb) Unterschiede

Dennoch bestehen zwischen dem Völkerbund und der UN-Charta auch grundlegende Verschiedenheiten. So überwiegen in den Vereinten Nationen im Gegensatz zum Völkerbund nicht die europäischen Staaten, sondern erstere sind global ausgerichtet. Darüber hinaus herrscht in den Organen der Vereinten Nationen nicht mehr das Einstimmigkeitsprinzip, vielmehr werden Entscheidungen und Beschlüsse mehrheitlich oder mit qualifizierter Mehrheit getroffen. Die Vereinten Nationen sind weiterhin politischer und auch anpassungsfähiger als der Völkerbund. Sie legen mehr Wert auf wirtschaftliche und soziale Themen, die Selbstbestimmung der Völker und die Menschenrechte. Darüber hinaus gewähren die Vereinten Nationen ihrem Generalsekretär mehr Befugnisse.[926]

Der Vorrang der Großmächte wird in den Vereinten Nationen durch den Sicherheitsrat stärker betont als es der Völkerbund mit dem Völkerbundrat tat.[927] Die Platform of the League to Enforce Peace schlug 1918 vor, dass die Vertretung der verschiedenen Nationen in den Organen des Völkerbundes im Verhältnis zu der Verantwortung und Verpflichtung, die sie übernehmen, stehen sollte. Dieser Vorschlag ist nicht unähnlich der aktuellen Grundlage der Kontrolle der fünf Großmächte der Vereinten Nationen.[928]

---

[926] *Yoder*, Evolution, S. 29.
[927] *Grewe*, Spiel der Kräfte, S. 17; *Leibholz*, AVR 10 (1962/1963), S. 73.
[928] *Jessup*, PSQ 60 (1945), S. 527 (530).

cc) Die Staatengleichheit in der Satzung des Völkerbundes

In Art. 4 I der Völkerbundsatzung waren zwar die fünf Principal Allied and Associated Powers niedergelegt, der Rat konnte aber mit Zustimmung der Versammlung nach Art. 4 II weitere ständige Sitze einrichten, so dass keine endgültige Anzahl der ständigen Mitglieder vorgeschrieben war.[929]

Eine Gleichheit in Bezug auf die Repräsentation existierte im Völkerbund nicht. Der Völkerbundrat setzte sich aus ständigen und nichtständigen Mitgliedern zusammen.

Die ständigen Mitglieder waren Großmächte, zunächst das Vereinigte Königreich, Frankreich, Italien, Japan und auch die Vereinigten Staaten, die aber in der Wirklichkeit nie ihren Platz dort einnahmen, da sie zu keiner Zeit Mitglied des Völkerbundes wurden. 1926 wurde Deutschland, 1934 die UdSSR ein ständiges Mitglied. Die Differenzierung zwischen den beiden Formen der Mitgliedschaft stellt durch die rechtliche Akzeptanz den Anfang bei der Veränderung der herkömmlichen Lehre von der Staatengleichheit dar, denn nur den ständigen Mitgliedern wurde in dem zahlenmäßig kleineren, aber bedeutenderen Organ des Völkerbundes eine ständige Präsenz eingeräumt. Die anderen Mitglieder konnten nach Wahl für drei Jahre nur auf diesen Zeitraum beschränkt teilnehmen.[930]

In Art. 5 I der Völkerbundsatzung ist das Einstimmigkeitserfordernis in den beiden Organen des Völkerbundes, nämlich der Bundesversammlung und des Rates vorgesehen.

Es existierte aber eine Gleichheit bzgl. des Einflusses auf das Abstimmungsergebnis, denn da alle Entscheidungen des Rates in wichtigen Angelegenheiten einstimmig getroffen werden mussten, stand jedem Sicherheitsratsmitglied ein Veto zu. Nur unter Art. 15 der Charta des Völkerbundes wurden die Stimmen der Streitparteien nicht berücksichtigt. Im Rahmen von Art. 11 der Völkerbundscharta, nach dem die meisten Streitigkeiten vor den Völkerbund gebracht wurden, wurden sogar diese Stimmen gewertet.[931]

---

[929] *Weinschel*, AJIL 45 (1951), S. 417 (423).
[930] *Weinschel*, AJIL 45 (1951), S. 417 (425).
[931] *Eagleton*, International Government, S. 261.

Die Großmächte erhielten allein aufgrund der dauerhaften Anwesenheit im Rat eine Vorzugsstellung. Der Grund hierfür liegt in der größeren Verantwortung, die die Großmächte in der Gemeinschaft der Staaten bei der Verwirklichung der Ziele und Aufgaben des Völkerbundes tragen. Dies stellt eine Benachteiligung der anderen Mitglieder dar und scheint den Grundsatz der Staatengleichheit zu verletzen. Zwar existierten zwei Gruppen von Mitgliedern, und sicherlich konnten die meisten Mitglieder des Völkerbundes an den Entscheidungen des Rates nicht mitwirken, dabei ist aber zu berücksichtigen, dass es sich bei den Entscheidungen des Rates nur um Empfehlungen handelte, die keinerlei Bindungswirkung für die Mitglieder des Völkerbundes entfalteten.[932]

Grundsätzlich waren auch im Völkerbund die Mitglieder dazu berechtigt, hatten vielmehr auch die Pflicht, bei einer Aggression wirtschaftliche Zwangsmaßnahmen durchzuführen. Dabei konnte jedes Mitglied sein eigenes Urteil dahingehend fällen, ob ein Angriff vorlag. Auch über militärische Zwangsmaßnahmen konnte der Völkerbundrat einen Entschluss fassen. Ein solcher war aber nur einstimmig möglich und stellte eine unverbindliche Empfehlung dar. Der Völkerbund war sehr schwach und brach im Rahmen von Italiens Angriff auf Äthiopien völlig zusammen.[933]

So existierte zwar im Völkerbund keine Gleichheit der Repräsentation, nichtsdestoweniger erfuhr die rechtliche Gleichheit der Mitglieder des Völkerbundes keine große Beeinträchtigung. Die Mitglieder waren an keine Entscheidungen gebunden, so insbesondere nicht an solche, an denen sie nicht mitgewirkt hatten bzw. denen sie nicht zugestimmt hatten. Darin liegt ein fundamentales Prinzip der Staatengleichheit.[934]

Dieser Grundsatz galt sogar im Falle der Erweiterung der Satzung. Damit diese wirksam werden konnte, musste es nach Art. 26 I der Satzung von einer Mehrheit der Mitglieder, darunter auch von den Mitgliedern des Rates, ratifiziert werden. Lehnte ein Mitglied des Völkerbundes eine Änderung ab, so entfaltete sie ihm gegenüber keine Bindungswirkung. Gemäß Art. 26 II der Völkerbundsatzung endete die Mitgliedschaft im Völkerbund. Darüber hinaus stand jedem Mitglied auch die in Art. 1 III

---

[932] *Weinschel*, AJIL 45 (1951), S. 417 (425).
[933] *Aström*, Reform, S. 161 (163).
[934] *Weinschel*, AJIL 45 (1951), S. 417 (426).

der Satzung niedergelegte Möglichkeit zu, innerhalb von zwei Jahren den Völkerbund zu verlassen.[935]

Im Rat des Völkerbundes waren die Großmächte ungeachtet der Mehrheit der kleineren Staaten dominierend. Jede Großmacht konnte jederzeit ein Veto einlegen. Im Rat arbeiteten die Staatsmänner der Welt, aber hinter den Kulissen waren die Großmächte diejenigen, die die Geschicke der Welt lenkten.[936]

dd) Die Gleichheit der Staaten in der Charta der Vereinten Nationen

Bereits in der Vier-Mächte-Erklärung vom 30. Oktober 1943 war der Grundsatz der Staatengleichheit von Bedeutung. In Ziffer 4 der Erklärung bestätigten die vier Mächte das Erfordernis, so bald wie möglich eine internationale Organisation zur Wahrung des Weltfriedens und der internationalen Sicherheit zu gründen. Diese sollte allen Staaten offenstehen und sich auf den Grundsatz der souveränen Gleichheit der Staaten („sovereign equality") stützen.[937]

Dieser Grundsatz wird von der Charta an einigen Stellen aufgegriffen, u. a. in der Präambel, in Art. 1, Art. 2 Nr. 1, Art. 55 und Art. 78 UN-Charta. Gleichzeitig behält die Charta diesen Grundsatz nicht konsequent bei, indem sie den Großmächten eine rechtliche Sonderposition bei der Entscheidung wichtiger Fragen gewährt.[938]

Im Vergleich zu der Satzung des Völkerbundes finden sich in der Charta in einem viel größeren Umfang Modifikationen der Lehre von der Staatengleichheit. In Art. 2 I UN-Charta normiert sie- korrespondierend mit der in der Präambel getroffenen Formulierung „the equal rights...of nations large and small"- die souveräne Gleichheit aller ihrer Mitglieder als das grundlegende Prinzip, auf dem die Organisation basiert. Eine solche Aussage war in der Satzung des Völkerbundes nicht enthalten. Mit der Formulierung „sovereign equality" möchte die Charta vermitteln, sie

---

[935] *Weinschel*, AJIL 45 (1951), S. 417 (427).
[936] *Eagleton*, International Government, S. 263.
[937] *von Mangoldt*, Kriegsziele, S. 46, 48; Nr. 4 der Moskauer Vier-Mächte-Erklärung vom 30. 10. 1943, zitiert nach *von Mangoldt/Rittberger*, Vereinte Nationen, Band 1 I/1, S. 8.
[938] *Grewe*, Spiel der Kräfte, S. 16.

erkenne die Souveränität und Gleichheit ihrer Mitglieder an und zugleich die Bedenken der Mitgliedsstaaten zerstreuen, die Vereinten Nationen hätten irgendeine Autorität über die Mitglieder.[939] Insbesondere handele es sich bei den Vereinten Nationen nicht um einen Überstaat.[940]

Eine Einstimmigkeit existiert in keinem Organ der Vereinten Nationen, sondern die Entscheidungen werden durch die Mehrheit getroffen.[941] Staatengleichheit wird durch die Einstimmigkeit ausgedrückt, bzw. korrespondiert mit ihr, so dass ihr Verwerfen zugunsten einer wie auch immer qualifizierten Mehrheit ein Widerspruch zur Gleichheit der Staaten in den Organen der Vereinten Nationen bedeutet.[942]

Die souveräne Gleichheit der Mitgliedstaaten der Vereinten Nationen wird in den meisten Fällen geachtet. Nichtsdestoweniger erfährt sie auf einigen Gebieten eine Modifikation, insbesondere im Bereich des internationalen Friedens und der Sicherheit.[943]

Die bevorzugten Mächte sind in der Charta enumeriert, ohne aber einen Grund für diesen Vorzug zu nennen, noch existieren Kriterien für eine Wahl oder eine Veränderung in dem Fall, dass ein Staat zu einer neuen Großmacht erstarkt, oder eine bestehende untergeht oder austritt. Das Veto, das auch in einem solchen Falle der Chartaänderung den fünf Ständigen zusteht, macht jegliche Änderung hinsichtlich ständiger Mitglieder praktisch unmöglich.[944] Es gibt keine Möglichkeit, ein ständiges Mitglied ohne seine Zustimmung abzusetzen.[945]

Aufgrund des Art. 27 III UN-Charta wird eine Entscheidungsfindung der Mehrheit, wie sie normalerweise in einem kleinen Rat von Großmächten stattfindet, gegen nur eine Großmacht, die anderer Ansicht ist, erschwert. Darüber hinaus haben die fünf Ständigen das Privileg ihrer dauerhaften Anwesenheit im Rat, die ihnen die Charta ausdrücklich zu-

---

[939] *Eagleton*, International Government, S. 297.
[940] *Barandon*, Vereinte Nationen, S. 15; *Uschakow*, Einstimmigkeit, S. 55.
[941] *Barandon*, Vereinte Nationen, S. 9, 16.
[942] *Weinschel*, AJIL 45 (1951), S. 417 (428).
[943] *Eagleton*, International Government, S. 297.
[944] *Eagleton*, International Government, S. 328.
[945] *Eagleton*, International Government, S. 295.

gesteht. Aus diesem Grunde besteht im Sicherheitsrat keine Gleichheit der Repräsentation.[946]

Nicht zuletzt steht dem Sicherheitsrat die Macht zu, im Namen der Organisation Entscheidungen zu treffen mit verbindlicher Wirkung für alle Mitglieder der Organisation. Diesbezüglich ist zwischen Maßnahmen nach Kapitel VI und VII zu differenzieren. Unter Kapitel VI kann der Sicherheitsrat nur Empfehlungen aussprechen, während er nach Kapitel VII Beschlüsse fasst bzgl. der Maßnahmen zur Wiederherstellung des Friedens und der internationalen Sicherheit. Mit Kapitel VII stehen dem Sicherheitsrat viel umfangreichere Befugnisse zu als es bei dem Rat des Völkerbundes jemals der Fall war.

Nach der Satzung des Völkerbundes konnte jedes Mitglied für sich entscheiden, ob diese verletzt worden war und somit die Voraussetzungen für die Anwendung von Sanktionen gegeben waren. Bei den Vereinten Nationen hat das einzelne Mitglied eine solche Möglichkeit nicht, sondern der Sicherheitsrat trifft die endgültige Entscheidung bzgl. „the existence of any threat to the peace, breach of the peace, or act of aggression“ und in Bezug auf die zu ihrer Beseitigung erforderlichen Maßnahmen.

An diese Entscheidungen des Sicherheitsrates sind die Vereinten Nationen, und damit auch alle ihre Mitgliedsstaaten, nach Art. 25 und 48 UN-Charta gebunden. Sie haben diese umzusetzen, auch durch das Bereitstellen von Streitkräften gemäß Art. 43 UN-Charta.[947] Im Sicherheitsrat sind also Staaten an Entscheidungen gebunden, die ohne ihre Zustimmung erfolgt sind. Die Ursache hierfür kann zum einen daran liegen, dass sie kein Mitglied des Sicherheitsrates sind, zum anderen daran, dass sie als nichtständige Mitglieder nicht für die Entscheidung des Sicherheitsrates stimmten. Dadurch, dass die Staaten sich der bindenden Wirkung der Beschlüsse des Sicherheitsrates unterordnen, geben sie in nicht geringem Umfang ihre Souveränität zugunsten der Vereinten Nationen.
Diese bindende Wirkung nach Art. 25 UN-Charta betrifft nur die Zwangsmaßnahmen nach Kapitel VII, denn nur unter diesem Kapitel kommen „decisions“- Beschlüsse- des Sicherheitsrates im eigentlichen Sinne zustande. Der Wortlaut des Art. 27 III UN-Charta „decisions under Chapter VI, and under Paragraph 3 of Article 52“ ist insofern unge-

[946] *Eagleton*, International Government, S. 328.
[947] *Barandon*, Vereinte Nationen, S. 9; *Weinschel*, AJIL 45 (1951), S. 417 (436).

nau, da nur „recommendations“ – Empfehlungen – damit gemeint sein können.[948] Sind die Beschlüsse des Sicherheitsrates also einmal getroffen und wurden sie nicht von den fünf Großmächten verhindert, so sind sie für alle Mitglieder der Vereinten Nationen verbindlich.

Im Sicherheitsrat existiert folglich weder in Repräsentation noch bei der Abstimmung eine Gleichheit. Im Völkerbundrat bestand zwar ebenfalls keine Gleichheit in der Repräsentation, aber hinsichtlich der Abstimmungsgewalt der Ratsmitglieder.[949]

Ein Zustandekommen der bindenden Entscheidungen kann durch jedes ständige Mitglied alleine verhindert werden. Im Gegensatz zum Völkerbund steht nur noch den fünf Ständigen das privilegierende Veto und damit diese Möglichkeit zu. Gerade im Bereich des Ergreifens von Zwangsmaßnahmen, dem bedeutendsten Tätigkeitsbereich der Vereinten Nationen wird das Doktrin der Grundsatz der Staatengleichheit, auf dem die Vereinten Nationen beruhen, durchbrochen. So sind zwar die fünf Großmächte untereinander gleich, was auch für die übrigen Staaten gilt. Dies gilt aber nicht für das Verhältnis zwischen den fünf ständigen und den übrigen Mitgliedern.[950]Auch bei weiteren nicht verfahrensrechtlichen Fragen, die ebenfalls dem Veto unterliegen, so die Aufnahme neuer Mitglieder (Art. 4), der Suspension (Art. 5), des Ausschlusses (Art. 6) von Mitgliedern, und die Ernennung des Generalsekretärs (Art. 97) durch die Generalversammlung nach Empfehlung des Sicherheitsrates sowie eine Chartaänderung nach Art. 108 UN-Charta können die fünf Ständigen ihr Veto einlegen. In diesen Fällen kann aber – im Gegensatz zu Kapitel VII - keine Verpflichtung für die übrigen Mitgliedsstaaten der Vereinten Nationen begründet werden.

Selbst bei einer Charta-Änderung kann eine solche Verpflichtung nicht begründet werden, obwohl der Wortlaut des Art. 108 UN-Charta vorsieht, die Änderungen „shall come into force for all members of the United Nations“.

Im Gegensatz zu der Völkerbundsatzung sieht die UN-Charta keinen Austritt aus der Organisation vor. Im Zuge des Entwurfes der Charta kam man überein, einen Austritt aus gerechtfertigten Gründen zuzulas-

---

[948] *Weinschel*, AJIL 45 (1951), S. 417 (437 f).
[949] *Weinschel*, AJIL 45 (1951), S. 417 (438).
[950] *Weinschel*, AJIL 45 (1951), S. 417 (438).

sen. Ein solcher sollte der gerechtfertigte Wunsch eines Mitgliedes sein, das einer im Wege der Chartaänderung begründete Verpflichtung nicht nachkommen will, die nicht seine Zustimmung erhalten hatte, aber von der notwendigen Zahl der Staaten ratifiziert wurde. Darüber hinaus wird auch die Situation anerkannt, in der der betreffende Staat zwar ein Änderung gefördert hat, diese aber nicht angenommen oder ratifiziert wurde.[951] Da es ohne die fünf Ständigen keine Ratifikation geben kann, sichert diese Verständigung die nichtständigen Mitglieder ab. Sie sind nicht verpflichtet, ohne ihr Einverständnis die Begründung neuer Pflichten oder die Modifizierung ihrer Rechte hinzunehmen, sondern es steht ihnen frei, dem durch Verlassen der Vereinten Nationen entgegenzuwirken. Insofern ist ihre Gleichheit nicht beeinträchtigt.

Der Gleichheitsgrundsatz ist also lediglich in der Zusammensetzung und seiner Kompetenz hinsichtlich Zwangsmaßnahmen durchbrochen.[952]

3) Die Stellung als Großmacht in Völkerbund und in den Vereinten Nationen

Die Staaten des Völkerbundes, die durch einen ständigen Sitz im Völkerbundrat eine rechtliche Vorrangsstellung innehatten, waren auch de facto Großmächte.

Für die ständigen Sitze im Sicherheitsrat gilt dies nicht uneingeschränkt. China galt nie als Großmacht, und auch in Bezug auf Frankreich entsprach diese Einstufung nach dem zweiten Weltkrieg nicht der Realität. Teilweise wird auch vertreten, ebenfalls das Vereinigte Königreich habe durch den zweiten Weltkrieg seinen Status als Großmacht eingebüßt, während demgegenüber angeführt wird, das Empire rechtfertigte es, das Vereinigte Königreich noch als Großmacht zu behandeln. Die Charta hat also damals die Wirklichkeiten in der internationalen Politik verändert. Gemäß der UN-Charta stand bereits bei ihrer Gründung mindestens zwei ständigen Mitgliedern eine rechtliche Vormachtstellung zu, ohne dass diese Staaten ein solche politische innehatten.[953] Dabei entspricht die gegenwärtige völkerrechtliche Situation nach der Institutionalisierung nicht mehr den faktischen Machtverhältnissen. Waren im früheren Völ-

[951] *Weinschel*, AJIL 45 (1951), S. 417 (439).
[952] *Weinschel*, AJIL 45 (1951), S. 417 (440).
[953] *Weinschel*, AJIL 45 (1951), S. 417 (423).

kerrecht noch die Großmächte im politischen Sinn und die schwächeren Staaten rechtlich gleichrangig, so existieren heute im Sicherheitsrat Großmächte im rechtlichen Sinne, die de facto keine solche Position mehr einnehmen. Dadurch wird die Funktion der formalen Gleichheit sehr schwierig.[954]

4) Konsequenzen und Lehren aus dem Untergang des Völkerbundes

Dass der Völkerbund in seiner Aufgabe als Bewahrer des Friedens und der internationalen Sicherheit versagt hat, ist überwiegend auf die eigenstaatlichen Interessen der einzelnen Mitglieder, insbesondere derer im Rat, zurückzuführen. Gemäß Art. 4 der Völkerbundsatzung sollte sich der Rat aus den „Vertretern der alliierten und assoziierten Hauptmächte" - dem Vereinigten Königreich, Frankreich, Italien, Japan, USA – sowie aus vier für bestimmte Zeit gewählten Bundesmitgliedern zusammensetzen. Jedoch wurde diese Zusammensetzung nie Realität. Die USA blieben dem Völkerbund fern, Deutschland war nur von 1926 bis 1933, die UdSSR von 1934 bis 1939 in ihm vertreten, Japan trat 1933 und Italien 1937 wieder aus. Die Anzahl der nichtständigen Mitglieder wurde von vier auf elf vergrößert.[955]

Nicht zuletzt war auch der Aufbau des Völkerbundes mit ursächlich, insbesondere die konkurrierende Zuständigkeit des Rates und der Versammlung bei der Gewährleistung des internationalen Friedens und der Sicherheit, sowie die wenig wirkungsvollen Maßnahmen zum Durchsetzen dieses Zieles. Weiterhin lag eine Schwäche im Einstimmigkeitserfordernis im Völkerbundrat, der aus bis zu 15 Mitgliedern bestand. Um diesen Fehler nicht bei den Vereinten Nationen zu wiederholen, schufen die „Big Three" die ständige Mitgliedschaft im Sicherheitsrat, verbunden mit dem Privileg des Vetos.[956]

Der ständige Sitz im Sicherheitsrat und das mit ihm verbundene Veto ist also ein Statusrecht, das sich aus der Entstehungsgeschichte der UN, der Welt nach dem Zweiten Weltkrieg, ableitet.[957] Die Grundlage hierfür ist

---

954 *Delbrück/Wolfrum*, Völkerrecht, Bd I/1, § 26, S. 239, Fn 19.
955 *Andreae*, Warteschleife, S. 10.
956 *Andreae*, Warteschleife, S. 10.
957 *Fahl*, UNO-Sicherheitsrat, S. 21.

in der Verteilung der Macht und den Bündnissen während des Zweiten Weltkrieges zu finden. Insbesondere wollten die „Big Three" der Konferenz von Jalta, die im Zweiten Weltkrieg die größten Anstrengungen gegen die Achsenmächte unternahmen, ihre außergewöhnliche Position und auch Pflichten innerhalb der Organisation gewahrt haben.[958] Die Großmächte hätten nie Entscheidungen des Sicherheitsrates mit bindendes Wirkung ihnen gegenüber akzeptiert. Ohne das privilegierende Veto wäre keine Einigung über die UN-Charta erzielt worden.[959]

Die Siegermächte des Zweiten Weltkrieges setzten folglich den Grundgedanken des Konzerts der Mächte des 19. Jahrhunderts in den Vereinten Nationen durch Schaffen einer besonderen Position für die ständigen Mitglieder fort. Das Mächtekonzert zeichnete sich durch die Zusammenarbeit der Großmächte aus. Die weniger einflussreichen Staaten waren zum Gewaltverzicht gezwungen, gleichzeitig konnte der Ausbreitungsdrang überwacht werden.[960] Nach dem Willen der Gründerstaaten sollten auch die Vereinten Nationen ebenso arbeiten. Vor allem sollten die Staaten bei der Entscheidung über durchzuführende Maßnahmen teilhaben, denen aufgrund ihres politischen Gewichtes und ihrer materiellen Möglichkeiten eine bedeutende Rolle bei der Friedenswahrung zukäme.

Die Vereinten Nationen stellen aber kein System kollektiver Sicherheit in der ursprünglichen From dar, bei dem jedem Mitglied die gleichen Rechte und Pflichten zukommen. Begründet durch die überragende Position der fünf Ständigen handelt es sich bei den Vereinten Nationen vielmehr um gemeinsame Maßnahmen der Großmächte.[961] Auch die Ständigen streben nach einer Verwirklichung der gemeinsamen Arbeit der Staaten in einem System kollektiver Sicherheit. Sie wollten aber die Möglichkeit ausgeschlossen wissen, dass politisch und materiell schwächere Staaten, die keine der zur Wahrung des internationalen Friedens und der Sicherheit notwendigen Ressourcen besitzen, gegen ihren Willen Entscheidungen treffen konnten.[962]

Im Jahre 1946 nahm General Romulo in der Generalversammlung zum Veto wie folgt Stellung:

---

958 *Bruha*, Security Council in UN, S. 1147, Rn 2.
959 *Grewe*, Charta, History Rn 39 ff.; *Kirgis*, AJIL 89 (1995), S. 507; *Schlüter*, Funktion, S. 51.
960 *Czempiel*, Reform, S. 28.
961 *Czempiel*, Reform, S. 28.
962 *Andreae*, Warteschleife, S. 10.

„Actually, none of the Big Five will be willing to grant authority to any international body upon which all nations are represented as long as the vote of the greatest nation is no more important than that of the smallest nation. The ides of giving all nations an equal vote sounds decent and democratic, but it is not. It gives the 125,000 people of one of the newest members of the United Nations, Iceland, for example, equal representation with 140,000,000 Americans and 450,000,000 Chinese. It gives each citizen of Iceland a voting power equal to 1,120 American citizens and to 3,600 Chinese citizens. Under this incredible system, it is of course necessary for the great nations to have a veto. The veto simply empowers them to overrule any decision reached on the basis of this utterly absurd system of representation.“[963]

Die Überlegenheit der fünf Ständigen in Kontrast zu den mittleren und kleineren Staaten stützt sich vorrangig auf politische Ursachen. Diese stehen aber oft nicht ohne Weiteres im Einklang mit dem Grundsatz der Staatengleichheit.[964]

Weist man das Veto zurück, so ist es denkbar, dass ein oder mehrere Staaten mit der gleichen Sonderstellung sich der Mehrheit beugen müssen. Spricht man sich für ein Veto aus, dann ist der Gleichheitsgrundsatz insofern problematisch, dass ein einziger Staat eine Mehrheitsentscheidung, darunter auch von vier Staaten mit den gleichen Sonderrechten wie er, verhindern kann.

Die völkerrechtliche Gleichheit der Staaten verbietet aber Majorisierungen, vielmehr fordert er, Entscheidungen könnten nur mit Einvernehmen aller teilhabenden Staaten zustande kommen.[965] Das Erfordernis der Einstimmigkeit dominierte nicht nur über Art. 5 I der Völkerbundsatzung, sondern ist auch dem Art. 27 III UN-Charta immanent. Somit könnte man das Veto als einen Schutz des Völkerrechtes verstehen, da es Entscheidungen, die nicht einstimmig fallen, verhindert – jede Großmacht, die ihr Veto ausübe, schütze also nur einen Völkerrechtsgrundsatz.

Von dem Standpunkt derjeniger aus betrachtet, deren mehrheitliche Entscheidung verhindert wird, stellt sich eine anderes Problem. Fraglich ist

---

[963] United Nations General Assembly, Official Records (1st session, 2nd part), S. 1252.
[964] *Klein*, AöR 74 (1948), S. 3 (39).
[965] *Klein*, AöR 74 (1948), S. 3 (39).

hier insbesondere, ob eine Gleichheit anzunehmen sei, wenn ein einziger Staat die vier anderen, mit gleichen Rechten ausgestatteten Staaten blockieren könne. Das Wort Gleichheit schließe mit ein, die Stimmen aller an der Entscheidung beteiligten Staaten hätten dieselbe Gewichtung. Ist es jedoch möglich, eine Mehrheitsentscheidung durch nur eine Vetostimme zu blockieren kann von einer solchen gleichen Gewichtung nicht ausgegangen werden.[966]

Damit ein solches Gremium arbeiten kann, ist unter den Großmächten ein Minimum an Übereinstimmung erforderlich. Ein Mangel oder ein Abnehmen dieses Erfordernisses wirkt sich dergestalt auf die Verwirklichung der Aufgaben der Organisation aus, die dadurch behindert oder sogar verhindert werden kann, sogar in dem Maße, dass die Organisation nicht mehr in der Lage ist, zur Erfüllung ihrer Zwecke und Ziele zu handeln.[967] Kann das Sanktionssystem nicht gegen eine Großmacht zum Einsatz gebracht werden, so ist das weniger die Folge des Vetos, sondern das Erfordernis der Einstimmigkeit trägt den Fakten Rechnung, die in völkerrechtlichen Verträgen kaum oder keine Berücksichtigung finden können.[968] Diese besonderen Rechte stehen ihrem Sinn und Zweck nach nicht den eigenen Interessen der fünf Ständigen zur Verfügung, vielmehr normieren sie ihre Verantwortung, die sie in der internationalen Gemeinschaft tragen.[969] Wird die mit den Sonderrechten verbundene Position zum Erreichen eigenstaatlicher Ziele eingesetzt, stellt dies einen Missbrauch derselben dar, die den Zielen der Charta entgegensteht.[970]

Wird ein Veto nicht missbräuchlich eingelegt, so wird in ihm eine von der Mehrheit abweichende politische Meinung offensichtlich. Auf diese Weise kann eine Übereinkunft erarbeitet werden oder das Vorhandensein einer ernsthaften Differenz, die eine Kooperation beeinträchtigt, zum Ausdruck gebracht werden.[971] Selbst unter Berücksichtigung aller Unterschiede zwischen Völkerbund und den Vereinten Nationen ist festzustellen, dass ein solches System letztendlich nie gegen den Willen einer Großmacht eingesetzt werden kann. Auch wenn man von einem elementaren Einfluss des Vetos ausgeht, wird deutlich, dass eine Abgren-

---

966 *Klein*, AöR 74 (1948), S. 3 (40).
967 *Bilfinger*, Süddt. JZ 4 (1949), S. 30 (32).
968 *Bilfinger*, Süddt. JZ 4 (1949), S. 30 (32).
969 *Uschakow*, Einstimmigkeit, S. 53.
970 *Engelhardt*, AVR 10 (1962/63), S. 377 (381).
971 *Bilfinger*, Süddt. JZ 4 (1949), S. 30 (32).

zung zwischen Völkerrecht und rein machtpolitischen Angelegenheiten nicht einfach ist.[972]

5) Bewertung

Eine Auswirkung des Vetos ist, dass das Sicherheitssystem der Vereinten Nationen nicht gegen eine Großmacht eingesetzt werden kann, bzw. darüber hinaus auch nicht gegenüber einem Kleinstaat, der von einem Ständigen Ratsmitglied protegiert wird. Dies scheint wenig in Einklang mit dem Anspruch der UN-Charta, auf dem Prinzip der souveränen Gleichheit aller ihrer Mitglieder zu beruhen.

Die Gleichheit der Staaten normiert als völkerrechtlicher Grundsatz die Gleichberechtigung der Staaten in den internationalen Beziehungen. Dieses Prinzip greift die Charta in der Präambel durch die Formulierung „Gleichberechtigung der großen und kleinen Nationen“ sowie in Art. 1 Nr. 2 „des Prinzips der Gleichberechtigung und des Selbstbestimmungsrechts der Völker...“ auf. Dies meint aber nicht die faktische Gleichheit von Staaten, da die Staaten de facto untereinander nicht dieselbe Bedeutung haben und auch beträchtliche Unterschiede hinsichtlich Bevölkerung, Staatsgebietes, Entwicklungsstandes, sowie wirtschaftliche und militärischer Stärke bestehen.[973] Entsprechend haben die Staaten auch nicht dieselben Möglichkeiten, den Frieden und die Sicherheit zu wahren sowie Aggressoren entgegenzutreten.[974] Diese Unterschiede zwischen den Staaten will der Gleichheitsgedanke seinem Inhalt nach nicht unberücksichtigt lassen und keine rechtlichen Auswirkungen dieser Unterschiede verhindern.[975]

Vielmehr stößt der Grundsatz der Staatengleichheit bei der Forderung, allen Staaten sollten dieselben Rechte zustehen, an seine Grenze.[976] Eine vorteilhaftere Organisation der Staatengemeinschaft als in früheren Zeiten ist grundsätzlich erstrebenswert, dennoch würde es ihrer Weiterent-

---

[972] *Bilfinger*, Süddt. JZ 4 (1949), S. 30 (32).
[973] *Uschakow*, Einstimmigkeit, S. 58.
[974] *Uschakow*, Einstimmigkeit, S. 59.
[975] *Leibholz*, WbVR I S. 694 (697); *Grewe*, Spiel der Kräfte, S. 17; *Brierly*, Law, S. 131.
[976] *Brierly*, Law, S. 132.

wicklung wenig förderlich sein, wenn jedem Staat unabhängig von seiner Stärke die gleiche Stimme in jeder Organisation zustünde.[977]

Das Prinzip des „one state, one vote“ in Angelegenheiten der internationalen Staatengemeinschaft, die Entscheidungen mit internationaler Tragweite treffen,wendet das nominell demokratische Grundprinzip falsch an.[978] Insbesondere kleinen Staaten wird aufgrund eines solchen Abstimmungsverfahrens, wie in der Generalversammlung praktiziert, eine ungerechte Einflussnahme ermöglicht, vor allem bei Entscheidungen bzgl. des Haushaltes.[979] Auch im Völkerrecht geht es nicht darum „idem cuique“ zuzuteilen, sondern vielmehr ein „suum cuique“.[980]

Sollen Staaten trotz dieser Ungleichheiten gleich sein, kann damit keine politische Gleichheit gemeint sein. Eine solche kann nicht existieren. Sie bedeutet vielmehr rechtliche Gleichheit i. S. von Gleichheit vor dem Gesetz. Diese rechtliche Gleichheit wurde trotz der kräftemäßigen Ungleichheit akzeptiert.[981] Erst mit der Völkerbundsatzung und der UN-Charta – dort in einem weiteren Umfang[982] - bestätigte und gestand man einer politischen auch eine rechtliche Hegemonie als Folge der zwischenstaatlichen Machtverteilung zu.[983]

Obwohl die Charta die souveräne Gleichheit der Staaten in Art. 2 VII UN-Charta propagiert, finden sich in ihr ungleiche Rechte, Privilegien und verschiedene Verantwortungen. Manche, wie die Abstimmungsregeln des Sicherheitsrates, beruhen auf der unausweichlichen Tatsache der Machtunterschiede.[984] So äußerte sich Woodrow Wilson dahingehend, dass „all nations are equally interested in the peace of the world“.[985] Sie können aber nicht alle den gleichen Beitrag zur Aufrechterhaltung des Weltfriedens leisten.[986]

---

977 *Brierly*, Law, S. 133.
978 *Brierly*, Law, S. 133; *Boutros-Ghali*, RdC 100 (1960), S. 9 (55).
979 *Brierly*, Law, S. 133.
980 *Leibholz*, WbVR I S. 694 (697); *Grewe*, Spiel der Kräfte, S. 17; *Brierly*, Law, S. 131.
981 *Weinschel*, AJIL 45 (1951), S. 417 (418).
982 *Weinschel*, AJIL 45 (1951), S. 417 (423).
983 *Weinschel*, AJIL 45 (1951), S. 417 (419).
984 *Jessup*, PSQ 60 (1945), S. 527 (530).
985 zitiert nach: *Jessup*, PSQ 60 (1945), S. 527 (531).
986 *Jessup*, PSQ 60 (1945), S. 527 (531).

Es treten immer einige Staaten - nämlich die Großmächte - hervor, die aufgrund ihrer Macht und ihres Ansehens notwendigerweise eine Sonderrolle spielen.[987] Nicht zuletzt zeichnet gerade das eine Großmacht aus, nämlich die Tatsache, dass eine Großmacht „eine Macht ist, die in der Lage ist, mehr Druck auszuüben, um ihren Willen zur Geltung zu bringen."[988]

Blickt man auf die Weltgeschichte zurück, so wird deutlich, dass ein umfassender Frieden nur durch die friedlichen Beziehungen zwischen Großmächten zu erreichen ist, da die Großmächte eine unerlässliche Rolle bei dessen Wahrung spielen und über ein vielfältiges Potential, insbesondere große militärische Ressourcen, verfügen. Fragen, die die Wahrung des internationalen Friedens und der Sicherheit angehen, können also nicht ohne die Beteiligung der Großmächte bewältigt werden.[989] Die Großmächte tragen folglich mehr Verantwortung für die Wahrung der gesamten Rechtsordnung als die schwächeren und damit weniger einflussreichen Staaten. Sie sind dazu berechtigt, die politischen Themen zu regeln, die Auswirkungen auf den Frieden in der internationalen Gemeinschaft haben können.[990]

Der Einfluss der Großmächte kann - und wird es auch nicht - innerhalb der Vereinten Nationen nicht ignoriert werden. Die Unterstützung der größeren Staaten ist in den meisten Fällen unbedingt erforderlich, um in den Entscheidungen der Vereinten Nationen Nachdruck zu verleihen.[991] Auch wenn man grundsätzlich die rechtliche Gleichheit der Staaten anerkennt, benötigt die internationale Staatengemeinschaft ein ordnendes Element, nämlich die Großmächte, um die Stabilität zu wahren, insbesondere, wenn keine gemeinschaftliche Durchsetzungsinstanz existiert.[992]

Die Charta erkennt diese besonderen Rolle an, die den Großmächten bei der Verwirklichung der Ziele und Grundsätze der Organisation zukommen. Aus diesem Grunde kann die Charta den Ständigen die Privilegien zugestehen, die sie zum Erfüllen Ihrer Aufgaben benötigen. Dies gilt

[987] *Schlüter*, Funktion, S. 16.
[988] *Zimmern*, League, S. 82.
[989] *Uschakow*, Einstimmigkeit, S. 41, 42.
[990] *Mosler*, Grossmachtstellung, S. 38.
[991] *Anand*, EaJIL 2 (1970), S. 34 (48 f).
[992] *Delbrück/Wolfrum*, Völkerrecht, Bd I/1, § 26, S. 238.

umso mehr, als Rechte und Pflichten miteinander korrespondieren.[993] In den Vorschriften der Charta sind neben den Privilegien der Ständigen auch ihre Aufgaben normiert. Ihnen obliegt es bei der Wahrung des Weltfriedens und der internationalen Sicherheit im Einklang zu handeln, dabei das Völkerrecht zu wahren und die für alle Staaten akzeptabelste Lösung zu erzielen und umzusetzen. Das Veto trägt insofern der besonderen Verantwortung der Ständigen Rechnung.[994]

Die Charta stimmt erstmalig den Grundsatz der Staatengleichheit und die den Staaten de facto zustehenden Möglichkeiten bei der Wahrung des Weltfriedens aufeinander ab. Um dieses Ziel zu erreichen, müssen die Großmächte einheitlich handeln. Das Einstimmigkeitserfordernis sorgt für eine Absicherung der Belange aller UN-Mitglieder.[995]

Eine Mehrheit von kleineren Staaten kann nicht von den Großmächten erwarten, in Angelegenheiten, die für sie von größter Wichtigkeit sind, mit ihrer Übermacht und wirtschaftlichen Stärke automatisch eine Mehrheitsentscheidung zu akzeptieren.[996] Aus diesem Grunde ist ein Abschaffen des Vetos zugunsten einer Zwei-Drittel-Mehrheit wenig realistisch. So ist zum einen schon fraglich, ob die fünf Ständigen dieser Abstimmungsform zustimmen würden, da hier die Gefahr bestünde, dass sie bzw. einer oder einige von ihnen bei von der Mehrheit abweichenden Meinung von schwächeren Staaten überstimmt werden könnten. Daraus könnte die Situation resultieren, dass eine Großmacht aufgrund der allgemein bindenden Wirkung von Beschlüssen zur Durchführung von Zwangsmaßnahmen verpflichtet werden könnte, ohne jedoch mit dieser Maßnahme einverstanden zu sein. Eine solche Situation könnte gravierende Folgen haben.

Wäre es möglich, gegen den Willen einer Großmacht in den Vereinten Nationen einen Beschluss zu fassen, ist das Risiko eines Konfliktes zwischen den mächtigen Staaten sehr groß. Dies könnte dazu führen, dass eine Großmacht aus den Vereinten Nationen austritt, um eine eigenständige Sicherheitspolitik zu betreiben oder zumindest damit droht. Diese Erfahrungen aus der Zeit des Völkerbundes haben zwar aufgrund der

---

993 *Uschakow*, Einstimmigkeit, S. 52.
994 *Uschakow*, Einstimmigkeit, S. 52, 53.
995 *Uschakow*, Einstimmigkeit, S. 61.
996 *Anand*, EaJIL 2 (1970), S. 34 (49).

wachsenden Interpendenz an Wahrscheinlichkeit verloren, sind aber immer noch nicht vollständig auszuschließen.[997]

Die USA sind die einzige verbliebene Supermacht im Sicherheitsrat. Würden die USA die Vereinten Nationen verlassen, um ihre Belange nur noch einseitig zu verwirklichen würde dies die Wirksamkeit der Arbeit des Sicherheitsrates beträchtlich einschränken. Die politische Autorität sowie die von ihm benötigten Mittel würden sich beträchtlich verringern und der Wirkungsbereich sich auf die Gebiete beschränken, in denen keine Belange der USA tangiert werden.[998]

Ein Ablehnen des Vetos mit der Begründung, dies verletze den Grundsatz der Staatengleichheit, würde es unmöglich machen, die Aufgaben und Ziele der Vereinten Nationen zu verwirklichen. Dies zeigt sich deutlich am Scheitern des Völkerbundes.[999]

Die Gleichheit von Vertragspartnern verhindert nicht das Einräumen gewisser Privilegien. Das Erfordernis der Einstimmigkeit trägt nur den tatsächlichen Gegebenheiten Rechnung - es leugnet nicht, dass Staaten die gleichen Grundrechte und -pflichten zustehen. Einerseits wird die rechtliche Gleichheit der Staaten bestätigt, andererseitsdie Tatsache, dass zwischen ihnen Unterschiede bestehen und sie in der Welt verschiedene Rollen einnehmen.[1000] Forderungen dahingehend, dass die fünf Großmächte beim Entwurf der Charta auch bei Entscheidungen von enormer Tragweite sich mit Mehrheitsentscheidungen einverstanden hätten erklären oder zu einer grundsätzlichen Chartaänderung einwilligen sollen, missachten die politischen Realitäten.

Das Problem ist weniger die Existenz des Vetos, sondern vielmehr sein Missbrauch. Jedes Mitglied der Vereinten Nationen - und insbesondere die fünf Ständigen - kann seine Politik an den Zielen der UN-Charta ausrichten oder seine eigenen Interessen innerhalb der Vereinten Nationen verfolgen.[1001]

---

[997] *Wallensteen*, SD 25 (1994), S. 63 (67); *Darrow*, Aust. YBIL 16 (1995), S. 285 (304).
[998] *Darrow*, Aust. YBIL 16 (1995), S. 285 (310).
[999] *Uschakow*, Einstimmigkeit, S. 59.
[1000] *Brugière*, Droit de Veto, S. 14.
[1001] *Barandon*, Vereinte Nationen, S. 22.

Weder der Völkerbund noch die Vereinten Nationen sind selbstständige Gewalten, denen für ihr Verhalten und ihre Aktionen in internationalen Angelegenheiten Anerkennung oder Kritik zukommen kann. Die momentane internationalen Politik ist von dem Verfolgen nationalstaatlicher Interessen geprägt. Die Vereinten Nationen sind eine Organisation, die auf die Kooperation ihrer Mitglieder - vor allem der stärkeren Staaten - angewiesen ist.[1002]

Der Sicherheitsrat musste die Mehrheit seiner Arbeit vor dem Hintergrund des Kalten Krieges verrichten, in einer Zeit, in der es keine grundlegende Verständigung zwischen den Großmächten gab. Diese ist aber eine wesentliche Voraussetzung für die Wirksamkeit einer internationalen Organisation.[1003] Nicht immer war jedoch der Kalte Krieg die Ursache für die Untätigkeit des Rates. Nicht selten kamen die Großmächte überein, Angriffe, Friedensbrüche und sogar Kriege nicht auf die Tagesordnung des Sicherheitsrates zu setzen.[1004] Ungeachtet dessen konnte der Sicherheitsrat bei vielen Anlässen einschreiten und tätig werden, um Friedensbedrohungen und Aggressionen entgegenzuwirken und einzudämmen. Diese friedlichen Lösungen werden aber von den Fällen, in denen der Sicherheitsrat nichts erreichen konnte, überschattet.[1005]

Die Vereinten Nationen haben nur so viel Macht, wie die fünf Ständigen ihnen gewähren wollen. Die Organisation besitzt keine eigenen Streitkräfte oder finanzielle Mittel, vielmehr sind die Beiträge ihrer Mitglieder für militärische und andere Maßnahmen relevant. Die Vereinten Nationen können nur erfolgreich sein, wenn die faktische Verteilung von Macht und Einwirkungsmöglichkeiten übereinstimmen.[1006] Letztendlich kann nicht die Art der Abstimmung alle Probleme oder bestehende Konflikte lösen.[1007] Regulierungen bzgl. der Zusammensetzung und Aufgaben können nicht für die Effektivität des Sicherheitsrates ausschlaggebend sein - vielmehr ist das die Gesinnung der Mitglieder. Der Sicherheitsrat ist also nur so effektiv, wie es die fünf Ständigen wollen.[1008] Der

---

[1002] *Yoder*, Evolution, S. 5.
[1003] *Aström*, Reform, S. 161 (162).
[1004] *Aström*, Reform, S. 161 (162).
[1005] *Aström*, Reform, S. 161 (162)
[1006] *Wallensteen*, SD 25 (1994), S. 63 (67f).
[1007] *Anand*, EaJIL 2 (1970), S. 34 (49).
[1008] *Aström*, Reform, S. 161 (173).

Sicherheitsrat kann nicht weniger und auch nicht mehr sein, als ihm seine Mitglieder vor dem Hintergrund der jeweiligen Zeit zugestehen.[1009] Das Prinzip der Einstimmigkeit und die souveräne Gleichheit der Staaten stehen nicht in einem unvereinbaren Widerspruch.[1010]

[1009] Rede vom 26. Januar 1965 von Adlai Stevenson, United States Head of Mission at UN Headquarters, New York, zitiert in: *Leigh-Phippard*, Remaking the Security Council: The Options (1994), 50 The World Today, S. 167 (168); *Darrow*, Aust. YBIL 16 (1995), S. 285 (310).

[1010] *Uschakow*, Einstimmigkeit, S. 62.

XIII. Ausblick und abschließende Bewertung

Eine Hegemonie beruht in der internationalen Politik auf der Anerkennung politischer, militärischer, wirtschaftlicher, technologischer und/oder kultureller Überlegenheit eines Staates durch andere.[1011] Die Position eines Hegemon steht in der Regel den Großmächten zu. Der Gedanke, dass mit der Großmachtstellung bestimmte Privilegien verbunden sind und die Großmächte bestimmte Aufgaben gemeinsam wahrnehmen sollten, entwickelte sich um die Zeit des Wiener Kongresses.[1012] Ein Staat, der die Fähigkeit hat, die politische Welt mitzugestalten und sich aus eigener Kraft politisch zur Geltung bringen kann, gilt als Großmacht.[1013] Nehmen in einem Verband mehrere Staaten gemeinsam eine führende Position ein, so handelt es sich dabei um eine Kollektivhegemonie.[1014] Bei dieser besteht in der Regel die Schwierigkeit, unter den führenden Staaten eine Einigung zu erzielen bzw. Einigkeit zu bewahren. Das wird umso schwieriger, je mehr Staaten an der Kollektivhegemonie beteiligt sind. Nicht zuletzt wird eine solche Kollektivhegemonie stets von kleineren und weniger mächtigen Staaten kritisiert und angegriffen, da der Gleichheitsgedanke, auf den sich diese berufen, eine stärkere Einschränkung zu erfahren scheint als bei nur einem Hegemon.[1015]

Die fünf ständigen Mitglieder des Sicherheitsrates stellen eine solche Kollektivhegemonie dar. Ihnen kommt innerhalb des Sicherheitsrates - und damit auch im System der Vereinten Nationen - aufgrund ihrer privilegierten Position eine führende Position zu. Diese ist auch stets Ansatzpunkt zahlreicher Kritik gewesen.

Der Sicherheitsrat trägt gemäß Art. 24 I UN-Charta die Hauptverantwortung für die Wahrung des Weltfriedens und der internationalen Sicherheit. Die Befugnisse zur Erfüllung seiner Aufgaben ergeben sich hauptsächlich aus den Kapiteln VI bis VIII der Charta - von denen Kapitel VI und VII die bedeutendsten sind - sowie einigen weiteren Befugnisnormen. Nach Art. 24 I UN-Charta handelt der Sicherheitsrat im Na-

[1011] *Ginther*, EPIL II, S. 685 (685).
[1012] *Mosler*, Großmachtstellung, S. 13 f.
[1013] *Mosler*, Großmachtstellung, S. 21.
[1014] *Triepel*, Hegemonie, S. 220.
[1015] *Triepel*, Hegemonie, S. 221.

men seiner Mitglieder. Die von ihm angenommenen Resolutionen sind nach Art. 25 UN-Charta für alle Mitglieder bindend.

Gemäß Art. 23 UN-Charta sind fünf benannte Mitglieder ständige Mitglieder des Sicherheitsrates. Nach dem Wortlaut der Charta sind diese die Republik China, Frankreich, die Union der Sozialistischen Sowjetrepubliken, das Vereinigte Königreich und die USA. Dies entspricht bzgl. zweier Staaten nicht mehr der Realität.

Der Sitz der „Republik China" wurde zunächst von Taiwan eingenommen. Diese Besetzung erwies sich aber mit der Gründung der Volksrepublik China am 1. Oktober 1949 als zunehmend problematisch.[1016] Dieses Thema wurde von der UdSSR immer wieder im Sicherheitsrat und der Generalversammlung zur Sprache gebracht und führte aus Protest sogar zu einer mehrmonatigen Abwesenheit des Vertreters der UdSSR im Sicherheitsrat, doch erst im Jahre 1971 nahm die Generalversammlung eine Resolution an, die den politischen Gegebenheiten Rechnung trug und anerkannte, dass der ständige Sitz Chinas von der Volksrepublik China zu besetzen war.[1017] Faktisch war die kommunistische Regierung die Regierung Chinas. Die nationalistische Regierung Chiang Kaisheks war vom Festland verjagt worden und kontrollierte nur noch Formosa.[1018]

Bei der Sowjetunion war das Problem nicht nur eines der rechtmäßigen Vertretung, vielmehr wurde die UdSSR aufgelöst und die GUS gegründet, so dass sich die Frage der Nachfolge auf den sowjetischen Sitz im Sicherheitsrat stellte. Dieser wurde von Russland übernommen. In diesem Zusammenhang sind das „Abkommen über die Gründung der Gemeinschaft unabhängiger Staaten"[1019] vom 8. Dezember 1991 in der Nähe von Minsk sowie die „Deklaration von Alma-Ata"[1020] vom 21. Dezember 1991 von großer Bedeutung. Aus der Deklaration von Alma-Ata geht hervor, dass es der Wille der unterzeichnenden Parteien - gleich der Auffassung der Vereinten Nationen - war, dass zwischen der UdSSR und der Russischen Föderation eine Identität bestehen solle. Es erfolgte also eine Sezession der restlichen Unionsrepubliken von der UdSSR.

[1016] *Fahl*, UNO-Sicherheitsrat, S. 20.
[1017] GA Res. 2758 (XXVI) vom 25. Oktober 1971, UN GAOR 26th Session, Supplement No. 29 (A/8429).
[1018] *Lie*, Cause of Peace, S. 254, 263; *Wright*, AJIL 49 (1955), S. 320 (323).
[1019] ILM 31 (1992), S. 143.
[1020] ILM 31 (1992), S. 148.

Die Russische Föderation führt dabei die Völkerrechtssubjektivität der UdSSR fort[1021], und damit auch den ständigen Sitz im Sicherheitsrat.

Die ständigen Mitglieder sind privilegiert: ihre Mitgliedschaft unterliegt keiner zeitlichen Beschränkung, darüber hinaus steht ihnen nach Art. 27 III UN-Charta das Veto zu.

Das Abstimmungsverfahren - und damit auch das Veto - , sorgte schon in einem frühen Stadium der Gründungskonferenzen für Kontroversen, auch unter den späteren ständigen Mitgliedern. In Dumbarton Oaks konnte keine Lösung erzielt werden, da diesbezüglich unter den „Big Three" Uneinigkeit herrschte. Eine Einigung unter ihnen konnte erst auf der Konferenz von Jalta durch einen Kompromiss erreicht werden. Aber auch auf der Konferenz von San Francisco sorgte das Abstimmungsverfahren für Kontroversen, insbesondere auf Seiten der kleineren und mittleren Staaten, die zahlreiche Änderungsvorschläge einbrachten.[1022] Die Sponsor-Regierungen brachten aber stets unmissverständlich zum Ausdruck, dass die Annahme der unveränderten Jalta-Formel eine unerlässliche Bedingung für das Zustandekommen der Charta sei.[1023] Sie waren der Ansicht, Frieden und Sicherheit könnten nur aufgrund eines einheitlichen Handelns der Großmächte erzielt werden.[1024] Auf einen zur Jalta-Formel vorgelegten Fragenkatalog antworteten die vier einladenden Regierungen in Form eines „Statement by the Delegations of the Four Sponsoring Governments on Voting Procedure in the Security Council".[1025] Dieses Statement stellt die konkreteste Äußerung hinsichtlich des möglichen Ausübens des Vetos dar.[1026] Seine rechtliche Bedeutung ist umstritten. Für eine bindende Wirkung des Statements unter den Ständigen spricht, dass diese sich bzgl. der im Statement getroffen Aussagen einig waren und sich auch durch das Statement gebunden fühlten, so dass sie dem Statement auch eine bindende Wirkung zukommen lassen wollen.[1027]

[1021] *Weyer*, ROW 36 (1992), S. 166 (171).
[1022] UN Doc. 288 G/38, May 14, 1945 in UNCIO, Documents III, S. 665; Annex to UN Doc. 1050 III/1/58, Restricted Doc. 1102 III/1/62 v. June 19, 1945 in UNCIO Documents XI, S. 693-98.
[1023] *Russel/Muther*, History, S. 735 f.
[1024] *Lee*, Int. Org. 1 (1947), S. 33 (38).
[1025] UN Doc. Annex to Doc. 1050 III/1/58, Doc. 855 III/1/B/2 (a) v. June 8, 1945 in UNCIO XI, S. 699 ff.
[1026] *Lee*, Int. Org. 1 (1947), S. 33 (40).
[1027] vgl. unter V. 1) d)

Die Bezeichnung „Veto“ findet sich an keiner Stelle in der Charta.[1028] Sie trifft nicht genau zu, da es sich bei der Situation im Sicherheitsrat nicht um ein Einspruchsrecht gegen das Inkraftsetzen eines Beschlusses handelt, sondern die Charta vielmehr ermöglicht, das Zustandekommen eines Beschlusses zu blockieren.[1029]

Das Veto kann in verschiedenen Konstellationen auftreten, darunter auch in der Konstellation des „double veto“. Darunter versteht man das Aufeinanderfolgen zweier negativer Abstimmungen. Das erste Veto ergeht hinsichtlich der Frage, ob eine gewisse Angelegenheit eine verfahrensrechtliche ist, das zweite Veto hinsichtlich der nachfolgenden materiellen Frage selbst.[1030] Die Konsequenz dieses „double veto“ ist, dass nur Entscheidungen, die in ganz strengem Sinne als eine rein prozessuale Frage zu beurteilen sind, in der Praxis vom Veto ausgenommen sind.[1031] Das „double veto“ ist die Konsequenz der in Art. 27 UN-Charta niedergelegten Abstimmungsregel und der unklaren Formulierung.[1032]

Ein weiteres Problem stellt die obligatorische Enthaltung nach Art. 27 III UN-Charta dar. Diese Regelung führt zu Diskussionen dahingehend, ob eine Angelegenheit einen Streit i. S. von Art. 27 III UN-Charta darstelle oder nicht.[1033] Hierzu wurden verschiedene Lösungsvorschläge unterbreitet.[1034] Der gravierendste Mangel liegt jedoch in der Beschränkung der Pflicht zur Enthaltung auf Entscheidungen unter Kapitel VI und Art. 52 III UN-Charta. Dies wäre sehr leicht dadurch zu beseitigen, indem bei Art. 27 III UN-Charta die Worte „decisions under Chapter VI and paragraph 3 of Art. 52“ entfernt würden.[1035]

Fraglich ist, wie sich die freiwillige Enthaltung eines ständigen Mitgliedes auswirkt. Bei einigen Abstimmungsverfahren äußerte sich ein ständiges Mitglied, es enthalte sich lieber, als gegen einen Antrag zu stimmen. An verschiedenen Stellen wurde gegen diese Verfahrensweise Bedenken angemeldet, die aber zu keiner Zeit dazu führten, dass eine Ent-

[1028] *Spiropoulos*, Rev. Hell. 1 (1948), S. 3 (3).
[1029] *Balazs*, FW 46 (1946), S. 222 (223); *Barandon*, Vereinte Nationen, S. 19 f.
[1030] *Liang*, AJIL 43 (1949), S. 134; *Przetacznik*, RDI 58 (1980), S. 153 (154 f).
[1031] *Bruha*, Security Council, Rn 13.
[1032] *Gross*, HLR 67 (1953-1954), S. 251 (277).
[1033] *Bailey*, Voting, S. 63.
[1034] vgl. unter VI. 1)
[1035] *Aréchaga*, Voting, S. 33.

scheidung für ungültig erklärt wurde.[1036] Diese Praxis des Sicherheitsrates steht im Gegensatz zum Wortlaut des Art. 27 UN-Charta.[1037] In einer Sitzung unter den späteren ständigen Mitgliedern in San Francisco waren diese der Ansicht, die Ständigen seien verpflichtet, abzustimmen, und eine Enthaltung käme einer negativen Stimme gleich.[1038] Als der Sicherheitsrat seine Arbeit aufnahm, waren sich die Ständigen einig, eine Enthaltung solle denselben Effekt haben wie eine negative Stimme.[1039] Die gegenläufige Praxis des Sicherheitsrates ist mit Art. 27 III UN-Charta dadurch vereinbar, dass ein ständiges Mitglied, welches darauf verzichtet, sein Veto auszuüben, nicht dazu verpflichtet sein sollte, dass seine Enthaltung als eine negative Stimme angesehen wird.[1040] Darüber hinaus existiert in der Charta kein Anhaltspunkt dafür, dass ein ständiges Mitglied dazu verpflichtet ist, positiv oder negativ abzustimmen.[1041] Die Praxis des Sicherheitsrates kann rechtlich als Interpretation oder Modifikation eingeordnet werden. Eine solche Einordnung zu treffen ist meist schwierig, da keine eindeutige Grenze zwischen den beiden zu ziehen ist.[1042] Gegen eine Interpretation spricht, dass eine solche konträr zu dem Wortlaut des Art. 27 III UN-Charta wäre.[1043] Aber auch die Einordnung als Modifikation ist problematisch, da Art. 108 und 109 UN-Charta vorsehen, wie eine solche Änderung oder Revision der Charta zu erfolgen hätte. Die Praxis des Sicherheitsrates genügt den dort niedergelegten Anforderungen nicht, nichtsdestoweniger dulden die ständigen Mitglieder eine solche Praxis. So lange dieses Dulden anhält, so lange also die ständigen Mitglieder sich einig sind, dass Enthaltungen nicht als dem Veto gleichkommend anzusehen sind, wird durch eine Enthaltung auch nicht das Zustandekommen einer Entscheidung verhindert.[1044] Aus diesem Grunde ist die Praxis des Sicherheitsrates als Modifikation einzustufen.

Bei der Situation der Nicht-Teilnahme an einer Abstimmung ist ein ständiges Mitglied zwar anwesend, nimmt aber nicht an der Abstim-

---

[1036] *Liang*, AJIL 44 (1950), S. 696.
[1037] *Aréchaga*, Voting, S. 17 f.
[1038] *Koo*, Procedures, S. 156; *Liang*, BYIL 24 (1947), S. 330 (358).
[1039] *Bailey*, Int. Aff. 50 (1974), S. 554 (567).
[1040] *Liang*, BYIL 24 (1947), S. 330 (359).
[1041] *Gross*, YLJ 60 (1951), S. 209 (225).
[1042] Reports of the ILC on the 2nd Part of its 17th Session and on its 18th Session, GAOR 21st Session, Supplement No. 9 (A/6309/Rev.1), S. 66 para. 1.
[1043] *Gross*, AJIL 62 (1968), S. 315 (328).
[1044] *Gross*, YLJ 60 (1951), S. 209 (227).

mung teil. Diese Situation entspricht weniger einer Abwesenheit eines ständigen Mitgliedes als einer Enthaltung. Sowohl bei der Enthaltung als auch bei der Nicht-Teilnahme an einer Abstimmung ist jeweils das ständige Mitglied anwesend. Es will sich weder für noch gegen eine Entscheidung aussprechen. Bei der Enthaltung teilt das ständige Mitglied das ausdrücklich mit, bei der Nicht-Teilnahme bringt es dies durch seine Passivität zum Ausdruck. Das ständige Mitglied hätte aber sehr wohl die Möglichkeit – im Gegensatz zur Abwesenheit – gegen die Entscheidung zu stimmen. Aus diesem Grund steht eine Nicht-Teilnahme an einer Abstimmung einer Enthaltung gleich.

Auch die Abwesenheit eines ständigen Mitgliedes hat in der Praxis Probleme bereitet, wenn auch nur selten. Der bedeutendste Fall war die Abwesenheit der UdSSR vom 13. Januar 1950 bis zum 1. August 1950, einem Zeitraum, in dem der Sicherheitsrat die ersten drei Resolutionen verabschiedete, die die militärische Aktionen zur Unterstützung Südkoreas autorisierten.[1045] Auch hier bereitet eine rechtliche Einordnung Schwierigkeiten. Dem Wortlaut des Art. 27 III UN-Charta oder anderen Vorschriften ist dafür kein Hinweis zu entnehmen. Auch die Entstehungsgeschichte der Charta bietet hierfür wenig Anhaltspunkte. Es ist unklar, ob die fünf Großmächte die Möglichkeit einer Abwesenheit überhaupt bedachten[1046], aber die Geschichte spricht eher dafür, dass - wie bei der Enthaltung - eine Abwesenheit nicht dem Erfordernis der Jalta-Formel genügen sollte.

Bei der Abwesenheit liegt also ebenfalls ein Konflikt zwischen der Charta und der Praxis des Sicherheitsrates vor.[1047] Zwar sind internationale Vereinbarungen vorzugsweise unter Berücksichtigung der Ziele, denen sie zu dienen bestimmt sind, auszulegen, nämlich großzügig und in der Art und Weise, die das von der Organisation angestrebte Ziel eher fördert als vereitelt.[1048] Ob das Ziel, nämlich das Aufrechterhalten der Funktionsfähigkeit des Sicherheitsrates auch die Praxis des Sicherheitsrates bei Abwesenheit zu rechtfertigen vermag, ist fraglich. Dafür

---

[1045] SC Res. 82 (1950), 25 June 1950, in SCOR 5th Year, Resolutions and Decisions 1950, S. 4; SC Res. 83 (1950), 27 June 1950, in SCOR 5th Year, Resolutions and Decisions 1950, S. 5; SC Res. 84 (1950), 7 July 1950, in SCOR 5th Year, Resolutions and Decisions 1950, S. 5 f.; SC Res. 85 (1950), 31 July 1950, in SCOR 5th Year, Resolutions and Decisions 1950, S. 6 f.

[1046] *McDougal/Gardner*, YLJ 60 (1951), S. 258 (276 f.)

[1047] *Doe*, CanBarRev 28 (1950), S. 902 (905).

[1048] *McDougal/Gardner*, YLJ 60 (1951), S. 258 (267, 269).

müsste die Abwesenheit rechtlich wie eine Enthaltung zu bewerten sein. Nach der Alternative, nach der der Sicherheitsrat verfährt, sind für eine materielle Resolution nur die Stimmen derjenigen ständigen Mitglieder notwendig, die an einer Sitzung teilnehmen und überhaupt Stellung beziehen - positiv oder negativ. Der Sicherheitsrat hat seine Abstimmungsvorschriften nie so ausgelegt, dass die zustimmenden Stimmen aller fünf ständiger Mitglieder verlangt werden, unabhängig davon, ob sie anwesend waren oder nicht. Zwar betrafen die meisten Äußerungen die Praxis der Enthaltung, diese seien aber gleichermaßen auf die Abwesenheit anwendbar.[1049]

Nach einer anderen Alternative ist jede Entscheidung des Sicherheitsrates, die entweder unter Enthaltung oder Abwesenheit eines ständigen Mitgliedes zustande gekommen ist, illegal.[1050] Eine dritte Alternative lässt Entscheidungen im Rahmen von Enthaltungen zu, aber nicht im Rahmen von Abwesenheit.[1051] Dieser Ansicht ist zu folgen. Gegen die erste Ansicht spricht, dass zwischen einer Enthaltung und Abwesenheit ein gravierender Unterschied besteht, denn hier kann nicht davon ausgegangen werden, dass die abwesende Partei das Zustandekommen einer Resolution nicht verhindern will. Insbesondere bei der Abwesenheit der UdSSR 1950 hatte diese zum Ausdruck gebracht, eine Handlungsfähigkeit des Sicherheitsrates verhindern zu wollen.[1052] Darüber hinaus können Präzedenzfälle bzgl. einer Enthaltung nicht solche bzgl. einer Abwesenheit darstellen.[1053] Die zweite Ansicht dehnt das Veto weiter aus als notwendig.[1054] Die dritte Ansicht berücksichtigt die Praxis des Sicherheitsrates, in die die ständigen Mitglieder eingewilligt haben, Enthaltungen nicht als Veto zu betrachten, sowie die davon erheblich zu unterscheidende Konstellation der Abwesenheit eines ständigen Mitgliedes. Zwar hatten die Großmächte bei einer fehlenden Einigkeit ihrerseits in San Francisco die Lahmlegung des Rates beabsichtigt,[1055] sie haben aber die Charta für die Fälle der Enthaltung modifiziert.[1056] Dies kann bei der Bewertung nicht unberücksichtigt bleiben, ebenso wenig, wie die Tatsache, dass eine solche Modifikation für den Fall der Abwesenheit gerade

---

[1049] *McDougal/Gardener*, YLJ 60 (1951), S. 258 (279).
[1050] *Doe*, CanBarRev 28 (1950), S. 902 (906).
[1051] *Schick*, WPQ 3 (1950), S. 311 ff.
[1052] *Schick*, WPQ 3 (1950), S. 311 (322).
[1053] *Kunz*, AJIL 45 (1951), S. 137 (142).
[1054] vgl. unter VIII. 3) c) bbb)
[1055] *Gross*, YLJ 60 (1951), S. 209 (254).
[1056] vgl. unter VI. 2) c) ff) ccc)

nicht erfolgt ist. Eine andere Bewertung ergibt sich auch nicht aufgrund der Tatsache, dass ein ständiges Mitglied eine Pflicht zur Teilnahme an den Ratssitzungen hat. Eine Verletzung der Teilnahmepflicht und der Art. 24 und 28 I UN-Charta durch ein ständiges Mitglied kann eine in diesem Zusammenhang erfolgte Verletzung des Art. 27 III UN-Charta durch die übrigen ständigen Mitglieder nicht rechtfertigen.[1057]

Ein weiteres Problem stellt der Missbrauch des Vetos dar. Bei ihren Abstimmungen sollen die Ständigen von den Zielen der Vereinten Nationen geleitet sein. Ein Abweichen davon und ein Handeln aus nationalen politischem Interesse ist ein Missbrauch der Machtbefugnisse und eine Verletzung der Charta.[1058] Besonders problematisch ist dies im Rahmen von Art. 39 UN-Charta. Symphatisiert ein ständiges Mitglied mit einem hiervon Betroffenen, so kann es durch sein Veto verhindern, dass gegen den Aggressor Maßnahmen ergriffen werden. Ebenso verhält es sich mit dem „double veto", durch das ein ständiges Mitglied nicht nur ein Veto hinsichtlich einer Entscheidung des Rates einlegen kann, sondern auch noch die Frage bestimmen kann, bzgl. derer das Veto eingelegt wird.[1059] Darüber hinaus tritt das Problem des Missbrauches auch bei der obligatorischen Enthaltung auf, da die Frage, ob ein „dispute" oder eine „situation" vorliege, dem Veto selbst unterfällt.[1060]

Die Generalversammlung befasste sich schon sehr früh mit der Möglichkeit des Missbrauches des Vetos. Sie verabschiedete verschiedene Resolutionen zu dem Thema.[1061] Da diese Resolutionen wenig Wirkung zeigten und in dem Bewusstsein, dass nur aufgrund der Abwesenheit der UdSSR ein Handeln des Sicherheitsrates im Zusammenhang mit der Korea-Krise möglich gewesen war, verabschiedete die Generalversammlung schließlich am 3. November 1950 die Resolution 377 (V), bekannt

---

[1057] *Gross*, YLJ 60 (1951), S. 209 (249 f).
[1058] *Spiropoulos*, Rev. Hell. 1 (1948), S. 3 (7 f).
[1059] vgl. Kritik Australiens in SCOR, 1st Year, 1st Series, No. 2, 49th Meeting (26 June 1946), S. 425.
[1060] vgl. unter IX. 1) c)
[1061] GA Res. 40 (I), 13 December 1946, UN GAOR 1st Session, 2nd Part, UN Doc. A/64/Add. 1, S. 64 f; GA Res. 117 (II), 21 November 1947, UN GAOR 2nd Session 1947, UN Doc A/519, S. 23; GA Res. 267 III vom 14. 4. 1948, UN GAOR 3rd Session, 2nd Part, UN Doc. 900, S. 7 ff; GA Res. 296 (IV), 22 November 1949, UN GAOR 4th Sesion, UN Doc. 1251, S. 18 ff.

unter „Uniting for Peace".[1062] Diese Resolution soll ein Handeln der Generalversammlung ermöglichen, wenn der Sicherheitsrat seiner Aufgabe nach Art. 24 UN-Charta nicht nachkommen kann und dies auf der fehlenden Einstimmigkeit unter den Ständigen beruht. Darüber hinaus muss eine Bedrohung, ein Bruch des Friedens oder eine Angriffshandlung gegeben sein. Die Generalversammlung kann aber lediglich Empfehlungen aussprechen, sie kann nicht verbindlich Zwangsmaßnahmen anordnen.[1063] Die UdSSR und ihre Verbündeten bestritten die Rechtmäßigkeit der Resolution.[1064] „Uniting for Peace" hat zunehmend an Bedeutung verloren, zum einen bedingt durch die Veränderung der Mehrheiten in der Generalversammlung,[1065] zum anderen aufgrund der Tatsache, dass an die Stelle des Ost-West-Konfliktes andere Konflikte treten und die Kooperation unter den Ständigen seit Ende des Ost-West-Konfliktes sich wesentlich verbessert hat.[1066]

Art. 106 UN-Charta weist den fünf Ständigen eine weitere besondere Position unter Berücksichtigung ihres Einstimmigkeitserfordernisses zu.[1067] So lange Sonderabkommen i. S. von Art. 43 UN-Charta noch nicht abgeschlossen sind, so lange haben die fünf Ständigen die Verpflichtung, den Frieden durch den Einsatz von Streitkräften aufrecht zu erhalten.[1068] Der Ziffer 5 der Moskauer Erklärung und damit dem Art. 106 UN-Charta liegen die Vorstellungen von Präsident Roosevelt zugrunde, nach dessen Ansicht es die Aufgabe der Großmächte war, nach Kriegsende den Weltfrieden zukünftig zu garantieren.[1069] In der Praxis hat Art. 106 UN-Charta jedoch keine Bedeutung erreicht, obwohl bis heute keine Sonderabkommen i. S. des Art. 43 UN-Charta existieren. Der Sicherheitsrat - und damit auch die ständigen Mitglieder - hat einen anderen Weg gewählt. Er hat vielmehr nach Art. 42 II UN-Charta die Mitgliedsstaaten zu militärischen Aktionen ermächtigt.[1070] Diese Vorgehensweise steht im Einklang mit dem Einstimmigkeitserfordernis, das auch Art. 106 UN-Charta zugrunde liegt. Jede Maßnahme, die also in

---

1062 GA Res. 377 (V), 3 November 1950, UN GAOR 5th Session, Suppl. 20 UN Doc. A/1775, S. 10.
1063 vgl. unter IX. 3) e) aa)
1064 *Woolsey*, AJIL 45 (1951), S. 129 (133).
1065 *Volger*, Geschichte, S. 83.
1066 *Nolte*, Uniting for Peace, Rn 23; *Unser*, UNO, S. 45.
1067 *Fink*, Kollektive Friedenssicherung, S. 225.
1068 *Wortley*, BYIL 23 (1946), S. 95 (107).
1069 *Russel/Muther*, History, S. 96 ff.
1070 vgl. unter X. 2)

Übereinstimmung der Großmächte durchgeführt wird, soll zulässig sein.[1071]

Das Veto und die damit verbundene Privilegierung der fünf Ständigen waren stets Ansatzpunkt von Reformbestrebungen, die sich nach dem Ende des Ost-West-Konfliktes zunehmend verstärkten. Durch die neue Kooperation zwischen den fünf Ständigen und der dadurch erfolgten Zunahme der friedenssichernden Einsätze, der formellen und informellen Sitzungen sowie der verabschiedeten Resolutionen gewann der Sicherheitsrat wieder an Bedeutung in der internationalen Politik. Damit wuchs gleichzeitig auch das Interesse an einer Mitarbeit in diesem Organ.[1072]

Insbesondere wird eine Kritik an der Zusammensetzung des Rates laut. Die meisten Staaten lehnen die starke Position der ständigen Mitglieder ab.[1073] Zum einen wird die fehlende demokratische Legitimation bemängelt, da die fünf Ständigen nicht gewählt wurden.[1074] Darüber hinaus könne in diesem Organ ein einziger Staat eine ultimative Entscheidung über ein komplexes Thema, das eine Vielzahl von Staaten betreffe, entscheiden.[1075] Auch fehle die regionale Ausgewogenheit, da nur Europa, Nordamerika und Asien über China ständig vertreten seien.[1076] An der Gründung der Vereinten Nationen seien nur wenige Länder der südlichen Hemisphäre beteiligt gewesen, mittlerweile aber seien ungefähr zwei Drittel dieser Mitgliedstaaten aus diesem Gebiet, so dass der Sicherheitsrat zugunsten des Nordens einseitig besetzt sei.[1077] Während die Generalversammlung von 1945 bis heute eine Erweiterung von 51 auf mittlerweile 191 Staaten erfahren habe, herrschten im Sicherheitsrat immer noch dieselben Grundstrukturen vor.[1078] Die Zusammensetzung des Sicherheitsrates entspreche heute nicht mehr den politischen Realitäten in der Welt, insbesondere das Vereinigte Königreich, Frankreich und auch Russland hätten heute nicht mehr die Bedeutung, die sie 1945

[1071] *Fink*, Kollektive Friedenssicherung, S. 598.
[1072] *Andreae*, Warteschleife, S. 37.
[1073] *Kühne*, EA 1994, S. 685 (689).
[1074] *Eitel*, FW 74 (1999), S. 126 (128).
[1075] *Annoussamy*, IJIL 40 (2000), S. 538 (544).
[1076] *Winkelmann*, MPYB 1997, S. 37.
[1077] Report of th Secretary General, UN Doc. A/48/264, 20 July 1993; *Kühne*, EA 1994, S. 685 (692 Fn 10).
[1078] *Schaefer*, VN 1981, S. 199 (201).

hatten.[1079] Nicht zuletzt haben sich auch die Aufgaben der Vereinten Nationen verändert. Zwischenstaatliche Kriege sind heute nicht mehr die weltpolitische Gefahr Nummer eins[1080], vielmehr treten an ihre Stelle andere Probleme, darunter ethnische, nationale, religiöse und auch soziale Konflikte.[1081]

Mit der Resolution 48/26 vom 3. Dezember 1992 setzte die Generalversammlung eine „Open-Ended Working Group on the Question of the Equitable Representation on and Increase in the Membership of the Security Council and other Matters Related to the Security Council" ein.[1082] Diese erarbeitete Vorschläge für die Reform, die aber ebenso wie die von Razali präsentierte Gesamtlösung, nicht in die Realität umgesetzt werden konnten.

Das größte Hindernis beim Finden eines gemeinsamen Nenners liegt darin, dass die einzelnen Regierungen in erster Linie nationale Interessen in der Außenpolitik verfolgen.[1083] Die fünf Ständigen, ausgenommen China, weisen Änderungen des Sicherheitsrates, die insbesondere ihren Status betreffen, von sich. Sie befürchten, eine Vergrößerung erschwere das Handeln des Sicherheitsrates, wodurch die Autorität der Vereinten Nationen leide.[1084] China kann jedoch darauf vertrauen, dass seine Privilegien im Sicherheitsrat durch die übrigen ständigen Mitglieder gewahrt werden.[1085] Vor allem die europäischen Staaten Frankreich und das Vereinigte Königreich stehen einem Reformvorhaben mittlerweile sehr aufgeschlossen gegenüber und sind auch bereit, einem größeren Sicherheitsrat zuzustimmen. Diese Bereitschaft rührt nicht zuletzt aus dem Bestreben, weitere Diskussionen um die Rechtmäßigkeit ihrer eigenen ständigen Mitgliedschaft sowie um die eines ständigen Sitzes der EU, zu verhindern.

[1079] *Kühne*, EA 1994, S. 685 (686).
[1080] *Kühne*, EA 1994, S. 685 (687).
[1081] vgl. unter XI. 1 b)
[1082] GA Res. 48/26, 3 December 1993, GAOR 48th Session, Vol. I, Suppl. No. 49 (A/48/49), S. 29.
[1083] *Kelly*, SHLR 31 (2000), S. 319 (331).
[1084] vgl. Frankreich in der Generalversammlung, GAOR 35th Session, Plenary Meetings, Vol. 3, Verbatim Record 81st Metting, UN Doc. A/35/PV. 81 (4 December 1980), S. 1396; vgl. die UdSSR, das Vereinigte Königreich und die USA in der Generalversammlung, GAOR 35th Session, Plenary Meetings, Vol. 3, Verbatim Record 82nd Meeting, UN-Doc. A/35/PV.82 (4 December 1980), S. 1402 ff.
[1085] *Schaefer*, VN 1981, S. 199 (200).

Es ist extrem unwahrscheinlich, dass nach dem Scheitern des Razali-Planes, der als einziger einen mehrheitsfähigen Konsens darstellte,[1086] in absehbarer Zeit eine Reform des Sicherheitsrates erreicht werden kann. Gemäß Art. 108 UN-Charta müsste dieses Reformvorhaben von einer Zweidrittelmehrheit der Mitglieder der Generalversammlung angenommen und von zwei Dritteln der Mitglieder der Vereinten Nationen einschließlich aller ständiger Mitglieder des Sicherheitsrates ratifiziert werden.

Es ist überaus zweifelhaft, ob ein Kompromiss erreicht werden kann, der sowohl eine Zweidrittelmehrheit in der Generalversammlung erreichen kann und gleichzeitig auch von den fünf Ständigen ratifiziert wird. Die Generalversammlung besteht zu ungefähr zwei Dritteln aus Staaten der südlichen Hemisphäre, also Staaten, die ein sehr großes Interesse an einer Reform des Sicherheitsrates und der Erweiterung der ständigen Sitze im Sicherheitsrat haben. Demgegenüber sind die fünf Ständigen einer solchen Reform gegenüber nicht sehr aufgeschlossen. Zwar stehen sie einem ständigen Sitz für Japan und Deutschland als zweit- und drittgrößte Beitragszahler[1087] zum UN-Haushalt aufgeschlossener gegenüber, wollen aber - mit Ausnahme Frankreichs[1088] - möglichen neuen ständigen Mitgliedern nicht das Veto gewähren.[1089] Insbesondere aber lehnen die fünf Ständigen, vor allem die USA, ab, die Charta dahingehend zu ändern, dass bei Entscheidungen die Zustimmung von Ländern, die sowohl das wirtschaftliche und militärische Durchsetzen dieser Entscheidungen des Sicherheitsrates ermöglichen, unberücksichtigt blieben.[1090] Hintergrund hierfür ist die Überlegung, dass Entscheidungen im Sicherheitsrat nur mit der Zustimmung der Staaten getroffen werden können, die auch für deren Umsetzung sorgen und über die erforderlichen Ressourcen verfügen. Bei einer Veränderung der Mehrheitsverhältnisse im Sicherheitsrat könnte ein häufigerer Rückgriff auf das Veto erfolgen.[1091] Darüber hinaus soll den Entwicklungsländern nicht die Möglichkeit zustehen, Entscheidungen, bei denen unter den jetzigen fünf Ständigen Einigkeit herrscht, verhindern zu können.[1092]

[1086] *Winkelmann*, Reformstau, S. 57 (69).
[1087] *Knapp*, FM 73 (1998), S. 465 (467).
[1088] vgl. Frankreich in der Generalversammlung, GAOR 52nd Session, 64th Plenary Meeting, UN Doc. A/52/PV.64 (5 December 1997), S. 15 f.
[1089] *Andreae*, Warteschleife, S. 10.
[1090] *Andreae*, Warteschleife, S. 34.
[1091] *Andreae*, Warteschleife, S. 34.
[1092] *Andreae*, Warteschleife, S. 34.

Aus diesem Grunde ist eine Erweiterung der ständigen Sitze extrem unwahrscheinlich, da die Zweidrittelmehrheit der Generalversammlung keinesfalls einer Erweiterung der ständigen Sitze um Deutschland und Japan alleine zustimmen wird. Insbesondere über das Veto ist zu sagen, dass es „essentially immune from reform" ist.[1093] Aus diesem Grunde ist es unrealistisch, dass sich bzgl. der Zusammensetzung des Sicherheitsrates, insbesondere der ständigen Mitgliedschaft, eine Änderung durchsetzen lässt.

Die Privilegierung der ständigen Mitglieder ist auch mit dem Grundsatz der Gleichheit der Staaten vereinbar, einem der ältesten Rechte. Ungeachtet der Tatsache, dass sich Staaten faktisch in Bezug auf Bevölkerung, Staatsgebiet, Ressourcen und generell in wirtschaftlicher und militärischer Hinsicht unterscheiden, ist das Völkerrecht ein Recht unter Gleichen.[1094] Aufgrund der tatsächlichen Unterschiede zwischen den Staaten haben diese nicht alle dieselben Möglichkeiten, Frieden und Sicherheit zu wahren, sowie Aggressoren entgegenzutreten.[1095] Diese Unterschiede zwischen den Staaten will der Gleichheitsgedanke seinem Inhalt nach nicht unberücksichtigt lassen und keine rechtlichen Auswirkungen dieser Unterschiede verhindern.[1096] Obwohl die Charta die Gleichheit der Staaten in Art. 2 VII UN-Charta propagiert, trägt sie dieser Tatsache Rechnung durch die Privilegierung der fünf Ständigen. Diese Privilegierung beruht auf der unausweichlichen Tatsache der Machtunterschiede zwischen den Staaten der Welt.[1097] Die internationale Staatengemeinschaft ist auf ein ordnendes Element, nämlich die Großmächte, angewiesen, um den Entscheidungen der Vereinten Nationen Nachdruck verleihen zu können und um diese durchzusetzen.[1098] Aus diesem Grunde kann die Charta den Ständigen die zur Erfüllung ihrer Aufgaben notwendigen Privilegien gewähren.[1099] Dem steht die Gleichheit von Vertragspartnern nicht entgegen.[1100]

[1093] *Caron*, AJIL 87 (1993), S. 552 (569).
[1094] *Ipsen*, Völkerrecht, § 26 Rn 7.
[1095] *Uschakow*, Einstimmigkeit, S. 59.
[1096] *Leibholz*, WbVR I, S. 694 (697); *Grewe*, Spiel der Kräfte, S. 17; *Brierly*, Law, S. 131.
[1097] *Jessup*, PSQ 60 (1945), S. 527 (531).
[1098] *Anand*, EaJIL 2 (1970), S. 34 (48 f); *Delbrück/Wolfrum*, Völkerrecht, Bd. I/1, § 26 S. 238.
[1099] *Uschakow*, Einstimmigkeit, S. 52.
[1100] *Brugière*, Droit de Veto, S. 14.

Um eine Wahrung des Weltfriedens zu erreichen, ist ein einheitliches Handeln der Großmächte unabdingbar. Dem trägt das Erfordernis der Einstimmigkeit unter den fünf Ständigen Rechnung.[1101] Das Veto ist nicht die Ursache, sondern vielmehr ein Reflex der Struktur der internationalen Politik, wie sie über Jahrhunderte sich darstellt. Der Versuch, das Veto abzuschaffen entspricht dem Versuch, politische Realitäten abzuschaffen.[1102]

[1101] *Uschakow*, Einstimmigkeit, S. 61.

[1102] *Gross*, HLR 67 (1953-1954), S. 251 (280).

Öffentliches und Internationales Recht

Herausgegeben von Udo Fink, Dieter Dörr und Rolf Schwartmann

Band 1 Tim Schönborn: Die Causa Austria. Zur Zulässigkeit bilateraler Sanktionen zwischen den Mitgliedstaaten der Europäischen Union. 2005.

Band 2 Marc Torsten Hausmann: Das Cotonou-Handelsregime und das Recht der WTO. 2006.

Band 3 Hortense Ute Demme: Hegemonialstellungen im Völkerrecht: Der ständige Sitz im Sicherheitsrat der Vereinten Nationen. 2006.

www.peterlang.de

FSC
www.fsc.org
MIX
Papier | Fördert gute Waldnutzung
FSC® C083411

Kolibri 360 GmbH
Ferdinand-Jühlke-Straße 7
99095 Erfurt, Deutschland
produktsicherheit@kolibri360.de

Druck:
CPI Druckdienstleistungen GmbH
im Auftrag der
Kolibri 360 GmbH
Ferdinand-Jühlke-Str. 7
99095 Erfurt